에이펙스 스피릿

APEX

슈퍼리치에게
배우는 부의 골든룰

에이펙스 스피릿

"상위 1% 부자들만이 습득하고 전수하는 부의 비결!"

· 양은우 지음 ·

SPIRIT

스몰빅인사이트
SMALLBIG INSIGHT

프롤로그

부자가 되기 위한 골든룰을 배우자

10년 전 우연히 A라는 기업가를 만났고 그 만남은 내 인생을 바꾸는 계기가 되었다. 그는 100억 원 이상의 자산을 가진 성공한 사업가였는데, 우연히 듣게 된 그의 성공 스토리는 부자가 될 수 있는 비밀을 밝혀보고 싶다는 내 욕망에 불을 붙였다.

누구나 부자가 되고 싶어 하지만 누구나 부자가 되지는 못한다. 하루에 똑같이 24시간이 주어지고, 모두 나름대로 열심히 일하지만 그 가운데 부자가 되는 사람은 소수다. 학벌이나 지식이 바로 부와 연결되는 것도 아니고, 가진 것 없이 태어난 사람도 어떤 계기로 큰 부를 이룬다. 왜 누군가는 부자가 되고 누군가는 부의 문턱에도 가보지 못하는 것일까? 무엇이 부자와 가난한 사람을 가르는 것일까?

나는 그런 질문에 대한 분명한 답을 얻고 싶었다. 부자가 된 사람들의 마음가짐이나 태도는 보통 사람들과 어떻게 다른지, 그들은 어떤 사고방식을 가지고 살아가며 어떻게 행동하는지, 그들을 부자의 자리에 오를 수 있도록 이끈 핵심 성공 요인은 무엇인지, 많은 것이 궁금했고 모든 의문을 확실하게 풀고 싶었다. 그 답을 찾을 수만 있다면 가난한 삶을 벗어나 부자로 살아가고 싶은 사람들에게 등대처럼 길을 밝혀줄 수 있겠다는 생각이 들었다. 물론 그에 대한 답이 나 스스로에게도 절실히 필요했다.

25년 동안의 직장생활을 마치고 집필 활동과 강의를 하면서, 부자라고 객관적으로 인정받을 수 있는 사람들 앞에서 강의할 기회가 많아졌다. 나는 부자들과 만날 기회가 생길 때마다 그들의 성공비결에 관한 이야기를 나누려고 노력했다. 물론 그들이 모두 자신의 이야기를 들려준 것은 아니지만 한 명, 두 명 부자가 된 사람들의 이야기를 들을 기회가 늘어났다. 실제 부자들과 연이어 대화를 나누게 되자 부자들에 대해 더 깊이 파고들어야겠다는 열망이 솟구쳤고, 그런 열망은 다시 부자들에 대한 공부로 이어졌다. 나는 실제 부자들의 이야기를 듣는 와중에 세계적으로 큰 부자가 된 사람들의 자서전이나 평전을 읽으면서 내가 만난 부자들과의 공통점을 찾아보고 글로 정리해 나갔다.

10여 년이 넘는 시간 동안 100여 명이 넘는 큰 부자들을 만날 수 있었다. 100여 명이라는 숫자는 한국에서 상위 1% 안에 든다고 할 수 있을 정도로 큰 부자만을 꼽은 것이며 그보다 규모가 작은 부자들까지 합치면 수백 명에 달했다. 내가 만나본 사람 중에는 이름만 대면 알 수 있을 정도로 유명한 사람도 있었고, 평범한 가정주부에서 사업가로 변신하여 부자가 된 사람도 있었으며, 상상하기조차 힘든 부채를 떠안고 삶의 막장까지 치달리다가 다시 일어서 부자가 된 사람도 있었다.

그들에게 자신의 이야기를 들려 달라고 하면 그들은 신이 나서 자신의 이야기를 풀어 놓으려 했다. 힘들고 고통스러운 과정을 거쳐 왔기 때문에 누군가 자신의 이야기를 들어주는 것을 위안처럼 여기는 듯했다. 그렇게 10여 년이 넘는 시간에 걸쳐 부자가 된 사람들의 이야기를 차곡차곡 모으게 되었다. 처음에는 그들의 노하우를 배워 나 자신이 부자가 되는 데 쓰고 싶은 욕심으로 시작한 일이었다. 하지만 시간이 지나면서 그들이 알려준 귀한 교훈들을 나 혼자만 알고 있기보다는 보다 많은 사람들에게 알려주고 싶다는 생각이 들었다. 작가로서의 욕구가 발동한 것이다. 그렇게 부자들이 알려준 교훈을 정리하기 시작했고 이제는 그들이 들려준 이야기를 책으로 써도 되겠다는 생각이 들어 펜을 들게 되었다.

부자들을 만나 이야기를 나눌수록 그들의 이야기는 한 곳으로 수렴됨을 알 수 있었다. 출신 배경이 다르고, 겪어온 과정이나 영위하는 사업이 다르며, 부자가 되기까지 거쳐 온 사연들이 다름에도 불구하고 그들의 얘기에는 늘 공통적으로 묶어낼 수 있는 요소들이 있었다. 이 책에서는 그 이야기들의 공통점을 찾아내 20가지로 분류하여 제시할 것이다.

이들을 만나 이야기를 나누기 전에는 다른 평범한 사람들처럼 나 또한 부자가 되는 것에 별로 관심이 없었다. 부자가 된 사람들에 대해서도 그리 좋은 시선으로 바라보지 않았다. 그저 부모를 잘 만났거나 운이 좋았겠거니 하고 생각했을 뿐이다. 하지만 그들을 만나 이야기를 나누게 되면서 돈과 부자에 대한 내 생각이 완전히 잘못되었다는 것을 깨달았고 이후 사고와 행동 또한 많이 달라졌다. 그리고 그들이 내게 해준 조언을 하나둘씩 실천하면서 물질적으로도 내 삶에 변화가 찾아오기 시작했다. 선천적으로 돈과는 인연이 없다고 여기고 부자가 되기를 일찌감치 포기했던 내게 돈을 벌 수 있는 기회들이 찾아왔고, 금전적인 어려움에서 벗어나 부자의 길로 들어설 수 있는 희망이 보였다.

아직은 작은 성과에 불과하지만 그들이 가르쳐준 지혜가 내 삶에 변화를 이끌어내고 있다. 그들과 이야기를 나누면서 나는 '죽을 때까지 부자가 될 수 없을 거야'라는 생각에서 벗어나 '나도 큰 부자가 될 수 있어'라는 희망을 가지게 되었고 구체적인 목표도 세울 수 있게 되었다.

나는 이 책의 가르침을 일상생활에서 실천하며 큰 부자의 자리에 오르는 여정에 올랐다. 내가 최종적으로는 꿈꾸는 삶은 시골의 폐교를 인수하여 유기견, 유기묘 등의 반려동물들이 죽을 때까지 편히 살다 갈 수 있도록 돌봐주는 시설을 만드는 것이다. 부자들을 만나 이야기를 나누고 그들의 삶을 따라 하려고 노력하기 전에는 꿈도 꾸기 힘든 어려운 목표였지만 지금은 그 목표를 달성할 수 있다는 자신감이 생겼다. 그 시간도 그리 오래 걸리지 않을 것이라 믿어 의심치 않는다.

이 책이 부자의 삶을 꿈꾸는 독자들에게도 나와 같이 도움이 될 수 있을 것이라 확신한다. 이 만남이 부자에 이를 수 있는 마음가짐을 새롭게 다질 수 있는 계기가 되고 부자의 꿈에 한 발 더 다가서는 엘리베이터가 되기를 진심으로 바란다.

목차

에이펙스 스피릿이란 무엇인가

나는 이 책에서 자수성가하여 큰 부를 이룬 사람들을 '에이펙스(apex)'라 칭하고 그들이 가진 부의 정신을 '에이펙스 스피릿(apex spirit)'이라 명명할 것이다. 에이펙스란 피라미드의 맨 꼭대기 층을 말한다. 정점 혹은 최상위를 나타내는 말이라고 할 수 있다.

자연 생태계 안에 먹이사슬이라는 생존 피라미드가 존재하는 것처럼 인간 세상에도 이런 피라미드가 존재해왔다. 대표적인 것이 바로 신분제도이다. 동서양을 막론하고 불과 100여 년 전까지만 해도 인간 세상에는 천민이나 노예, 평민, 귀족, 군주로 이어지는 권력의 피라미드가 존재했다. 자연계의 먹이사슬처럼 물리적으로 서로 잡아먹고 먹히는 관계는 아니지만 인간 세상의 피라미드 또한 상위층과 하위층은 명확하게 구분되었으며 상위층이 하위층을 지배하고 하위층의 노동력이 상위층의 에너지 공급원이 되어 왔던 것은 엄연한 사실이다. 그리고 이러한 신분제도는 세대를 이어 대물림되었다. 부모가 노예이면 자식도 노예가 되어야 했고, 부모가 귀족이면 자식도 귀족이 되는 것이 자연스러운 이치였다.

세상이 바뀌고 사람들의 의식이 발전하면서 이러한 신분제도는 자취를 감추었다. 지극히 일부 나라를 제외하고는 지구상에 존재하는 대부분의 국가에서 신분에 의해 사람을 가르는 제도는 더 이상 남아 있지 않다. 노예도 없고 귀족도 없으며 군주도 존재하지 않는다(아직도 왕이 존재하는 나라들이 있지만 대부분 예전처럼 무소불위의 권한을 가진 왕이 아니라 전통적이고 형식적인 개념의 왕일 뿐이다). 하늘 아래 만인은 위아래 없이 평등하다는 개념이 보편타당한 것으로 자리 잡았다. 하지만 물리적으로 신분을 구분 짓는 제도가 사라지고 모든 사람들이 평등한 것처럼 보이지만 현대에도 여전히 보이지 않는 계층구조가 존재한다. 다만 그 구분의 기준이 신분에서 재산, 즉 돈으로 바뀌었을 뿐이다. 신분의 피라미드가 재산의 피라미드로 바뀐 것이다. 이를 부의 피라미드라고 할 수 있다. 그 개념을 간단히 그림으로 나타내면 다음과 같다.

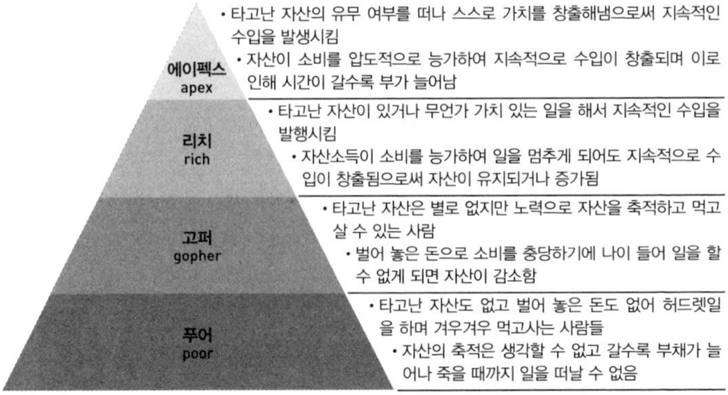

부의 피라미드 맨 밑바닥에는 지극히 가난한 사람들인 푸어(poor)가 자리 잡고 있다. 이들은 타고난 재산도 없고 벌어 놓은 재산도 없이 힘들게 허드렛일 등을 하며 겨우 입에 풀칠만 하며 사는 사람들이다. 일용직이나 아르바이트 등을 통해 하루 벌어 하루 먹고살거나 여기저기 돈을 빌려 겨우 버티는 사람들이 이에 해당한다. 이들의 수입은 생활에 필요한 최소 소비조차 따라갈 수 없기에 저축이나 보험 같은 자산의 축적은 생각할 수 없고 아무리 시간이 지나도 자산의 증가가 일어나지 않는다. 일을 그만두게 되면 당장 수입이 끊겨 버리기 때문에 죽을 때까지 일에서 벗어날 수 없다. 죽는 날이 곧 노동이 멈추는 날이다.

그 위에는 가진 것 없이 태어났지만 자신의 노력으로 자산을 축적하여 먹고사는 사람들이 존재한다. 이들이 바로 고퍼(gopher)다. 이들은 비록 가난하게 태어났지만 열심히 공부를 하여 직장에 들어가거나 소규모 사업을 하는 등 자신만의 노력을 통해 안정적인 수입을 창출한다. 그리고 남은 돈을 모아 자산을 축적한다. 집을 사거나 자동차를 굴리는 등 자신의 상황에 맞게 소비를 할 수 있는 여력이 있으며, 많진 않지만 여유자금을 이용하여 주식이나 부동산 등에 한정적인 투자도 가능하다.

하지만 고퍼는 수입이 소비와 비슷하거나 약간 앞서는 정도의 수준이기 때문에 늘 돈에 쪼들리며 빠듯하게 산다. 게다가 자신의 노동이 곧 수입으로 연결되기 때문에 일을 멈추게 되면 수입도 끊기게 된다. 은퇴하거나 일자리를 잃게 되면 수입이 사라지는 것이다. 다행인 것은 노동의 대가로 받은 돈을 저축하거나 투자할 수 있는 여유가 있어 일을 그만둔 후에도 그동안 벌어둔 돈을 소비하며 노후를 버틸 수는 있다. 운이 좋은 사람은 약간의 연금이나 은행이자, 혹은 임대료 등의 수입을 올리기도 한다. 하지만 안타깝게도 수입이 끊긴 이후에도 소비는 끊기지 않기 때문에 시간이 지날수록 자산이 감소하며 죽을 때까지 경제적 풍요로움을 누리지 못한다. 경우에 따라서는 노후자금이 부족하여 평생 힘들게 모은 돈으로 장만한 집을 담보로 생활을 영위하기도 한다. 고퍼 또한 푸어처럼 평생 돈의 걱정에서 벗어나지 못한다.

고퍼 위에는 상대적으로 작은 규모의 부자들인 리치(rich)가 있다. 이들은 두 부류로 나눌 수 있는데, 한 부류는 소위 금수저라고 하는, 많은 자산을 가진 사람의 자식으로 태어난 사람들이고, 다른 한 부류는 스스로의 노력에 의해 성공했다고 인정받는 자리에 올라 부를 축적한 사람들이다. 직장에서 임원의 자리에 올라 수억대 연봉을 받으며 편안하게 사는 사람들, 혹은 전문가로 성공하여 많은 돈을 번 사람들이 후자에 해당한다. 어떤 부류가 됐든 이들은 돈에 대한 걱정이 그다지 크지 않다. 자녀의 교육비나 결혼자금, 노후자금 등에 크게 신경 쓸 필요가 없으며 죽을 때까지 돈에 대한 걱정에서 벗어나 있다. 그들의 수입은 소비를 훨씬 능가할 정도로 크고 금융이나 부동산 등에 투자한 자산도 많아 늘 안정적인 수입을 올릴 수 있다. 리치의 경우 대개는 자신의 직업을 통해 수입을 올리지만 그 외 주식이나 부동산 등 다양한 수입원이 있어 은퇴한 후에도 안정적인 삶을 영위할 수 있다. 이들이 가진 자산 규모는 부자라는 소리를 듣기에 충분하지만 부의 피라미드 최정상에 있다고 보기에는 조금 아쉬운 사람들이다.

부의 피라미드 최정상에는 아주 큰 부자들인 에이펙스(apex)가 있다. 수십억에서 수천억까지의 자산을 가진 사람들이 이에 해당된다. 지나치게 폭이 넓은 것 같긴 하지만 이들은 상위 1% 이내, 혹은 그보다 적은 숫자의 사람들로 이뤄져 있다. 이 부자들 역시 두 부류로 나눌 수 있다. 한 부류는 소위 다이아몬드수저라고 하는, 태어나면서 많은 자산을 물려받은 사람들이다. 슈퍼리치의 자녀들, 혹은 재벌이나 돈 많은 기업가의 자녀들이 이에 해당한다. 다른 한 부류는 물려받은 재산 하나 없이 무일푼으로 태어났지만 스스로의 노력으로 가치를 만들어내고 그것을 이용하여 큰돈을 번 사람들이다. 이들은 필요한 소비를 충당하고도 남을 만큼 압도적으로 많은 돈을 벌어들이며 그로 인해 경제적 어려움을 전혀 겪지 않는다. 항상 여유자금이 발생하며 이러한 자금은 다양한 분야에 다양한 방식으로 투자되거나 사업을 하는 데 재투자된다. 이들이 보유하고 있는 금융이나 부동산 등의 자산가치는 노동을 통해 벌어들일 수 있는 가치를 초월하여 일을 멈추어도 수입이 줄어들지 않고 시간이 갈수록 자산이 증가한다. 이들은 돈에 대한 걱정을 초월하여 산다.

눈에 보이는 것이 아니니 그 경계를 어디까지라고 두부 자르듯 명확히 구분할 수는 없지만 부의 피라미드는 이렇게 네 단계, 에이펙스(apex), 리치(rich), 고퍼(gopher), 푸어(poor)로 나뉘어 있다.

자연 생태계 피라미드에서는 그 관계가 절대불변이다. 피라미드의 구조가 절대 뒤바뀌는 일이 없다. 풀을 뜯어먹고 사는 메뚜기가 어느 날 갑자기 쥐를 잡아먹는 뱀이나 솔개의 자리에 오를 수 없으며, 최종소비자인 솔개가 어느 날 1차 소비자의 자리로 추락하여 풀을 뜯어먹지도 않는다. 하지만 자연 생태계의 피라미드에 비해 인간사회의 피라미드는 개념적인 것일 뿐 얼마든지 변화가 가능하고 절대 고정되어 있지 않다. 피라미드의 가장 밑바닥에 있는 사람도 얼마든지 노력에 의해 정상의 자리에 오를 수 있다.

우리 주위에서 그런 사례들은 얼마든지 찾을 수 있다. 재산 한푼 없던 빈털터리가 수백억의 자산을 가진 부자로 탈바꿈한 사례가 심심찮게 들려오곤 한다. 물론 반대로 정상의 자리에서 순식간에 최하위층으로 추락하는 사람들도 있기는 하지만 그런 일은 상대적으로 많지 않다. 위에서 아래로 내려가는 것보다는 아래에서 위로 올라가는 경우가 훨씬 더 많다. 그래서 부의 피라미드는 평범한 사람들도 언제든 정상에 오를 수 있다는 매력을 가지고 있다. 이렇듯 피라미드의 정상으로 가는 문이 활짝 열려 있다는 것이 부의 피라미드가 자연계의 피라미드와 다른 점이다.

부의 피라미드에서 가장 꼭대기에 있는 사람, 즉 지속적으로 자산의 증가를 이뤄내고 평생을 돈 걱정 없이 사는 사람들이 바로 에이펙스다. 먹이사슬의 최상위 포식자처럼 이들도 부의 피라미드 최정상에 서 있다. 그런데 에이펙스에는 앞서 언급한 것처럼 두 가지 부류가 있다. 한 부류는 부모를 잘 만난 덕분에 자신의 노력과는 상관없이 정상의 자리에 오른 사람들이고, 다른 한 부류는 타고난 건 없지만 순전히 자신의 노력만으로 정상의 자리에 오른 사람들이다. 우리가 익히 알고 있는 사람들 중 재벌 2세나 3세, 4세들이 전자이고 스티브 잡스나 빌 게이츠, 마크 주커버그 같은 사람들은 후자에 해당된다.

태어나 보니 할아버지나 아버지가 재벌인 사람들에게서는 별로 배울 것이 없다. 그들은 스스로 노력해서 부자가 된 게 아니라 자신이 누리는 부가 하늘에서 뚝 떨어진 것이기 때문이다. 만약 그들이 무일푼으로 태어났어도 부자가 되었을지는 장담할 수 없다. 오히려 막대한 부를 물려받고서도 그 돈을 다 잃는 사람들이 더 많다. 그래서 그들은 이 책에서 다룰 에이펙스가 아니다. 여기서 다룰 에이펙스는 스스로의 힘으로 최정상의 자리에 오른 진정한 승리자, 오로지 자신의 의지와 노력만으로 가난을 극복하고 피라미드의 최정상에 오른 사람들이다.

혼자만의 힘으로 피라미드의 정상에 오른 사람들은 그들만의 확고한 정신세계를 갖추고 있다. 돈에 대한 생각, 사람에 대한 생각, 삶에 대한 생각, 자산에 대한 생각, 투자에 대한 생각, 사업에 대한 생각 등 모든 것이 남다르다. 사람에 따라 그 정신세계가 조금씩 다를 수 있지만 크게 성공하고 부를 거머쥔 사람들 사이에 공통으로 흐르는 정신이 있다. 그들이 가진 이러한 남다른 정신세계를 '에이펙스 스피릿(apex spirit)'이라 한다. 즉 혼자만의 힘으로 부의 피라미드 최정상에 오를 수 있도록 만들어준 정신이 에이펙스 스피릿인 것이다. 그들이 가진 정신은 부자가 되지 못한 사람들과 분명 다른 점이 있다. 이 책에서는 바로 그 에이펙스들이 가진 정신세계를 파헤쳐 보려고 한다.

에이펙스의 반대편에는 고퍼가 있다. 평생을 돈을 벌기 위해 자신의 모든 것을 바쳐 열심히 살아도 결국 나이 들어 은퇴하고 나면 모아둔 돈을 축내며 힘겹게 살아가는 사람들이 그들이다. 고퍼는 땅에서 사는 땅다람쥐를 의미하는 단어다. '부지런한 사람'을 비유하는 뜻을 가지고 있다. 고퍼들은 땅다람쥐처럼 한평생 쉬지 않고 부지런히 일하며 돈을 벌지만 결국 피라미드의 정상에는 올라가보지도 못하고 어느 정도 수준에서 멈춰 서고 만다. 앞서 언급한 푸어(poor) 층도 고퍼에 포함될 수 있으므로 이 책에서는 고퍼를 피라미드의 아래 두 층을 지칭

하는 용어로 폭넓게 사용할 것이다. 왜 고퍼들은 평생을 한눈 팔지 않고 열심히 사는데도 부자가 되지 못하는 것일까? 그들은 에이펙스와 어떤 차이가 있는 것일까? 이 책에서는 에이펙스 스피릿과 함께 고퍼들이 가지고 있는 고퍼 스피릿도 살펴볼 것이다.

1

돈을 인격체처럼 존중하고 사랑한다

르상티망을 벗어 던지고 돈을 사랑하라

에이펙스와 고퍼의 생각은 여러 가지 면에서 다르지만 가장 큰 차이는 뭐니 뭐니 해도 돈을 바라보는 시선, 돈에 대한 개념, 돈에 대해 가지고 있는 기본적인 생각이다. 부자들의 머릿속에 있는 돈의 개념은 고퍼들과는 확연히 다르다. 우선 고퍼들은 돈에 대한 생각이 그리 긍정적이지 않다. 그들은 돈을 '원수'로 여긴다.

현대사회에서 모든 재화와 서비스는 돈으로 거래되고 있으니 돈 없이는 아무것도 할 수 없다. 쌀도, 옷도, 집이나 차도 돈으로 사야 하며, 교육이나 인터넷 서비스도 돈을 내야만 받을 수 있다. 심지어 애를 낳을 때나 죽을 때도 돈이 필요하다. 그러니 돈이 없으면 먹고, 자고, 입고, 즐기는 데 필요한 모든 것들을 제대로 가지거나 누릴 수 없다. 먹을 것이나 입을 것은 싼 걸 선택해야 하고 집이나 차도 작은 것을 택할 수밖에 없다. 자녀들을 마음 놓고 학원에 보낼 수도 없으며 인터넷 서비스도 값싼 것을 선택할 수밖에 없다. 그 모든 것을 아낌없이 누리기 위해서는 열심히 돈을 벌지 않으면 안 된다. 남들보다 조금이라도 좋은 집, 좋은 차, 좋은 옷, 좋은 음식을 먹으려면 더 열심히 일하고 더 많은 돈을 벌어야 한다.

하지만 마음만 있을 뿐, 안타깝게도 돈은 그리 쉽게 벌리지 않는다. 더 많은 돈을 벌기 위해서는 더 힘들게 노력하지 않으면 안 된다. 그러다 보면 삶을 위해 돈을 버는 것이 아니라 돈을 위해 사는 것처럼 주객이 전도되는 느낌이 든다. 돈에 발목이 묶여 있다 보니 고퍼들은 자신의 삶을 옥죄고 괴롭게 만드는 근본 원인을 돈이라고 여긴다. 돈만 아니면 자기 삶이 훨씬 자유롭고 행복해질 텐데 돈에 치여 삶이 우울하다고 생각한다. 잡고 싶지만 잡을 수 없다 보니 오히려 미움만 커진다. 힘들고 고통스러운 상황에 처할 때마다 자신을 '돈 벌어오는 기계'라고 비하하며 배우자나 자식 등 주변 사람들을 향해 원망의 화살을 돌리기도 한다. "이놈의 돈!" 하면서 한탄하는 것이다.

그러면서도 한편으로는 돈이 많았으면 좋겠다는 이율배반적인 모습을 버리지 못한다. 원수처럼 여기면서도 늘 원수를 잡기 위해 꽁무니를 죽어라 따라다닌다. 그렇게 해도 안 되면 "돈이 있으면 좋지만 없어도 크게 불편하지 않다”거나 “돈으로 행복을 살 수는 없어”라며 자신의 가난을 합리화하기도 한다. “부자가 천국에 가는 일은 낙타가 바늘구멍에 들어가는 것보다 어렵다”는 성경 말씀을 절대 진리처럼 여기며 채워지지 않는 마음의 위안을 얻으려 애쓴다. 하지만 이는 솔직한 감정이 아니다. 프랜시스 베이컨은 “부를 경멸하는 것처럼 보이는 사람들을 너무 신용하지 않는 것이 좋다. 부를 얻을 가망이 없는 사람들이 부를 경멸하기 때문이다”라는 말을 남겼다. 닿을 수 없어 포도를 놓친 여우가 “저 포도는 신 포도일 거야”라고 합리화한 것처럼 자신의 마음을 속이는 것이다.

돈에 대한 이러한 고퍼들의 생각, 즉 돈을 원수처럼 생각하거나 업신여기는 이들의 마음이 돈이 자신으로부터 멀어지게 만든다. 생각해보면 당연한 얘기다. 누군가를 지독하게 미워하고 원수처럼 대하면서 그 사람과 가까워지고 사이좋게 지내고 싶다고 하면 과연 그렇게 될 수 있을까? 누군가에게 “넌 내 원수야. 하지만 난 네가 좋아. 그러니 나와 친하게 지내자”라고 하면 상대방이 그 말을 들어줄까? 원수는 원수일 뿐, 절대 가까워지지 않는다. 고퍼가 힘들고 고달프게 살면서도 돈을 많이 벌지 못하는 이유는 바로 이 때문이다.

물론 그들의 심정이 이해되지 않는 건 아니다. 그들이 ‘원수’라고 여기는 것은 아무리 노력해도 돈에 가까워질 수 없기 때문에 드러내는 르상티망(ressentiment)인지도 모른다. 르상티망이란 '약한 입장에 있는 사람이 강자에게 품는 질투나 원한, 열등감, 증오 등이 뒤섞인 감정'을 말한다. 철학자 니체는 르상티망에 의해 본래의 인식과 판단 능력이 왜곡될 수 있다고 했는데 그의 말을 원용하자면, 가난한 사람들이 돈에 가까이 갈 수 없고 많은 돈을 품을 수 없는 데서 오는 감정이 돈을 원수처럼 여기거나 경멸하도록 만드는 것이라 여길 수 있다. 사랑이 지나치면 증오가 된다는 말이 있다. 가까이하고 싶은 사람이 있는데 그 사람이 곁을 내주지 않으면 어느 순간부터 걷잡을 수 없이 미워지는 것처럼, 돈을 많이 벌고 싶지만 그렇게 되지 않으니 돈을 경멸의 대상으로 여기게 되는 것이다.

안타깝게도 돈은 자신을 미워하고 원수처럼 여기는 사람에게는 가까이 가고 싶어 하지 않는다. 돈에 마음이 있을 리 없고 사람을 가릴 리 없지만 묘하게도 그 법칙은 딱 들어맞는다. 가난한 사람 치고 돈을 존중하고 인격체처럼 귀하게 여기는 사람은 없다. 물론 돈이 없고 돈 때문에 고생을 하다 보니 돈을 지긋지긋한 대상으로 생각하는 것일 수도 있지만 돈을 원수로 여기는 사람에게는 돈이 붙지 않는다.

에이펙스는 돈에 대한 생각이 고퍼와 완전히 다르다. 그들은 돈을 이 세상에서 무엇보다 귀하고 소중한 것으로 여긴다. 그들은 돈을 자식처럼 여기고 귀인처럼 존중하며 돈을 목숨처럼 소중하게 다룬다. 한 푼의 돈도 우습게 여기지 않고 의미 없이 쓰려고 하지 않는다. 돈이 곧 인격이기 때문에 돈이 없으면 제대로 된 인격도 갖출 수 없다고 믿는다. 에이펙스들은 돈이 없어 힘들고 고통스러운 시절을 벗어나 돈이 많은 상태에 이르렀기 때문에 돈이 없는 삶과 돈이 있는 삶의 차이를 누구보다 잘 안다. 그들은 돈이 없으면 불편한 일이 많다는 것을 알고 있고, 돈이 없으면 인간의 존엄조차 제약될 수 있으며, 돈이 없으면 불행해지기 쉽다는 것을 잘 안다.

그들은 돈이 많을수록 인생에서의 자유도가 높아진다는 것을 잘 안다. 하고 싶지 않은 일을 하지 않을 자유, 힘 있는 사람들에게 굽실거리면서 자존심에 상처를 입지 않을 자유, 휴식을 취하고 싶을 때 일로부터 떨어져 삶을 여유롭게 즐길 수 있는 자유 등이 돈으로부터 나올 수 있음을 안다. 그들은 돈이 많으면 많을수록 자유도가 높아져 원하는 행복에 가까워진다는 것을 알기에 '돈으로 행복을 살 수 없다'는 식의 르상티망은 드러내지 않는다. 그들은 큰 부자를 겪어보지 않은 사람들이 관념적으로만 하는 이야기를 귀담아듣지 않으며, 돈을 사랑하면 그 돈이 다른 돈을 끌어당긴다는 것을 잘 안다. '돈이 돈을 번다'는 말을 철석같이 믿는 것이다.

직장생활을 하다 그만두고 시작한 사업을 420억 원에 매각하고 큰 부자의 자리에 오른 후배에게 직장생활을 할 때와 부자가 된 이후의 '삶의 변화'를 묻자, 이렇게 말했다.

"완전히 다른 세계예요. 돈이 많다는 것이 단순히 금전적 풍요로움만 주는 게 아니라 세상을 보고 즐기는 눈을 다르게 만들어주더라고요."

에이펙스는 늘 돈에 대한 고마움을 느끼고 돈을 사랑하는 사람처럼 소중히 다룬다. 누군가가 나를 아끼고 사랑하면 그 사람을 믿고 따르듯 그들에게는 자연스럽게 돈이 따라온다.

에이펙스들과 이야기를 나누거나 그들이 쓴 부자가 되는 방법에 관한 책을 읽으면 가장 먼저 나오는 개념이 바로 이것이다. "돈에 대한 생각을 바꾸는 것." 현재 가난하거나 늙어서 쓸 돈을 마련하기 위해 열심히 저축하며 사는 고퍼들은 돈이 자신을 힘들게 만드는 요인이라며 부정적인 시각으로 본다. 부자가 된 사람들은 모두 불법이나 편법적인 요소를 통해 돈을 모았기에 그런 것 없이 정직하게만 살아서는 큰돈을 벌 수 없다고 생각한다. 하지만 큰 부자들은 돈을 긍정적으로 여기고 대한다. 돈은 나쁜 것이 아니라 삶을 보다 풍족하고 여유롭고 자유스럽게 만들어주는 수단이라는 것을 인정하라고 말한다. 물론 부자가 된 사람들 중에는 정직하지 못한 사람도 있을 수 있다. 실화를 다룬 영화 〈블랙 머니〉에 나오는 이야기처럼 부정과 결탁하여 옳지 않은 방법으로 돈을 모은 사람들도 실제로 존재한다. 하지만 그것은 일부의 얘기일 뿐이며, 에이펙스가 된 사람들 모두가 돈에 대한 긍정적인 생각을 가지고 있다는 건 부정할 수 없는 사실이다.

로젠탈 효과

큰 부자가 된 사람들은 돈에 대한 의지가 강하다. 그들은 자신도 언젠가는 부자가 될 수 있다고 생각하고 그것을 굳게 믿었던 사람들이다. 그리고 부자가 되기 위해 부단히 노력했던 사람들이다. 반대로 고퍼들은 돈에 대한 의지가 에이펙스만큼 강하지 않다. 조금 노력하다 안 될 것 같으면 자신은 재물운을 타고나지 못해 부자가 될 수 없다고 포기하거나, 누구나 부자가 될 수 있다는 부자들의 가르침을 의심한다. 그래서 비록 열심히 일을 하지만 부자가 되지 못하고 평생 고생만 하다 끝나고 만다.

생각은 행동을 지배한다. 그리고 행동은 성과로 연결되기 마련이다. 돈을 원수로 생각하는 사람들은 늙어 죽을 때까지 돈을 가까이할 수 없다. 돈을 자식처럼 여기고 귀한 손님처럼 여기는 사람들은 싫다고 해도 돈이 따라온다. 돈에 대한 생각을 고쳐먹고 행동을 바꾸지 않으면 돈은 늘 신기루처럼 멀리 달아날 뿐이다. 고퍼들이 에이펙스의 자리에 오르기 위해서는 돈에 대한 생각을 바꾸어야 한다. 영화 〈존 Q〉를 보라. 돈이 없으면 아이가 죽음 앞에 놓였을 때도 손쓸 방법이 없다. 그런 삶이 행복할까? 또 다른 영화 〈행복을 찾아서〉는 어떤가? 돈이 없어 아들과 화장실에서 신문지를 깔고 자면서 하염없이 눈물을 흘리던 주인공의 모습이 잊히질 않는다. 돈 없이도 행복하게 살 수 있다는 말을 하는 사람들은 돈이 없어서 겪어야 하는 가슴

아픈 고통을 겪지 않은 사람들일 가능성이 크다.

돈은 절대 나쁜 것이 아니다. 돈에 대해 부정적인 사고를 가진 사람들은 부정한 방법으로 돈을 모은 사람들의 잘못된 사례만 봐서 그렇다. 자신도 모르게 세뇌되어 버린 것이다. 내가 아는 부자들 중에는 정직하게 벌고 좋은 일에 돈을 쓰는 사람들도 많다. 아무리 어려운 사람을 도우며 인간답게 살고 싶어도 돈이 없으면 그러한 숭고한 신념도 실현할 수 없다. 돈이 많음을 비난하고 부정적으로 생각하기보다는 자신이 부자가 되어 돈을 올바르고 좋은 일에 쓰겠다는 생각을 가지면 된다. 돈은 나의 삶을 즐겁고 행복하고 자유롭게 만들어주는 프리패스와 다를 바 없다는 생각을 가져야 한다. 그리고 스스로 부자가 될 수 있다는 믿음을 가지고 의지를 다져야 한다. 의지 없이 우연히 큰 부자가 될 수는 없기 때문이다.

자기실현적 예언(self-fulfillment prophecy)이라는 것이 있다. 자기충족적 예언이라고도 하는데 어떠한 일에 대해 자신이 믿고 있는 대로 이루어지는 것을 말한다. 큰 시험을 앞두고 "이번 시험에서 떨어질 거야"라고 말하면 실제로 낙방을 하게 되고 "이번에는 분명히 붙을 거야"라고 말하면 합격하게 된다는 것이다.

이를 증명한 것이 하버드 심리학과 교수인 로버트 로젠탈과 레노어 제이콥슨의 실험이다. 그들은 샌프란시스코의 한 초등학교에서 전교생을 대상으로 지능검사를 실시한 후 한 반에서 상위 20%의 학생들을 선발했다. 그리고 그들의 명단을 교사에게 건네며 "지적 능력이나 학업성취 향상 가능성이 가장 높은 학생들"이라고 말했다. 8개월이 지난 후 다시 지능검사를 실시하자 이들의 결과가 다른 학생들에 비해 훨씬 높게 나타났다. 놀라운 사실은 이들의 지능이 실제로 상위 20%에 속한 것이 아니라는 것이다. 그들은 실험을 위해 무작위적으로 뽑힌 아이들이었을 뿐이다. 그럼에도 불구하고 교사들은 그들에게 지속적으로 우수한 학생이며 학업성취 역량이 뛰어나다는 것을 알려주었고, 학생들 스스로도 그것을 믿음으로써 좋은 결과를 만들어냈다. 이를 일컬어 '로젠탈 효과'라고 하는데 이와 유사한 결과가 이스라엘 군인들을 대상으로 한 실험에서도 입증되었다. 교관에게 미래의 지도자감이라고 알려준 사관생도들이 실제로 더욱 좋은 성적을 나타냈다는 것이다.

부자가 되려면 돈에 대한 생각부터 바꿔야 한다. 돈이 주는 혜택, 돈이 주는 자유, 돈이 주는 긍정적 결과를 받아들이고 돈을 존중하고 사랑해야 한다. 좋아하는 사람의 마음을 얻기 위해서는 그 사람을 진심으로 사랑하고 아껴야 하듯, 돈을 벌기 위해서는 돈을 아끼고 사랑해야 한다.

돈이 없을 때가 돈 벌기 가장 좋을 때다

많은 사람들이 돈을 벌기 위해서는 돈이 있어야 한다고 생각하지만 안타깝게도 대다수는 마음만 있을 뿐 돈을 넉넉하게 가지고 있지 못하다. 그래서 스스로 부자가 되고 싶어도 부자가 될 수 없다고 여긴다. 하지만 돈이 없는 상황을 대하는 자세도 고퍼와 에이펙스는 다르다. 살다 보면 돈이 있을 때도 있고 없을 때도 있다. 대부분의 사람들에게는 사는 동안 몇 번씩은 마치 가뭄이 찾아오듯 쪼들리는 시기가 찾아오게 마련이다. 재벌들도 자금 사정으로 인해 휘청거리는 모습을 종종 볼 수 있듯이 말이다. 그 순간에도 에이펙스와 고퍼는 상황을 받아들이는 생각이 다르다.

우선 고퍼들은 돈이 없는 상황을 견디기 어려워한다. 그들에게 돈이 없다는 것은 먹고살 수 있는 자산이 없음을 의미한다. 수중에 쓸 수 있는 돈이 없다는 사실에 어찌할 바를 모르고 전전긍긍하며 두려움에 떤다. 근심과 걱정에 휩싸여 잠을 못 이루기도 한다. 돈이 없는 삶은 실패한 삶으로 규정한다. 우울증에 시달리기도 하고 자신의 삶은 끝났다고 여기며 좌절하거나 심한 자괴감에 빠지기도 한다. 그러기에 고퍼들은 돈이 없는 상황에 처하지 않기 위해 자신이 가진 것을 잃지 않으려 발버둥친다. 손에 쥔 것을 잃지 않으려 집착하고 어떻게든 돈을 모으려 애쓴다. 싼 옷을 입고 싼 신발을 신으며 싼 음식을 먹고 허리띠를 졸라매며 악착같이 돈을 모은다.

하지만 에이펙스는 돈이 없는 것을 크게 걱정하지 않는다. 돈에 대한 그들의 생각은 고퍼들과 달리 특별해서 '돈이 없을 때가 돈을 벌기 가장 좋을 때'라 여긴다. 모 금융기관에서 강제로 명예퇴직을 당한 후 전통시장에서 외국인들에게 보내는 물건을 포장 배송하는 일로 100억대 이상의 자산을 일궈낸 한 친구는 "돈이 없어야 돈을 벌지"라는 말을 입에 달고 산다. 그는 돈이 있으면 쓸 일만 있지만 돈이 없으면 벌 일만 있다고 생각한다. 그는 늘 "돈으로 사업하려 하지 말라"고 조언하곤 한다. 돈이 아닌 자신이 가진 능력을 이용하여 사업을 하라는 것이다. 돈이 있으면 그 돈을 믿고 노력하지 않을 수 있지만 돈이 없으면 어떻게든 살아남기 위해 죽을힘을 다하게 된다는 것이다.

에이펙스의 상당수는 돈이 많아 그 자리에 오른 사람들이 아니다. 이케아의 창업자인 잉바르 캄프라드도 그렇고, 자라의 창업자인 아만시오 오르테가도 그렇다. 부의 피라미드 정점에 있는 사람들의 대다수는 무일푼에서 시작한 사람들이다. 우리에게 낯익은 대부분의 글로벌 CEO들은 자신의 집 창고에서 사업을 시작했다. 넉넉한 자금을 가지고 사업을 시작한 사람은 아무도 없다. 《부의 추월차선》을 쓴 엠제이 드마코, 《백만장자 시크릿》을 쓴 하브 에커, 《돈의 속성》을 쓴 김승호, 모두 마찬가지다. 이들은 모두 몇백 달러 혹은 몇백만 원의 적은 자금으로 사업을 시작하여 수백억, 수천억 원대의 큰 부자 반열에 올랐다.

우연히 알게 된 모 여자 사업가는 코로나로 인해 모든 기업이 비명을 지르는 상황에서도 한 달 만에 무려 3억 원 가까운 순수익을 냈다. 하루에 천만 원 가까운 수익을 올렸다고도 하는데, 1년이면 36억 원이라는 상상할 수 없는 큰돈이다. 이 사업가가 처음 사업을 시작할 때 수중에 가진 돈이라고는 단돈 천만 원뿐이었다. 천만 원이 적은 돈은 아니지만 사업을 시작한다고 할 때 그리 큰돈도 아니다. 평범한 가정주부였기에 가진 돈이 많지 않았고 자신이 가진 돈과 여기저기에서 빌린 돈을 합쳐 그것을 종잣돈으로 사업을 시작한 것이다.

그녀는 창고를 얻을 돈도 없어 비닐하우스를 임대하여 사업을 시작했지만 지금은 큰 부자의 반열에 올라 있다. 그보다 더 적은 돈으로 시작한 사람들도 많다. 세상에 넉넉한 종잣돈을 가지고 사업을 시작한 사람은 생각처럼 많지 않다. 웬만한 국내의 제조업체를 능가하는 시가총액을 가지고 있는 에어비앤비(Airbnb)는 샌프란시스코의 한 아파트에서 매트리스 3개를 살 수 있는 보잘것없는 자금으로 시작했다. 페이스북도 마찬가지고 유튜브도 마찬가지다. 모두 단돈 몇 푼으로 사업을 시작하여 성공한 업체들이다.

에이펙스는 돈이 없는 것을 그리 두렵게 여기지 않는다. 어느 순간 실패에 맞닥뜨려도 자신들이 실패했다고 여기지도 않고 인생의 끝이라 여기지도 않는다. 돈이 없으면 다시 벌면 그만이라고 생각한다. 그들은 돈이 돌고 도는 것임을 안다. 그래서 가진 것을 잃지 않으려 전전긍긍하지 않고, 가진 것을 놓치지 않기 위해 악착같이 돈을 끌어안으려 애쓰지도 않는다. 돈은 돌고 도는 것이기에 돈이 있을 때가 있으면 없을 때도 있으며, 없을 때가 있으면 다시 있을 때도 있다고 생각한다. 오히려 그들은 돈이 많은 것을 두려워한다. 돈이 없으면 결핍을 느끼고 절박한 심정을 가질 수 있지만, 돈이 많아 현실에 안주하다 보면 절박한 심정을 잊게 되고 부의 피라미드에서 자기도 모르는 사이에 하강의 미끄럼을 탈 수 있기 때문이다.

한 가지 잊지 말아야 할 것이 있다. 에이펙스들이 돈이 없는 상황을 두려워하지 않는 것은 틀림없는 사실이지만 그들이 그렇게 여유 있는 마음가짐을 가질 수 있는 것은 성공의 경험을 가지고 있기 때문이다. 다시 말해 그들이 대책 없이 낙관적인 건 아니라는 것이다. 그들은 무일푼이거나 아주 적은 돈으로 시작해서 부의 피라미드 정상에 선 사람들이다. 그들은 자신의 과거 경험을 통해 돈 없이 피라미드의 꼭대기에 이르는 방법을 알고 있다. 마치 도전하기 어려운 높은 산에 올랐던 경험이 있는 사람들은 높은 산을 두려워하지 않는 것과 다를 바 없다.

비록 실패하면 돈은 날아갈 수 있지만 그 실패의 과정에서 배운 사업모델, 경험, 네트워크, 정보력 등은 그대로 남아 있다. 그래서 하던 사업이 실패하더라도 자신이 거친 과정을 되풀이하면 또다시 쉽게 정상에 오를 수 있다고 믿는다. 단돈 천만 원으로 시작해 연수익 36억 원을 일궈낸 여자 사업가의 경우 사업이 실패해서 가진 것을 다 날리면 어떻게 하겠느냐는 질문에 "생각하고 싶지 않지만 훌훌 털고 다시 일어나면 되는 것 아니냐"며 대수롭지 않게 대답했다. 한번 부자가 되어 봤고 어떻게 하면 부자가 될 수 있는지 방법을 알고 있으니 다시 부자가 될 수 있다는 자신이 있는 것이다.

돈이 없다고 지나치게 의기소침할 필요도 없고 인생이 실패했다고 자신을 비하할 필요도 없다. 돈이 없을 때가 오히려 돈을 벌 수 있을 때다. 좌절하고 포기하는 사람들은 결코 돈을 벌 수 없다. 어려운 상황을 딛고 일어서려고 노력하는 사람은 돈을 벌 수 있다. 큰돈이 드는 것도 아니고 겨우 마음가짐 하나 달라지는 것이라면 밝은 쪽으로 생각해보는 것도 결코 손해 볼 일이 아니다.

에이펙스 스피릿 1

돈을 인격체처럼 존중하고 사랑한다

사람들은 돈을 좇으면서도 쉽게 손에 잡히지 않는 돈에 대해 부정적인 인식을 갖는 경향이 있다. 하지만 미워하는 사람과 가까워질 수 없듯, 돈도 미워하면 가까워질 수 없다. 돈에 대해 가지고 있는 잘못된 생각과 부정적인 인식을 벗어던지고 돈을 아끼며 사랑해야 한다. 그래야 돈도 나를 좋아하게 된다.

2

가지지 못한 것보다
가진 것에 초점을 맞춘다

무엇을 보느냐가 삶의 질을 바꿔 놓는다

부자들은 긍정적이고 가난한 사람들은 부정적이라는 말을 들어보았을 것이다. 실제로 내가 만나 본 부자들은 모두 긍정적이고 낙천적인 기질을 가졌다. 거의 예외가 없다. 늘 웃는 얼굴에 밝은 성격을 가지고 있으며 목소리가 크고, 부정적인 말은 잘 하지 않는다. 대책이 없을 정도로 낙관적인 성향의 사람도 있었다. 물론 사업을 하는 과정에서 발생하는 문제를 해결하기 어렵게 만드는 정부 정책이나 각종 규제 등에 대해서는 불평 섞인 말을 늘어놓는 사람들도 있었지만 불평을 한다고 해서 그들이 부정적인 것은 아니다. 마지막에는 늘 낙관적인 말로 마무리를 한다. 그러기에 그들과 이야기를 나누다 보면 항상 기분이 좋아진다. 마치 나 자신도 그들처럼 부자가 될 수 있을 것 같은 희망과 용기가 생기고 벌써 부자가 된 것 같은 느낌을 받을 때도 많았다. 그들에게는 돈이 있으니 집이나 자녀 교육, 노후자금 등 경제적 걱정거리가 없어 당연히 즐겁고 긍정적으로 살게 되지 않겠냐고 반문할 수도 있다. 하지만 그건 마치 닭이 먼저냐, 달걀이 먼저냐 하는 것처럼 무의미한 논의가 될 수 있다. 그들이 부자였기 때문에 긍정적이고 낙천적인 성격으로 변했다기보다 그러한 성격을 가지려고 노력한 것이 그들을 부의 피라미드 정상에 올려놓은 원동력이 되었다고 설명하는 것이 보다 정확하다.

내가 10년 전쯤에 부자들을 연구해보겠다는 마음을 가졌을 때만 해도, 내 주위에는 대부분 부자라고 할 수 없는 평범한 사람들만 있었다. 그런데 그 사람들의 말 습관을 가만히 들여다보면 한 가지 특징이 있었다. 자신의 신세를 한탄하거나 어려운 처지를 비관하는 말을 많이 한다는 것이다. “어휴, 이놈의 팔자” 혹은 “아이고, 내 신세야” 하는 말들이 부지불식간에 툭툭 튀어나오곤 했다. 그들 스스로 그런 말을 하면서도 의식하지 못했다. 그래서 그들과 함께 있으면 아무리 긍정적으로 생각하려고 해도 걱정거리가 불어나고 먹고사는 것이 참 힘들다는 생각밖에 안 들었다. 즐거움이 목적인 만남에서조차 그런 경우가 자주 생기곤 했다.

왜 부자들은 긍정적이고 낙천적인데 가난한 사람들은 부정적이고 비관적일까? 나는 부자들을 만나 이야기를 나누면서 그 차이를 찾아보려고 노력했는데, 이는 '무엇을 바라보는가'에 달려 있었다. 대체로 고퍼들은 자신이 가지고 있지 않거나 가지지 못한 것에 늘 초점을 맞춘다. 돈, 운, 인복, 기회 등 모든 면에서 자신에게 없는 것, 가지고 있지 못한 것만 생각한다. 좋은 대학을 못 나온 사람들은 "내가 원하는 대학을 못 나와서…"라는 말을 달고 산다. "좋은 대학 나와도 별거 없어"라고 말하면 오히려 "넌 좋은 대학을 나왔으니까 그런 말을 쉽게 할 수 있는 거야"라며 나를 타박한다.

부모의 덕을 보지 못한 흙수저들은 "내가 부모를 잘못 만나서…"라며 자신의 신세를 한탄한다. "내가 돈이 없어서…", "내가 공부를 못해서…", "내가 좋은 직장에 들어가지 못해서…" 등 그들의 말에는 늘 자신이 가지고 있지 않은 무언가가 물귀신처럼 따라다닌다. 그들의 말을 자세히 들여다보면 부정적인 의미를 내포하고 있음을 알 수 있다. 그리고 좋지 못한 결과에 대해 자신이 가지지 못한 것을 끌어들여 핑계를 대고 있음을 알 수 있다. "내가 원하는 대학을 못 나와서 자꾸 승진에서 누락되고 출세를 못 하는 거야", "내 부모가 부자가 아니라서 맨 바닥에서 시작하다 보니 내가 이 고생을 하는 거야", "내가 머리가 좋지 못해서 지금 이렇게 힘들게 사는 거야", "내가 좋은 직장에 들어가지 못해서 남들보다 가난하게 사는 거야" 등으로 말이다.

하지만 이런 식의 말투나 사고방식은 부자가 되는 데 전혀 도움 될 것이 없다. 무엇보다 자신이 가지고 있지 않은 것에 초점을 맞춰 자신이 가진 것을 보지 못하게 한다. "굼벵이도 구르는 재주가 있다"는 말처럼 사람은 누구나 크든 작든 가진 것이 있게 마련이다. 말 그대로 빈털터리처럼 아무것도 가지고 있지 않은 사람은 거의 없다. 교육을 제대로 받지도 못하고, 얼굴도 잘생기지 못했으며, 별다른 능력이 없었던 정종철 씨는 입으로 다양한 소리를 모사할 수 있는 탁월한 재주를 가지고 있었다. 그 재주 하나로 단숨에 이름난 개그맨이 되었으며 지금은 남부럽지 않은 명예와 부를 누리고 있다.

자신이 가진 것을 감사하게 여기고 활용하려고 하면 긍정적인 마음가짐을 가질 수 있다. 하지만 자신이 가지지 못한 것만 들여다보면 자신이 가진 것은 보이지 않게 마련이다. 그러면 그것을 활용할 수 없게 되고, 늘 자신은 아무것도 가지지 못한 사람이라며 자신의 팔자를 탓하며 살 수밖에 없다. 마음마저 부정적으로 변하게 되는 것이다.

에이펙스가 된 사람들은 자신이 가지지 못한 것을 보는 것이 아니라 자신이 가진 것을 보려고 한다. 똑같이 공부를 못했고, 똑같이 원하는 대학을 못 나오고, 똑같이 부모를 잘못 만나고, 똑같이 돈이 없고, 똑같이 좋은 직장에 들어가지 못했어도, 에이펙스는 그것을 생각하고 그것에 발목 잡혀 있기보다는 자신이 가진 것을 더욱 소중하게 여긴다. 그리고 그것을 이용하여 부를 만들어낼 방법을 찾으려고 한다. 그들에게는 가지지 못한 것보다 가지고 있는 것이 더 중요하다. 만일 정말로 자신이 가지지 못한 것이 있다면 어떻게 해서든 그런 것을 만들어 내려고 한다. 고무적인 것은 그들이 처음부터 가진 것에 초점을 맞춘 건 아니라는 것이다. 그들도 처음에는 가지지 못한 것을 탓하고 자신을 비하하거나 자괴감을 느꼈지만 그렇게 사는 것이 부를 축적하는 데 별로 도움 될 것이 없다는 사실을 깨닫고 자신이 가진 것을 바라보기 시작하면서 삶이 달라지기 시작했다. '무엇을 보느냐'가 삶의 질을 다르게 만들어줄 수 있다는 얘기다.

자신이 가진 것을 보면 비로소 돈이 보인다

둘째 아이와 초등학교 시절부터 가깝게 지내던 친구의 아빠를 알게 된 건 꽤 오래전 일이다. 그는 사업을 통해 많은 돈을 모은 사람이다. 그의 자산이 얼마나 되는지는 정확히 알 수 없지만 적어도 백억 대는 훌쩍 넘을 것으로 보인다. 그는 부잣집에서 태어나긴 했지만 젊은 시절 일탈과 방황으로 인해 집에서 쫓겨나다시피 하였고 부모의 덕을 보지 못한 채 맨주먹으로 홀로 일어선 사람이다. 그는 대학을 나오지도 못했으며 학창 시절에 공부를 잘해 본 경험도 없다고 한다. 그도 그럴 것이 학교에 가는 날보다 가지 않는 날이 더 많았다고 하니 말이다. 부모로부터 물려받은 재산도 없고 공부를 잘한 것도 아니며 소위 '가방끈이 긴' 것도 아니니 그는 일반적인 시선으로 보면 어디 가서 밥 벌어먹기도 힘든 사람 중 하나였다.

그럼에도 불구하고 그는 자신에게 '돈 냄새를 맡는 재주'가 있다고 했다. 그가 가지고 있는 것은 오로지 그러한 동물적인 감각뿐이라고 했다. 그리고 그 감각을 이용하여 닥치는 대로 일을 하며 종잣돈을 모으기 시작했고 다시 그 돈을 투자하여 더 큰돈을 벌어들였다. 그의 이야기를 들어보면 돈 버는 것이 세상에서 제일 쉬운 일처럼 여겨질 정도다. 그 재주 하나만으로 그는 지금 남부럽지 않은 삶을 살고 있다.

《미친 실행력》이라는 책을 쓴 박성진이라는 사람은 지방대 출신에 흔한 해외여행이나 공모전 수상 경험도 없고, 입사를 위해서는 필수라고 하는 토익 점수조차 가지고 있지 않았다고 한다. 한마디로 취업을 원하는 사람들 중 최하위 스펙을 가지고 있던 인물이었다. 취업 준비를 하는 사람이라면 누구나 알겠지만 이런 스펙으로 대기업에 입사한다는 건 불가능에 가까운 일이다. 하지만 그는 그러한 '저질 스펙'에도 불구하고 대학생들이 선호하는 10여 개의 기업에 합격하는 기염을 토했다. 그리고 그 많은 기업들 중 이랜드리테일에 영업사원으로 입사하여 실적왕과 최우수마케팅상을 수상하는 등 화려한 실적을 뽐내며 승승장구하고 있다. 박성진 씨를 에이펙스라고 할 수는 없지만 그가 가진 마인드를 보면 틀림없이 언젠가는 부의 피라미드 정상의 자리에 오를 것이라 확신할 수 있다.

그의 10대 시절은 지독하게 우울하고 힘들었다고 한다. 이혼한 부모 대신 어린 동생들을 돌보며 마음을 다잡지 못하고 방황했다. 꿈을 찾겠다며 대학에 입학했지만 아무도 알아주지 않는 지방대학이었고 아무런 스펙도 갖추지 못했다. 그러기에 맨몸으로 치열한 사회의 경쟁을 이겨내야만 했다. 그러다 보니 한때는 그 역시 왜 자신의 삶이 이다지도 힘들어야만 하는지 신세한탄을 하지 않을 수 없었다고 한다.

그렇게 살던 어느 날, 남들이 가지지 못한 것을 자신 안에서 발견하게 되었다. 그것은 바로 실행력이었다. 일반적인 실행력이 아니라 무엇이든 마음만 먹으면 조금도 미루지 않고 즉시 행동으로 옮기는 막강한 실행력을 갖추고 있다는 것을 알게 된 것이다. 그는 다른 사람들이 머릿속으로 고민하고 있을 때 한 발 내딛고, 다른 사람들이 완전한 계획을 세우느라 시간을 보낼 때 행동으로 옮기는 미친 실행력을 갖춤으로써 보잘것없는 스펙에도 불구하고 남들이 부러워하는 대기업에 입사할 수 있었다. 입사 후에도 그의 실행력은 빛을 발해 지방의 최하 매출 점포를 전국 최고 매출을 자랑하는 점포로 바꾸었고, 그 자신도 전국 1위의 실적을 달성하며 실적왕이 되었다. 지금은 회사 일과 함께 고액의 강사료를 받으며 강사로도 활동하고 있다고 한다. 자신이 가지지 못한 것을 떠나 자신이 가지고 있는 것에 초점을 맞추는 순간 그의 삶이 거짓말처럼 달라진 것이다.

나도 에이펙스가 아닌 고퍼의 마음가짐을 가지고 있을 때는 가지지 못한 것에 초점을 맞추고 살았다. 굳이 가지지 않은 것을 생각해야겠다는 마음가짐을 가지려고 한 건 아니지만 삶이 힘겹고 버겁다 보니 자연스럽게 그러한 것들만 눈에 들어왔다. 그러기에 자주 팔자 탓을 하며 살았고 "나는 왜 이렇게 운이 없을까?"라며 운명을 탓하는 말을 하곤 하였다. "어떤 사람들은 가진 재주도 없고 능력이 없어도 승승장구하고 잘나가는데 왜 나는 늘 힘들고 어렵게 살아야 할까?" 하는 신세한탄도 많이 했다. "내가 어렵게 사는 건 주위에서 날 도와주는 사람이 없기 때문이야"라며 인복이 없음을 탓하기도 했다. 내가 가진 것에는 눈이 먼 채 가지지 못한 것에만 눈길이 갔다.

하지만 에이펙스를 만나고 그들의 이야기를 듣기 시작하면서부터 무엇에 초점을 맞추며 살아야 하는지 알게 되자 내가 가진 것들이 보이기 시작했다. 돌아보면 내 삶이 그리 힘든 것만도 아니었다. 오히려 감사할 정도로 넘치는 삶이었다. SKY에 속하는 일류대학에 들어갈 수 있었고, 대학교 3학년 때 일찌감치 '금성사'라는 대기업에 취직을 해서 장학금을 받으며 대학원까지 졸업할 수 있었고, 대한민국에서 내로라하는 재벌기업에서 잔뼈가 굵으며 말단 사원에서 시작하여 임원의 자리까지 오를 수 있었다. 직장생활에 정체감을 느낄 때마다 한 단계씩 높은 직급과 보다 많은 연봉을 받으며 직장을 옮길 수 있었고, 25년의 직장생활에서 한 가지 일만 하면서 쌓아온 전문지식도 갖추고 있었다. 게다가 글 쓰는 재주도 갖추게 되어 무려 13권의 책을 낼 수 있게 되었다.

운도 없고 가진 것도 없다고 생각했던 내가 오히려 남들보다 운이 좋았고 가진 것도 많다는 것을 알게 되었다. 그것들은 분명 나의 소중한 자산이었다. 그렇게 내가 가진 것들이 보이기 시작하고 그것에 초점을 맞추게 되자 그것들을 이용하여 돈을 벌 수 있는 길들도 보이기 시작했다. 없는 것들만 생각하느라 과거에는 깨닫지 못했던 돈벌이 방법들이 눈에 들어오기 시작한 것이다. 지금은 그것들을 이용하여 나름대로 안정적인 수입을 일궈내며 경제적 걱정 없이 살아가고 있다.

운명을 믿지 말고 가진 것을 믿어라

내가 가지지 못한 것만 생각하면 내 손에 들려 있는 물건이 얼마나 귀한지 알 수 없다. 아무리 값비싼 소고기를 들고 있어도 내게 밥이 없다는 것을 생각하면 손에 들고 있는 소고기가 눈에 들어오지 않는다. 그러면 요리되지 못한 소고기는 썩어들어가고, 소고기를 손에 들고도 쫄쫄 굶을 수밖에 없다. 로마 네로 황제의 스승이자 스토아학파를 이끌었던 세네카는 이런 말을 남겼다.

"네가 가지고 있는 것이 네게 불만스럽게 생각된다면 세계를 소유하더라도 넌 불행할 것이다."

고퍼와 에이펙스의 차이는 그런 곳에서 온다. 고퍼는 내가 가지지 못한 것을 보느라 내가 가진 것을 보지 못하지만, 에이펙스는 내가 가지지 못한 것을 보는 것이 아니라 내가 가진 것을 보고 그것을 활용할 줄 안다. 그것이 긍정적으로 살 것인지 부정적으로 살 것인지 성격마저 달라지게 만든다.

많은 자기계발서를 보면 매사에 긍정적으로 살라고 한다. 인생을 긍정적으로 살면 우주가 나서 모든 에너지를 모아주고 자신을 도와주기 때문에 성공에 가까워질 수 있다고 한다. 이처럼 허무맹랑한 말이 없지만 다른 한편으로 보면 일리 있는 말이기도 하다. 고퍼들은 가지지 못한 것에 초점을 맞추다 보니 자신을 늘 부족한 사람처럼 본다. 돈도, 집도, 차도, 옷도, 인복도, 재물운도 없다고 생각되니 그것을 활용할 줄 몰라 삶이 즐겁지 않고 버겁거나 힘들게 여겨질 수밖에 없다. 그래서 불평과 불만이 끊이지 않고 주변에 한풀이를 한다. 모든 일은 마음먹기 나름이건만 그런 부정적인 마음가짐으로 일을 하면 무엇이든 잘될 리가 없다.

반면에 에이펙스는 가진 것에 초점을 맞추다 보니 자신을 선택받은 사람처럼 느낀다. 가난한 사람들은 부자가 되는 것을 아무나 가질 수 없는 '특권'이라고 여기지만 큰 부자는 그것을 누구나 누릴 수 있는 당연한 '권리'라고 여긴다. 에이펙스의 자리에 오른 사람들은 비록 다른 사람이 가진 것을 가지고 있지 못할지라도 자신에게는 다른 사람이 가지지 못한 것이 있음을 안다. 그러므로 불평과 불만보다는 감사하고 고마운 마음이 더 커지게 되고 긍정적인 사고를 할 수 있으며 그로 인해 삶이 즐거워진다. 삶이 즐거우면 다시 자연스럽게 긍정적인 감정을 느낄 수밖에 없다.

2020년 상반기에 가장 많이 팔린 책 중 하나라고 하는《더 해빙》에서 얘기하는 것도 이와 다를 바 없다. '있음'을 느끼고 그것에 집중한다는 것은 자신이 가지지 못한 것을 보는 게 아니라 자신이 가지고 있는 것을 본다는 얘기다. 그 책에서는 단순히 돈에만 이야기의 초점을 맞추었지만 돈뿐만 아니라 자신이 가진 재능, 자신이 가진 인간관계, 자신이 가진 사소한 모든 것들에 초점을 맞추면 삶이 감사해지고 긍정적일 수밖에 없다.

고퍼들이 하늘에서 뚝 떨어지는 운을 중시하지만 에이펙스는 부자가 되는 과정을 중시하는 이유도 여기에 있다. 고퍼들은 자신이 아무것도 가진 것이 없다고 여기므로 삶이 달라지기 위해서는 하늘이 돕지 않으면 불가능하다고 여긴다. 가진 게 없다고 여기므로 스스로의 노력으로는 부자가 될 수 없다고 생각하고 무언지 모르겠지만 외부의 신비한 힘에 기대고 싶어 한다. 자기 삶을 스스로 개척하지 못한 채 오로지 운에 맡기며 살 수밖에 없는 것이다.

《인생의 함정을 피하는 생각습관》이라는 책에서 저자인 웨이슈잉은 "삶에는 수많은 심리적 함정이 존재하며 자신에 대한 이해가 부족해 빠지게 되는 함정은 잘못된 인식과 행동을 가져온다"고 강조하고 있다. 자신이 가지지 못한 것을 바라봄으로 인해 부정적 심리에 사로잡히게 되고, 그것이 자신의 운명을 스스로 개척하지 못하고 보이지 않는 무형의 힘에 의존하고 싶어지는 잘못된 인식으로 연결될 수 있는 것이다. 반면에 에이펙스는 자신이 가진 것이 있으므로 그것을 활용하면 부를 만들어낼 수 있음을 안다. 그래서 그들은 막연히 운명의 힘에 의지하지 않고 더욱 큰돈을 만들어내기 위해 노력하고, 스스로 삶을 개척해 나가려고 하며, 결국에는 그것이 성공에 이르는 과정으로 연결된다.

긍정적 사고는 바람직하지만 '좋은 일이 있을 거야', '나는 운이 좋은 사람이야'라는 식의 무조건적인 긍정이 삶을 피라미드의 위쪽으로 끌어당기는 것은 아니다. 물론 '내가 하는 일이 제대로 될 리가 없지'라거나 '내 팔자는 왜 이런지 몰라'라며 부정적으로 사는 것보다는 훨씬 낫겠지만 거기에서 한 발짝 더 나아가야 한다. 자신이 가진 것을 제대로 바라보고 그것에 감사하며 그것이 헛되이 버려지지 않게 활용하려는 마음이 부와 성공을 가져다주고 긍정의 마음을 심어줄 수 있다. 마치 닭과 달걀처럼 긍정적인 마음이 먼저냐, 부가 먼저냐 다툴 이유는 없다. 굳이 따지자면 긍정적인 마음과 부는 서로 공존할 뿐이다. 우선은 자신이 가진 것부터 제대로 바라보아야 한다. 가지지 못한 것을 자꾸 떠올려봐야 소용이 없다. 부정적인 마음만 들 뿐이다. 《인생을 바꾸는 부자습관》이라는 책을 쓴 토마스 콜리가 233명의 부자들을 대상으로 조사한 바에 따르면 그들 중 상당수의 학점이 'C' 수준이었다고 한다. 지능이 높거나 공부를 잘한다고 꼭 부자가 되는 것은 아니라는 것이다.

자신이 가지지 못한 것을 부정적으로 바라보는 생각은 밖으로 새 나가지 않도록 꽁꽁 비닐봉지에 묶어 깊은 땅속에 묻어버려야 한다. 대신 자신이 가지고 있는 것들이 밖으로 나와 햇볕을 쬐고 마음을 지배하도록 해야 한다. 그것을 감사한 마음으로 보듬고 다듬어서 보다 가치 있는 것으로 만들고 그로부터 부를 창출해내려고 해야 한다. 그러다 보면 어느 순간 부의 피라미드 정상에 가까워질 수 있을 것이다.

> 에이펙스 스피릿 2
>
> **가지지 못한 것보다 가진 것에 초점을 맞춘다**
>
> 누구든 한두 가지씩 부족한 면이 있게 마련이다. 부족한 면만 보면 자신이 아무리 많은 것을 가졌다고 해도 만족할 수가 없다. 잘못된 심리적 함정에 빠지게 되고 부정적 사고에 사로잡히게 된다. 부자들은 자신이 가지지 못한 것보다는 가진 것에 초점을 맞추고 그것을 활용하여 부를 일궈낸 사람들이다. 자신이 가진 것을 소중하고 고맙게 여기는 순간 그것을 이용하여 부를 축적할 수 있는 방법을 찾아낼 수 있다.

3

사람들이 꺼려하는 일에 기회가 있다

사람이 많이 몰리는 곳일수록 돈 벌기가 어렵다

우리말에 "개같이 벌어서 정승같이 쓴다"는 말이 있다. 궂은 일, 힘든 일이라도 마다하지 않고 열심히 벌되 떳떳하고 보람 있게 쓴다는 의미이다. 말로는 직업에 귀천이 없다지만 사실 개같이 번다는 것이 그리 탐탁한 일은 아니다. 하지만 돈을 벌고 돈을 쓰는 데 있어서도 에이펙스와 고퍼의 마음가짐은 차이가 난다. 에이펙스는 정말 궂은일이거나 험한 일도 가리지 않고 돈을 벌 수 있다면 얼마든지 나선다. 그리고 그렇게 번 돈을 의미 있게 쓰려고 한다. 고퍼는 부자가 되고 싶어 하면서도 궂은일이나 험한 일은 하고 싶어 하지 않는다. 고상한 일, 남들에게 당당하게 말할 수 있는 직업을 가지고 싶어 한다. 그렇게 번 돈을 소비할 때도 의미보다는 명분을 앞세운다. 예를 들어 직장인들의 경우, 자신의 노동을 노예의 노동이라 비하하면서 그렇게 번 돈으로 자신에게 명품 옷이나 명품 가방, 고급 차 등을 선물하는 것을 정승처럼 쓰는 것이라 여긴다.

이 책을 읽는 여러분이 사업을 한다고 하면 어떤 사업을 하고 싶은가? 아마도 IT나 명품 가방, 명품 옷, 사람들이 즐겨 먹는 음식 등 멋진 제품을 만들어내는 제조업, 혹은 사람들에게 널리 알려진 서비스업 같은 아이템을 떠올릴 것이다. 한마디로 '폼'나는 사업을 하고 싶을 것이라 생각된다. 고물상이나 전당포 같은 후줄근하고 소위 '한물간' 사업을 하고 싶은 사람은 없을 것이다. 이것이 일반적인 고퍼들의 생각이다. "보기 좋은 떡이 먹기에도 좋다"는 말처럼 그들은 화려함을 좇는 경향이 있다.

하지만 에이펙스에 오른 사람들은 사업을 바라보는 눈이 고퍼들과는 확연히 다르다. 그들은 사업의 외형을 보는 것이 아니라 사업의 본질을 바라본다. 즉 멋지고 폼나는 사업이 아니라 이것이 돈이 될 것인지 그렇지 않을 것인지, 이 아이템을 통해 큰돈을 벌 수 있을지 그렇지 않을지를 아이템 선정의 가장 중요한 기준으로 여긴다. 그들이 공통적으로 하는 말은 우리가 가진 상식과는 크게 다르다. 사람들이 꺼리고 쳐다보지도 않는 아이템일수록 돈을 벌 수 있는 기회가 많다는 것이다. 사람들이 몰리는 사업, 누구나 하고 싶은 사업은 이미 많은 사람들이 관심을 가지고 있고 선점하고 있기 때문에 돈을 벌 수 있는 기회가 그리 많지 않다고 말한다. 돈 되는 사업은 사람들이 쳐다보지도 않는 것이라고 딱 잘라 말한다.

부산에서 만난 모 사업가는 평범한 가정주부에서 짧은 순간에 부의 피라미드 정점에 오른 사람이다. 그가 다루는 아이템은 폐지이다. 폐지라고 하면 대부분의 사람들은 너저분한 고물상을 떠올리며 눈살을 찌푸릴 것이다. “해볼래?” 하면 고개를 절레절레 흔들며 도망갈지도 모른다. 힘없는 노인들이 힘겹게 수레를 끌고 다니며 폐지를 주워 모아 겨우 끼니를 잇는 모습이 연상되기 때문인지도 모른다.

하지만 이 사업가가 하는 사업은 이런 소규모 폐지 수집과는 거리가 멀다. 해외에서 책과 같은 폐지를 컨테이너로 몇백 톤씩 수입하여 제지업체에 판매하는 비즈니스 모델이다. 폐지 수입을 통해 돈을 벌긴 하지만 폐지는 손에 대지도 않는다. 컨테이너가 부두에 도착했을 때 검수 차 한번 열어 보기만 하면 그것으로 할 일은 끝이다. 수입된 폐지를 컨테이너째 제지업체로 넘기고 통장으로 입금되는 돈만 챙기면 된다. 물류를 비롯하여 처리해야 할 일은 잘 세팅되어 있는 시스템을 이용하므로 굳이 현장에 있지 않아도 된다. 다른 사람들은 듣기만 해도 눈살을 찌푸리는 아이템을 이용하여 가만히 앉아서 너무나 쉽게 돈을 벌고 있는 것이다. 그가 한 번의 거래로 벌어들이는 돈은 수천만 원에 이른다. 그렇게 쉽게 돈을 벌 수 있음에도 불구하고 폐지라는 아이템 때문에 경쟁자가 많지 않아 돈을 버는 건 땅 짚고 헤엄치는 것처럼 쉽기만 하다.

모 경영자 과정의 강의를 통해 만난 사업가 중에는 깨진 PCB를 이용하여 돈을 버는 사람도 있다. PCB는 모든 전자기기에 들어가는 인쇄회로기판을 일컫는다. 여러분에게 누군가 깨진 PCB 부품 1톤을 건네며 가지라고 하면 선뜻 가질 것인가? 쓸모도 없는 물건이 자리만 차지할 테니 대다수는 거부할 것이다. 하지만 에이펙스는 이러한 쓰레기를 이용해서도 돈을 번다. '도시광산'이라는 개념이 있다. 광산이라고 하면 산을 파서 무언가 가치 있는 광석을 채굴하는 것이지만, 도시광산이라고 하는 것은 버려진 PCB 부품에서 값진 원재료를 추출하는 것을 말한다. PCB 안에는 금이나 백금, 니켈 등 값나가는 원재료들이 많이 들어 있다. 희토류도 많이 들어 있다. 전자기기가 더욱 발달하고 성능이 좋아지면서 점점 더 정교한 기판들이 필요해지고 이로 인해 비싼 원재료가 들어가는 비중이 늘어나고 있다.

휴대전화에 사용되는 PCB 기판 1톤에서 추출될 수 있는 금의 양이 무려 400g이나 된다고 한다. 금 한 돈이 3.75g이고 가격이 25만 원이라고 하면 PCB 1톤을 통해 무려 2,600만 원이 넘는 금을 채굴할 수 있는 것이다. 금광석 1톤을 채굴해도 건질 수 있는 금의 양은 5g밖에 안 된다고 하니 그에 비하면 엄청난 이익을 얻을 수 있는 셈이다. 이 외에 다른 종류의 값진 금속들도 추출할 수 있다. 더럽다고 인상 찌푸리며 고개를 가로 젓는 순간 손쉽게 벌 수 있는 큰돈이 사라지는 셈이다. 그럼에도 불구하고 보기 좋은 아이템, 폼나고 그럴듯한 아이템만 쫓을 것인가?

에이펙스에게 사업의 아이템은 그리 중요한 것이 아니다. 중요한 것은 그 아이템을 이용하여 돈을 벌 수 있는지의 여부이다. 남들은 눈살을 찌푸리며 쳐다보는 아이템이 그들에게는 오히려 좋은 기회가 된다. 그들은 화려하고 폼나는 아이템보다 사람들이 쳐다보지 않는 아이템을 더 선호한다. 그곳이 오히려 돈을 만들어낼 수 있는 기회가 더 많기 때문이다. '무주공산(無主空山)'이라는 말처럼 그런 아이템일수록 사업을 하겠다고 관심을 두는 사람이 많지 않으니 말이다. 그들의 머릿속에는 '사람이 없는 곳에 오히려 돈 되는 아이템이 많다'는 생각이 굳게 자리 잡고 있다. 그래서 에이펙스는 외면의 화려함보다는 내면의 튼실함을 좇는다. 정말 '개' 같은 아이템으로 돈을 벌어서 '정승'처럼 쓰는 것이다.

맨손으로 시작해 연 매출 350억 원이 넘는 탄탄한 기업으로 성장시킨 고등학교 친구가 언젠가 이런 말을 한 적이 있다. 조금만 눈을 낮춰도 돈이 널려 있다고. 조금만 눈높이를 낮추면 돈을 벌기가 쉽다고. 그 친구는 처음에는 대기업에서 평범한 직장인으로 사회생활을 시작했다. 하지만 그는 경쟁이 심한 직장생활이 적성에 맞지 않다고 여겨 회사를 그만두고 생수 배달을 시작했다. 온갖 조롱과 천시의 눈길을 견뎌내면서도 그 일을 통해 종잣돈을 모으고 그것으로 주방에서 주로 사용하는 타일들을 수입하기 시작했다. 이 시장은 대규모 기업들이 들어오지 않는 시장으로 잘 들여다보면 체계도 없고 경쟁도 그리 심하지 않다고 했다. 경쟁을 피해 경쟁이 없는 시장으로 들어간 친구는 그 바닥에서 탄탄하게 자리를 잡을 수 있었고 매년 놀라운 속도로 사업을 확대해 나가고 있다. 그 친구가 내게 한 말도 그런 것이었다. 아이템이 중요한 것이 아니라 얼마나 많은 사람들이 관심을 가지고 있느냐가 더 중요한 것이라고.

돈을 버는 것에 대한 기대도 에이펙스와 고퍼는 사뭇 다르다. 우리 속담에 "티끌 모아 태산"이라는 말이 있지만 에이펙스는 적은 돈도 소중하게 여기고 만족한다. 10만 원은 그들에게 티도 안 날 정도로 적은 돈이지만 그들은 그 적은 돈을 푼돈이라고 우습게 여기지 않는다. 10만 원의 수익이 100번 모이면 1,000만 원이 된다는 것을 알기에 적은 금액이라도 돈을 벌 수 있는 기회가 있다면 마다하지 않는다. 그리고 그것을 감사하게 받아들인다. 고퍼들 중에는 '티끌은 모아봐야 티끌'이라는 생각을 가진 사람이 많다. 수천만 원, 수억 원의 돈은 크게 보면서 10만 원의 돈은 우습게 본다. 그래서 그런 적은 수익이 생기는 곳은 쳐다보려고 하지 않는다. 마음이 급하기 때문이다. '10만 원씩 모아서 언제 부자가 되나?'라는 조바심이 있다 보니 적은 수익을 감사하게 받아들이기보다는 더 큰돈을 벌지 못한 것에 실망하는 일이 많다. 하지만 적우침주(積羽沈舟), 즉 "깃털이 쌓이면 배도 가라앉힐 수 있다"는 말처럼 적은 돈이 모여 큰돈이 되는 법이다. 그러니 적은 돈을 가벼이 여기지 말고 적은 돈을 만들 수 있는 기회를 많이 늘려나가려고 생각해야 한다.

거절을 두려워 말라

"개같이 번다"는 얘기는 바꿔 말하면 그만큼 수모를 겪을 일도 많다는 것을 나타낸다. 돈을 좇다 보면 자존심이 상하거나 굴욕감을 느끼는 등 마음의 상처를 받을 때가 많지만 에이펙스는 돈을 벌기 위해 웬만한 수모도 아무렇지 않게 견뎌낼 줄 안다. 그것도 당연히 거쳐야만 하는 과정으로 받아들인다. '과하지욕(袴下之辱)'이라는 고사성어가 있다. 고대 중국의 한나라 장수였던 한신으로부터 유래된 말로 가랑이 사이를 지나는 치욕을 감수한다는 말인데, 돈을 벌다 보면 치욕스러운 일들은 비일비재하게 일어난다. 내가 만나본 부자들이 겪은 수모는 너무나 많아서 그것만 모아도 책 한 권의 분량이 나올 정도다. 하지만 그들은 피라미드의 정상에 오르기 위해 그런 수모를 모두 이겨낸 사람들이다. 그 순간을 참고 견뎌내지 못하면 더 큰 어려움이 닥쳤을 때 이겨낼 수 없다는 것을 알기 때문이다.

그들은 마치 자존심이 없는 사람처럼 행동한다. 그들에게 자존심은 애초부터 사전에 없는 단어이다. 내세울 수 있는 자존심을 다 내세우면서 돈을 벌 수 있는 방법은 없으며, 자존심이라는 것이 돈을 버는 데 별 도움이 되지 않음을 알고 웬만해서는 그것을 꺼내려 하지 않는다. 어쩌면 이 글을 읽는 직장인 중에 "나도 상사로부터 온갖 수모를 견디며 자존심에 상처를 입을 때가 많다"고 항변할 사람이 있을지도 모른다. 나도 직장생활을 30년이나 했으니 모르는 바 아니다.

하지만 에이펙스가 겪은 자존심의 상처는 직장인들이 입는 자존심의 상처에 비할 수 없을 정도로 크다. 주말 새벽에 바이어들의 호출을 받고 두 시간이나 떨어져 있는 술집까지 달려가 술값을 결제하거나, 거래처 사장의 부인이 내주는 심부름을 묵묵히 수행하는 등 상식적으로 납득할 수 없는 일들이 비일비재하다. 외국의 경우는 그렇지 않겠지만 내가 만나본 에이펙스들의 상당수는 그러한 과정을 거쳤다. 그럼에도 그들은 큰 부자라는 최종적인 목표에 도달하기 위해 갖은 수모를 꾹 참고 견뎌냈다. 그들이야말로 "개같이 번다"는 말을 몸으로 실천하는 사람들이라고 할 수 있다.

누군가에게 거절당하는 것도 마찬가지다. 돈을 벌기 위해서는 거절을 일상적인 생활로 받아들이지 않으면 안 된다. 누구나 쉽게 내가 제안하는 것을 들어준다면 돈 버는 일이 무엇보다 쉬울 것이다. 하지만 누군가의 돈을 얻어내기 위해서는 수도 없이 많은 거절을 이겨내야 한다. 고퍼들은 거절을 두려워한다. 자존심에 상처를 입는 일로 여긴다. 나 역시 그랬다. 나는 영업에 대해 알레르기를 느낄 정도로 싫어했다. 만일 직장 생활을 하는 동안 영업부서로 발령을 받았다면 그 즉시 그만둘 결심을 했을지도 모른다. 그 정도로 영업에 대해서 거부감이 큰데 그 이유는 바로 거절에 대한 두려움 때문이었다. 하지만 생각해보면 영업은 '거절이라는 세잎클로버' 밭에서 '수락이라는 네잎클로버'를 찾아내는 것과 다를 바 없다. 누구나 다 거절 없이 수락만 한다고 하면 영업이 어려울 이유가 없을 것이다. 누구나 판매왕이 되고 누구나 두둑한 보상을 챙길 수 있을 것이다.

거절이 두려워서 아무 말도 못 하는 것보다는 거절을 이겨내고 제안을 해보는 것이 오히려 득이 될 수 있다. 중고 자동차를 산다고 해보자. 거절이 두려워 아무 말도 못 하고 있으면 부르는 대로 돈을 다 주어야 한다. 하지만 "200만 원만 깎아주세요"라는 말 한마디를 함으로써 100만 원의 이득을 볼 수도 있다. 겨우 말 한마디로 100만 원을 아낄 수 있다면 독자 여러분은 말을 아끼겠는가? 한 푼도 깎지 못해도 상관없다. 어차피 깎아달라는 말을 꺼내지 않으면 한 푼도 건질 수 없으니 말이다. 이렇듯 고퍼들은 자존심에 상처를 입을까 봐 거절을 두려워하지만 에이펙스는 뻔뻔스럽게 느껴질 정도로 거절에 익숙해져 있다. 그들은 거절을 대하는 태도가 다르다. 거절을 자존심에 상처를 입는 일이라 여기지 않고 기본적으로 거쳐 가야 할 관문이라 여긴다. 본전이라 여기는 것이다. 오히려 승낙을 기본에 더해진 보너스라고 여긴다. 당연히 거절할 줄 알았는데 승낙을 한다면 그것만큼 즐거운 일이 어디 있겠는가?

지아 장이라는 사람은 '거절 프로젝트'를 수행했던 경험을 책으로 집필해서 유명해졌다. 그는 중국에서 태어나 미국에서 학교에 다녔고 성공한 기업가가 되는 것을 꿈꿔온 사람이다. 이 사람은 거절에 대한 두려움을 가지고 있었다고 한다. 그래서 자신의 꿈을 미루고 살다가 뒤늦게 사업가가 되고 싶었던 꿈에 도전한다. 하지만 뜻대로 되지 않자 자신 안에 남아 있던 두려움을 없애고자 100일 동안 하루에 한 번씩 낯선 사람에게 들어주기 힘든 부탁을 하고 거절당하는 프로젝트를 시작한다. 의도적으로 거절을 당함으로써 거절에 익숙해지기 위해서였다. 햄버거를 리필해달라고 하거나, 경비원에게 100달러를 빌려달라고 하거나, 남의 집 문을 두드린 후 뒷마당에서 축구를 하게 해달라는 등의 내용이다.

놀랍게도 그 프로젝트를 하는 동안 예상했던 것처럼 거절도 많이 당했지만 한편으로는 승낙을 받은 경우도 많았다고 한다. 도넛을 오륜기처럼 만들어 달라는 지아 장의 부탁을 들어준 도넛 가게 점원도 있었고 그의 부탁을 들어주지는 못했지만 대신 무언가를 도와주려고 애쓰는 사람들을 많이 만나게 됐다고 한다. 그것을 통해 지아 장은 깨달음을 얻게 된다. 거절당하는 것을 두려워한 나머지 자신이 진짜 원하는 것을 표현조차 하지 못했고, 그래서 너무 많은 것을 놓치고 살았다는 것을. 그

동안 그를 거절한 것은 다른 사람들이 아니라 두려워서 도전하지 못했던 자기 자신이라는 것을 알게 된 것이다. 결국 그는 거절의 두려움을 이겨내고 큰 성공을 거둔다.

많은 사람들이 거절을 두려워한다. 거절을 통해 마음에 상처 입는 것을 싫어한다. 하지만 거절이 두려워 손을 내밀지 않으면 성공의 기회조차 가질 수 없다. 거절에 대한 공포, 거절에 대한 두려움을 이겨내야만 하고자 하는 일의 실행력이 높아질 수 있다. 거절 속에서 건져 올린 승낙이 성공의 길로 안내할 수 있고 부도 따라올 수 있다. 그의 말처럼 에이펙스들도 자신이 원하는 것을 얻어내기 위해 거절을 이겨내는 방법을 스스로 터득하고 있다.

에이펙스는 때로 뻔뻔스러울 정도로 능글맞다. 배짱도 두둑하고 '안 되면 그만'이라는 신념이 확고하다. 한 사업가는 사업에 필요한 원재료를 구매할 때마다 가격을 말도 안 되게 후려친다. 그런데 대부분의 경우 그의 제안이 받아들여진다. 그것을 나쁘게 볼 수도 있겠지만 상대방의 입장에서는 가격이 안 맞으면 안 팔면 그만이다. 그럼에도 불구하고 물건을 넘긴다는 것은 비록 적더라도 수익이 나기 때문이다. 상대방의 거절이 두려워 상대의 제안을 그대로 받아들이면 그만큼 내게 돌아오는 수익은 줄어들 뿐이다. 그가 《설득의 심리학》의 저자 로버트 치알디니가 말하는 '문전박대' 전략과 같은 고도의 심리전략을 알고 있는 것은 아니다. 하지만 그는 거절이 두려워 망설이면 더 큰 이익을 얻을 수 없다는 것을 경험으로 알고 있다.

돈을 버는 과정에서 겪을 수밖에 없는 치욕이나 누군가로부터의 거절은 익숙하지 않은 사람에게는 견디기 힘들고 두렵다. 그 마음은 마치 '월렌다 효과'처럼 가슴을 짓누르고 돈 버는 일로부터 멀어지게 만든다. 미국 역사상 최고의 공중곡예사였던 칼 월렌다는 수없이 많은 외줄타기 공연을 성공적으로 완수했음에도 불구하고 마지막 은퇴 공연에서 심리적 부담감을 이겨내지 못하고 실패하여 목숨을 잃고 말았다. 치욕이나 거절에 대한 근심 걱정으로 주저앉으면 시간이 지나면서 더 많은 치욕과 거절을 감당해야 하지만 그것을 이겨내고 부의 피라미드 정상에 가까워질수록 그러한 일들은 줄어들 수밖에 없다. 안되어도 손해 볼 것 없다는 배짱을 길러야 한다.

부의 선순환을 만들어라

돈을 쓰는 방식에 있어서도 고퍼와 에이펙스는 다르다. 고퍼들은 주로 자신을 위해 돈을 쓴다. 하기 싫은 일을 억지로 하면서 먹고살아야 하기 때문에 그것을 꾹 참는다 여기며 스스로에게 보상하고자 하는 것이다. 일부 고퍼들은 몇 달 치 월급을 모아 명품 가방을 자신에게 선물하거나 집도 없이 월셋집에 살면서 고급 외제 차를 몰기도 한다. 물론 다 그런 것은 아니다. 대부분의 고퍼들은 가족들을 위해 쓰거나 자신이 번 돈이 아까워서 제대로 쓰지도 못한다. 심지어는 제대로 써 보기도 전에 여기저기 뜯기고 만다. 그래서 월급날이 되면 "아침에 월급이 로그인되었다가 저녁에 로그아웃된다"는 말도 있다.

에이펙스가 소비하는 방식은 사뭇 다르다. 그들도 아껴 쓰기는 마찬가지다. 로스차일드나 룩셈부르크 국제은행과 같은 기관에서는 현금성 자산이 64억에서 128억 원 정도 되는 사람들을 슈퍼리치(super-rich)라고 부른다. 이 슈퍼리치의 소비 형태를 보면 그렇게 많은 돈을 가지고 있음에도 불구하고 절대 낭비를 하지 않는다고 한다. 영화를 볼 때는 카드할인을 받거나 조조할인을 택한다고 한다. 동전 지갑을 가지고 다니며 알뜰하게 동전을 활용하기도 하고, 신용카드보다는 체크카드, 체크카드보다는 현금을 선호함으로써 돈의 흐름이 눈에 보이도록 하고, 쓸데없는 곳으로 돈이 흘러나가지 않도록 하는 습관이 몸에 배어 있다고 한다. 투자전문가를 만나 조언을 받거나 어려운 사람을 위해 기부를 할 때 등 자신이 가치 있다고 판단한 일에는 아낌없이 돈을 쓰지만, 허튼 데에는 한 푼도 안 쓴다는 것이다.

어쩌면 이 글을 읽는 사람들 중에는 의아하다는 생각을 가진 사람도 있을 것이다. "내가 아는 부자는 펑펑 쓰고 다니던데?" 하며 고개를 갸웃거릴지도 모른다. 물론 부자들 중에 그런 사람들도 있다. 그런데 유심히 살펴보시라. 그렇게 돈을 펑펑 쓰고 다니는 사람들은 힘들여 돈을 번 사람들이 아닐 가능성이 크다. 로또처럼 일확천금에 당첨된 사람이나, 갑자기 큰돈을 번 졸부들, 혹은 할아버지나 아버지 덕에 떵떵거리고 사는 사람들일 가능성이 크다. 자신이 고생해서 번 돈이 아니다 보니 그들은 돈의 소중함을 잘 모른다. 그래서 먹고 싶은 것, 입고 싶은 것, 타고 싶은 것, 살고 싶은 것에 아낌없이 소비를 하는 것이다.

고퍼들 중에는 간혹 자신의 처지를 생각하지 못하고 황새를 따라가려고 하는 사람들이 있다. "한 번뿐인 인생인데" 혹은 "인생 뭐 있어?" 하며 힘들게 번 돈을 자신을 위해 아낌없이 투자한다. 특히나 몇 년 전에 불어 닥친 욜로(YOLO) 열풍으로 인해 더욱 그런 분위기가 높아졌다. 한편으로는 앞서 언급했던 르상티망의 해소로 볼 수도 있다. 자신보다 돈이 많은 사람들이 아낌없이 펑펑 쓰는 모습을 보면서 자신도 그와 같은 소비에 동참하여 그 감정을 해소하고 싶은 것이다. 비싼 상품을 구매함으로써 그것을 구매하는 계층의 사람들과 동일시되는 현상을 나타내는 '파노플리 효과(panoplie effect)'라고도 할 수 있다. 하지만 돈은 가치 있게 써야 한다. 이왕 힘들게 번 돈이라면 가급적 가치 있게 쓰는 것이 바람직하다. 바람직하게 쓴다는 것은 부를 유지하거나 부를 재창조하는 곳에 쓴다는 의미이다. 소모적인 소비는 심리적인 만족감을 줄 수는 있지만 부자가 되는 데는 전혀 도움이 되지 않는다. 에이펙스들은 부의 선순환을 만들어내는 것에 투자하는 것을 '정승처럼 쓰는 것'이라고 여긴다.

소모적인 소비보다는 자신의 가치를 끌어올릴 수 있는 투자, 더 많은 돈을 벌어드릴 수 있는 투자에 신경을 써야 한다. 그러한 것들이 습관으로 자리 잡게 되면 조금 더 빨리 에이펙스의 길에 가까워질 수 있을 것이다.

에이펙스 스피릿 3

사람들이 꺼려하는 곳에 기회가 있다

사람들은 돈을 벌고 싶어 하면서도 쉽고 편한 일, 폼나고 그럴듯한 일만 좇는다. 힘들고 어려운 일, 지저분하고 꺼리는 일은 하고 싶어 하지 않는다. 하지만 사람들의 관심이 많은 사업은 그만큼 경쟁이 치열할 수밖에 없다. 조금만 눈을 낮추면 사람들이 관심을 가지지 않는 분야가 많고 그런 곳일수록 많은 돈을 벌 수 있다.

4

깊은 관찰을 통해 한 걸음 더 앞서간다

사람을 보지 말고 기회를 보라

주변의 부자들을 둘러보면 확실히 사업에 대해 감탄할 정도의 감각을 가지고 있다는 생각이 들 때가 많다. 그것이 타고난 감각인지 아니면 정보력에 의한 것인지 모르겠지만 그들은 뛰어난 통찰력을 가지고 다른 사람들이 관심을 가지지 않는 분야에 투자함으로써 부를 일궈내곤 한다.《하버드 파이낸스 클래스(哈佛理财课)》라는 책에 적절한 예가 있어 한번 편역해보고자 한다.

여러 사람이 산을 개간했다. 그 사람들 중 상당수는 개간할 때 나온 돌을 팔아 돈을 벌었다. 그런데 A라는 한 사람은 달랐다.

A는 모양이 희귀하고 아름다운 돌만 골라 화훼 상인에게 팔았는데 그 수입이 다른 사람보다 몇 배나 많았다. 더 이상 개간이 힘들어지자 사람들은 산에 과일나무를 심어 돈을 벌려고 했는데, A는 버드나무를 심었다. 이유는 이랬다. 과일나무를 재배하는 사람들이 늘어나면 얼마 지나지 않아 과일이 많이 열릴 것이고, 그렇게 되면 과일을 담아 나를 수 있는 버드나무 광주리의 공급이 부족해질 것이기 때문에. 그리하여 A는 또 많은 돈을 벌었다.

시간이 지나서 이 지역에 남북 횡단 열차가 개통을 하자 사람들은 과일을 가공해서 통조림을 만드는 공장을 만들려고 하고 있었다. 그런데 A는 또 다르게 생각했다. 그는 자신이 소유한 땅에 가로 100m, 높이 3m가 되는 벽을 만들었다. 그 벽은 철로 쪽을 향해 있었다. 그리고 벽 양쪽으로는 아주 멀리까지 펼쳐진 배 농장이 보였다. A는 음료를 만드는 업체와 제휴하여 자신이 만든 벽에 '코카콜라'라는 단어를 크게 써 놓았다. 기차를 탄 사람들은 A 소유의 땅을 지날 때 활짝 핀 배꽃을 감상할 수 있었고, A의 벽에 큼지막하게 쓰인 '코카콜라'라는 글씨를 보지 않을 수 없었다. 이러한 광고는 독특한 광고로 유명하게 알려지며 A는 이 광고를 통해 4만 달러의 이익을 올리게 됐다.

A의 독특한 행동은 도요타의 사장 야마다 신이치의 주목을 받게 됐다. 신이치는 A의 탁월한 비즈니스 감각에 탄복하며 그를 고용하기 위해 찾아갔다. 그런데 신이치가 그를 찾아갔을 때,

A는 자신의 양복점 앞에서 맞은편 양복점의 사장과 다투고 있었다. 듣자 하니 그 두 양복점은 얼마 전부터 가격 경쟁을 하고 있었더란다. A의 양복점에서 양복 가격을 800엔으로 책정하면 맞은편 양복점에서는 가격을 750엔으로 내렸다. 그러면 다시 A의 양복점에서는 가격을 750엔으로 내렸고, 그러면 다시 맞은편 양복점은 가격을 700엔으로 내렸다. 이리하여 A의 양복점이 양복을 8벌 파는 동안 맞은편 양복점은 800벌의 옷을 팔았다. 신이치는 A가 탁월한 비즈니스 감각을 지닌 줄 알았는데 가격 경쟁이라 하면서 옷도 팔지 못하는 볼품없는 상인이라 생각하고 실망을 금치 못했다. 하지만 얼마 지나지 않아 신이치는 생각을 바꿀 수밖에 없었다. 맞은편 양복점의 소유주 또한 A라는 사실을 나중에 알게 되었던 것이다.

A의 이름을 확인할 수는 없지만 일본에서 실제 있었던 사례라고 한다. 이미 지난 일이므로 우리는 A의 사업 수완을 대수롭지 않게 받아들일 수 있지만 그의 사업 감각은 대단한 것이 아닐 수 없다. 이 예에서 보는 것처럼 큰돈을 버는 사람들은 다른 사람들의 행동을 따라가지 않는다. 대신 그들은 사람들의 행동을 보면서 그 안에서 숨겨진 사업 기회를 찾으려고 노력한다. 그들은 이미 많은 사람들이 몰려드는 분야에서는 돈을 벌기가 쉽지 않다는 것을 안다. 그래서 무리 속에 섞이기보다 그들을 지켜보며 그 안에서 돈을 벌 수 있는 기회를 찾는다. 이

러한 행동은 어쩌면 타고난 것일 수도 있다. 따라하기가 쉽지 않다는 말이다. 하지만 이들이 하는 행동에는 기본적으로 다른 사람들이 모두 관심을 갖는 분야에서는 더 이상 맛있는 과일을 찾기가 쉽지 않다는 뜻이 내포되어 있다.

요즘 SNS는 유튜브 중심으로 재편되는 느낌이다. 초기 유튜버들 중에는 인플루언서로 명성을 얻고 큰돈을 버는 사람들도 많다. 그래서 많은 사람들이 유튜버가 되려고 노력한다. 맛있는 음식을 먹는 영상을 촬영하거나, 강의 동영상을 올리거나, 책을 읽고 리뷰를 올리거나, 전원생활을 동경하는 사람들을 위해 관련된 정보를 올리거나, 주식이나 부동산투자 노하우를 알려주기도 한다. 무엇이든 검색만 하면 필요한 정보를 손쉽게 얻을 수 있다. 하지만 유튜브가 돈이 될 수 있다는 것이 알려지기 시작하면서 수많은 사람들이 유튜브로 몰려들기 시작한 지 꽤 오래됐다. 안타깝게도 뒤늦게 유튜버가 된 사람들은 그리 큰 재미를 보지 못하고 있다. 이미 그곳도 블루오션을 지나 레드오션으로 접어들고 있기 때문이다. 경쟁이 너무 치열해진 것이다. 하지만 이 시장에서도 돈을 버는 사람들이 있다. 유튜버가 되고 싶은 사람들에게 유튜브를 운영하는 데 필요한 장비를 팔거나 동영상 촬영, 편집 등의 노하우를 전수해주는 사람들이 그들이다. 인스타그램이 유행하면서 인스타그램을 이용하여 홍보나 마케팅하는 노하우를 강의하는 사람들도 마찬가지다.

천수답 농사와 고기잡이

이들을 보면 골드러시가 떠오른다. 금을 캐서 부자가 되겠다는 꿈을 안고 수많은 사람들이 목숨을 걸고 미국 서부로 이동할 때 정작 돈을 번 사람들은 금을 캐던 노다지꾼이 아니었다. 물론 뛰어난 정보력으로 일찌감치 채금 활동에 뛰어든 사람들 중에는 돈을 번 사람들도 있지만 대다수는 큰돈을 벌지 못했다.

1848년 1월, 샌프란시스코 동쪽에 있는 아메리칸강에서 우연히 금이 발견된 후 미국에서는 서부로 가면 금을 캘 수 있다는 소문이 자자하게 퍼지기 시작했다. 그러자 금을 캐서 일확천금을 얻으려는 사람들이 서부로 몰려드는 골드러시가 일어났다. 1849년 한 해에만 수십만 명의 사람들이 서부로 몰려들었다고 하는데, 이 중 실제로 금을 캐서 부자가 된 사람은 겨우 10% 정도에 불과했다. 나머지는 부자가 되겠다는 꿈을 이뤄보지도 못한 채 가혹할 정도로 고된 중노동으로 인해 몸만 축나고 말았다. 게다가 목숨을 잃은 사람들도 많았다. 골드러시 첫해 기록에 의하면 금을 캐러 온 사람들 중 무려 20%가 목숨을 잃었는데, 강도 높은 노동에 먹을 것마저 넉넉지 못해 영양실조에 시달렸기 때문이다. 요행히 돈을 번 10%도 그 돈을 잘 간직했던 것은 아니다. 술과 여자, 노름 등으로 번 돈을 다 날리기 일쑤였고 결국 일확천금의 꿈을 안고 서부로 온 사람들 중 겨우 1%가 안 되는 적은 숫자만이 진짜 부자의 자리에 오를 수 있었다고 한다.

하지만 골드러시의 시대에도 큰돈을 번 사람들이 있었으니 이들은 금을 캐던 사람들이 아니라 금을 캐는 사람들을 유심히 지켜보던 사람들이었다. 그들은 몰려드는 사람들을 지켜보면서 그들이 무엇을 필요로 하는지 알아냈고 그것을 공급하면서 부자의 자리에 오르게 되었다. 식품점을 하던 샘 브래넌은 광부들에게 땅을 팔 수 있는 굴착 장비가 필요함을 알고 식료품 대신 곡괭이나 삽과 같은 장비를 팔기 시작했다. 광부들에게 천막을 팔기 위해 찾아왔던 떠돌이 악사 출신의 리바이 스트라우스는 땅바닥에 주저앉거나 엎드려 작업을 해야 하는 일의 특성상 광부들의 바지가 쉽게 해어지는 모습을 보고 잘 해지지 않는 천막용 천으로 바지를 만들어 팔아 선풍적인 인기를 끌었다. 우리가 잘 아는 리바이스 청바지가 바로 그가 만들어낸 창의적 산물이다. 소노마라는 사람도 있었는데 그는 갈증을 느끼는 광부들에게 물을 팔아 부자가 되었다.

이렇듯 큰돈을 번 사람들은 다른 사람들이 몰려드는 길은 따라가지 않는다. 사람이 모여드는 곳은 이미 누구에게나 알려졌기에 그 시장은 경쟁이 치열한 레드오션이라는 것을 안다. 그들은 레드오션에 몰려드는 사람들을 지켜보면서 그 안에서 새로운 사업 기회를 찾거나 사람이 몰려들지 않는 시장을 앞서 찾음으로써 블루오션을 만들어낸다. 이미 사람들이 몰려드는 시장은 끝물이나 다를 바 없으며 그 안에서는 돈을 벌 기회가 별로 없다는 것을 알기 때문이다. 그들은 돈을 벌고 싶으면 남들이 가는 길에 우르르 몰려다닐 것이 아니라 그들을 관찰하고 그들에게 필요한 것이 무엇인지 찾아보라고 조언한다.

그러한 면에서 그들의 움직임은 마치 물고기를 잡을 때와 다를 바 없다. 두 개의 막대기 사이에 그물을 달아 놓은 족대를 이용하여 고기를 잡아본 경험이 있는 사람들은 어떻게 해야 물고기를 잡을 수 있는지 안다. 눈으로 물고기를 보고 뒤를 쫓아다녀서는 결코 물고기를 잡을 수 없다. 가장 효율적인 방법은 물고기가 지나갈 만한 곳에 족대를 드리우고 기다리는 것이다. 길목을 지키고 있다 보면 물고기들이 스스로 와서 그물에 걸리게 되고, 힘들이지 않고도 물고기를 건져 올릴 수 있다. 그러자면 물고기가 다니는 길목이 어느 곳인지를 알아야 한다. 어느 곳에 그물을 드리우고 기다려야 하는지 알아야 손쉽게 물고기를 잡을 수 있다. 고퍼들이 하는 많은 실수 중 하나가 바로 이런 것이다. 정보에 어둡고 사업에 대한 감각이 없다 보니 그들은 사람들이 몰려드는 것을 보고 뒤늦게 시장에 뛰어든다.

물고기를 잡는 것과 마찬가지로 돈을 벌기 위해서는 앞서 나가야 한다. 멀리 앞을 내다보고 돈이 지나갈 길목을 찾아 그곳에 그물을 드리우고 기다려야 한다. 뒤쫓아 다녀서는 절대 돈을 벌 수 없다. 요행히 돈을 번다고 해도 기분만 좋아질 정도의 적은 금액일 뿐이다. 에이펙스들은 뛰어난 정보력과 공부를 통해 사람들이 몰려드는 길목을 앞서 지킨다. 누구나 볼 수 있는 곳을 뒤늦게 기웃거리는 고퍼들과는 달리 그들은 몰려드는 사람들 사이에서 누구도 보지 못한 빈틈을 찾으려고 노력한다. 그럼으로써 그들은 기회를 따라다니는 고퍼들과는 달리 그들 스스로 기회를 만들어낸다.

고퍼와 에이펙스가 돈을 버는 방식을 조금 더 쉽게 설명하자면 천수답 농사와 고기잡이에 비유할 수 있다. 고퍼들은 천수답에서 농사를 짓는 농부와 다를 바 없다. 벼농사를 짓기 위해서는 물이 많이 필요하다. 천수답 농사는 주위의 저수지나 강 등에서 물을 끌어올 수 있는 여건이 안 되기 때문에 오로지 하늘에서 내리는 비의 양에 의존해서만 벼농사를 짓는다. 그러다 보니 때맞춰 비가 잘 내려주면 좋은 결실을 얻을 수 있지만 오랜 기간 가뭄이 들어 비가 내리지 않으면 벼농사는 망쳐버리고 만다. 자신의 운명이 자기 손에 있지 않고 하늘에 달린 것이다. 자신이 할 수 있는 것이 없으니 원하는 결과를 얻지 못하게 될 경우 환경 탓을 할 수밖에 없다.

에이펙스가 돈을 버는 것은 물고기를 잡는 것과 비슷하다. 어부들은 한자리에 가만히 머물러서 물고기가 찾아오기를 기다리지 않는다. 적극적으로 물고기가 지나는 곳을 찾아 그곳에 그물을 내리고 물고기를 잡아 올린다. 물고기가 보이지 않으면 물고기가 있을 만한 새로운 지역을 찾아 나선다. 한 자리에 머물며 환경을 탓하고 운명에 굴복하기보다는 환경을 이겨내려고 한다. 그들은 물고기가 있는 위치를 알아내기 위해 끊임없이 공부를 하고 정보를 얻으려고 노력한다.

관찰하고, 관찰하고, 또 관찰하라

에이펙스는 블루오션을 찾아내거나 레드오션에서 빈틈을 찾아내기 위해 끊임없이 노력하는데 그들이 고퍼와 다른 점 중 하나는 관찰력이 뛰어나다는 것이다. 고퍼들이라면 아무렇지도 않게 넘길 만한 평범한 상황도 에이펙스는 그냥 지나치지 않고 유심히 바라본다. 그럼으로써 그들은 그 안에서 누구도 생각하지 못한 기회를 찾는다.

이탈리아에 알렉시라는 회사가 있다. 주방용품을 만드는 회사인데 주방용품 업계에서는 명품으로 인정받는 업체다. 이 회사에서 만든 와인스크류는 예쁜 외형과 함께 손쉽게 코르크 마개를 딸 수 있는 기능으로 인해 전 세계인들로부터 많은 사랑을 받고 있다. 장난감처럼 생긴 이 도구의 가격은 명품이라는 이름답게 평균 10만 원 선에 이른다. 이 와인스크류는 전 세계에서 1분에 하나씩 팔리고 있다고 한다. 그렇다면 이 제품 하나로 벌어들일 수 있는 한 해 매출은 무려 500억 원이 넘는다. 유사한 형태의 패밀리 제품까지 구비하고 있으니 실제 매출은 그 몇 배에 이를 것으로 예상된다.

그런데 이 제품은 아주 우연한 기회에 개발되었다. 이 제품을 만든 알렉산드로 멘디니는 여자친구가 기지개를 켜는 모습을 보고 이 제품의 아이디어를 떠올리게 되었다고 한다. 기지개를 켜는 모습은 주위에서 누구나 흔하게 볼 수 있는 모습이다. 거의 모든 사람들은 이런 사소한 모습을 별로 신경 쓰지 않

〈알렉시 회사의 와인스크류〉

고 흘려보낸다. 하지만 알렉산드로 멘디니는 그것을 놓치지 않고 유심히 관찰함으로써 막대한 부를 일궈냈다.

관찰의 힘은 생각보다 막강하다. 수백억 원의 자산을 가진 지인의 경우 길을 걷다 보면 돈이 굴러다니는 모습이 보인다고 하는데, 그가 강조한 것도 관찰이었다. 사람들이 주로 사용하는 물건, 사람들이 행동하는 모습, 주변 풍경의 변화 등을 무심코 지나치지 않고 잘 살펴보면 돈이 굴러다니는 모습을 저절로 볼 수 있게 될 거라 했다. 그가 주위의 사물이나 사람에 관심 없이 지낸다면 어떻게 돈이 굴러다니는 모습을 볼 수 있단 말인가.

에이펙스들은 뛰어난 관찰력을 가지고 있다. 그들이 손쉽게 돈 벌 수 있는 아이템을 찾아내는 것을 보고 '촉'이 발달했다고 할 수도 있지만 '촉'보다는 '관찰의 힘'이 뛰어난 것이라고 할 수 있다.

아쉽게도 고퍼들은 관찰의 중요성을 잘 모른다. 그러기에 관찰에 힘을 쏟지 않는다. 무엇이든 당연하게 받아들이고 무엇이든 별로 신경 쓰지 않고 바라본다. 그러나 주변 사물 또는 사람들의 움직임을 잘 관찰하는 것만으로도 돈을 벌 수 있는 좋은 기회는 얼마든지 찾을 수 있다. 스타벅스를 세계적인 기업으로 성장시킨 하워드 슐츠의 아이디어는 그의 천재적인 창의성에서 온 것이 아니다. 스타벅스는 유럽의 노천카페에서 아이디어를 얻었을 뿐이다. 사람들의 불편을 덜어주기 위한 모든 발명품, 사람들이 환호하는 모든 성공적인 제품이나 서비스는 모두 고객을 관찰하는 것으로부터 비롯되었다. 앞서 소개한 일본의 사업가나 골드러시 시대에 돈을 번 사람들 모두 사람들의 움직임을 잘 관찰한 것뿐이다. 다만 그들은 관찰에서 끝나지 않고 한 단계 더 나아가 그 안에서 무언가를 발견하고, 깨달음을 얻고, 그것을 돈으로 연결할 수 있도록 개선 방법을 끌어내려고 노력했을 뿐이다.

레드오션은 경쟁이 치열한 곳이다. 그만그만한 사람들이 몰려들어 벌겋게 피 흘리며 싸우는 곳이다. 그 안에서는 돈을 벌기도 어렵고, 돈을 벌기 위해서는 그만한 희생이 필요하다. 그 안에서 돈을 모아 부자가 되려면 시간이 오래 걸린다. 사람이 많지 않은 곳, 사람들이 미처 신경 쓰지 못하는 곳을 먼저 찾아 그곳에 깃발을 꽂는 사람이 승자가 될 수 있다. 에이펙스는 결코 무리 지어 몰려다니지 않는다. 그들은 기회를 포착하기 위해 늘 관찰하고, 또 관찰한다. 그런 기회는 사람들이 관심을 갖지 않는 곳에 있을 가능성이 높다. 돈을 벌고 싶거든 사람들이 무리 지어 다니는 곳은 피하라. 만일 그런 곳이 있다면 사람들이 관심을 갖는 대상이 아니라 그 사람들을 유심히 살펴보라. 그러면 그곳에서 돈을 벌 수 있는 기회를 찾을 수 있게 될 것이다.

에이펙스 스피릿 4

깊은 관찰을 통해 한 걸음 더 앞서간다

부자가 아닌 사람들은 다른 사람들이 몰려다니는 곳을 보며 그곳에서 돈 벌 기회를 찾는다. 하지만 사람들이 많이 몰리는 곳일수록 경쟁이 치열한 레드오션일 가능성이 크다. 돈을 벌기 위해서는 사람들이 몰려드는 시장이 아니라 그 시장에 몰려드는 사람들을 관찰해야 하며 그 안에서 기회를 찾아내어 블루오션을 만들어야 한다. 그러기 위해 관찰은 필수적인 역량 중 하나라 할 수 있다.

5

계획은 될수록 짧게, 실행은 될수록 신속하게

칸트가 평생을 독신으로 산 이유

학창 시절 친구 중 하나는 비록 아버지에게 물려받은 사업이긴 하지만 몇십억에 불과했던 회사의 매출을 천억대로 끌어올리는 사업 수완을 발휘했다. 그 친구와 이야기를 나눌 때면 가장 많이 듣는 이야기가 "뭘 고민해? 해보면 되지"다. 식당에서 음식을 주문할 때도 뭘 먹어야 하나 고민을 할라치면 "뭘 생각해. 다 시키면 되지"라며 대수롭지 않게 주문을 한다. 모임에 나오지 않은 친구를 두고 다른 사람들이 "왜 안 나왔지?" 하며 온갖 추측을 할 때 그는 전화를 걸어 "애들이 왜 안 나왔냐는데?" 하고 묻는 스타일이다.

그는 사업을 할 때도 돈이 될 수 있는 일이라면 절대 망설이지 않는다고 한다. 신제품이 필요하다고 생각되면 돈이 얼마나 들고 시간이 얼마나 걸리는지 따지기보다 일단 개발부터 시작하고 본다. 하다가 잘못된 게 있으면 바로잡는 한이 있어도 실행을 망설이지는 않는다. 무언가 문제가 생겼을 경우에도 그는 이래야 하나 저래야 하나 따지기보다 가장 시급하고 중요하게 해결해야 할 것이 무엇인지 찾아 무조건 몸으로 부딪친다고 한다. 그는 부자가 되려면 한 발이라도 다른 사람보다 앞서 나가야 하는데 그러려면 실행이 빨라야 한다고 강조한다.

인생을 성공적으로 살아가기 위한 마음가짐으로 인내력과 절박함은 필수다. 절박한 마음이 있으면 인내력은 절로 발휘될 수 있다. 네이버의 의장이었던 이해진 씨는 '라인'을 개발할 당시 실패하면 설 자리가 없다는 절박한 심정으로 매달렸다고 한다. 하지만 그것만으로는 충분하지 않다. 그건 어디까지나 마음가짐일 뿐, 마음만 먹는다고 달라질 수 있는 건 없으니까 말이다. 마음먹은 것을 결과로 만들어낼 수 있는 실질적인 힘이 필요한데 그게 바로 실행력이다. 아무리 인내력을 발휘할 수 있고, 아무리 절박한 심정을 가져도 실행력이 따라주지 않는다면 얻을 수 있는 성과는 아무것도 없다. 그래서 다수의 부자들은 실행력을 중요한 성공요소로 꼽는다.

철학자 임마누엘 칸트는 무척 신중한 사람으로 알려져 있다. 일상의 모든 일을 정해진 시간에, 정해진 방식대로만 해야 직성이 풀리는 사람이었다. 오죽했으면 사람들이 그가 산책하는 것을 보고 시간을 맞출 정도였겠는가. 그는 평생 결혼을 하지 않고 독신으로 살았는데 그런 그에게도 결혼할 수 있는 기회가 있었다. 칸트를 사모하던 한 여인이 그에게 청혼을 하고 가급적 이른 시간 안에 답을 달라고 요청했다. 칸트는 그녀의 청혼을 받아들여야 할지 말아야 할지 고민하기 시작했고 마침내 결혼해야 하는 이유 354가지와 결혼하지 말아야 하는 이유 350가지를 찾아냈다고 한다. 결혼하지 말아야 할 이유보다 결혼할 이유가 4가지 더 많았기에 칸트는 드디어 결혼을 결심했고 청혼을 승낙하기 위해 상대를 찾아갔다. 하지만 이미 그녀는 다른 남자와 결혼하여 두 아이를 둔 유부녀가 되어 있었다. 칸트가 결론을 내릴 때까지 7년의 세월이 지나 있었기 때문이다. 실행을 미루는 지나친 신중함이 칸트를 평생 독신의 삶으로 내몰았다.

에이펙스는 실행에 있어서는 타의 추종을 불허한다. 그들은 무언가를 해야겠다고 마음먹은 것이 있으면 주저하지 않고 바로 실행으로 옮긴다. 그들은 해야 할 일이라는 생각이 들면 '해도 되나?', '할까 말까?' 하는 고민은 하지 않는다. 마치 아무 생각이 없는 사람처럼 무지막지하게 밀어붙인다. 그래서 성공한 사람들 중에는 소위 '불도저' 같은 사람이 많다. 스티브 잡스는 워즈니악의 컴퓨터 설계도를 본 순간 일말의 망설임도 없이 회사를 차렸다고 한다. 에어비앤비의 공동창업자인 조 게비아와 브라이언 체스키, 네이선 블레차르치크도 샌프란시스코의 아파트에서 사업 아이디어가 떠올랐을 때 주저 없이 마트로 달려가 침대 매트리스를 구입한 후 광고를 시작했다. 그들이 일하는 모습을 보면 마치 유치원 아이들 같을 때가 있는데 오히려 그런 모습이 그들을 부의 피라미드 정상으로 올려놓은 요인이 되기도 한다.

마시멜로 챌린지(marshmallow challenge)라는 게임이 있다. 미국의 디자인 회사인 아이디오(IDEO)의 피터 스킬먼이라는 사람이 고안해낸 게임인데 아마 직장인이라면 교육이나 워크숍 등을 통해 한 번쯤 경험해 보았을 것이다. 처음 보는 사람 몇 명이 테이블에 둘러앉은 후 스무 가닥의 스파게티 면과 접착테이프, 실, 마시멜로를 나누어 받는다. 이것을 이용해서 18분 동안 가장 높은 탑을 쌓는 것이 주어진 과제다. 모양은 어떻든 상관없고 시간 내에 가장 높은 탑을 쌓기만 하면 되는 것이다. 물론 어딘가에 기대거나 무언가 외부의 힘에 의지하지 않고 단독으로 서 있어야 한다.

톰 우젝이라는 학자는 이 실험을 유치원생부터 기업의 CEO에 이르기까지 다양한 집단의 사람들과 다양한 직업을 가진 사람들을 대상으로 실시했다. 놀랍게도 MBA 학생들이나 기업의 CEO처럼 똑똑하고 잘난 사람들이 쌓은 탑이 유치원생들이 쌓은 탑의 높이보다 낮았다고 한다. 말이 안 될 것 같지만 결과는 매번 동일하게 나타났다. 원인은 의외로 간단하다. 실행하기 전 계획을 수립하는 데 얼마만큼의 시간을 들였느냐의 차이가 결과의 차이를 만들어낸다는 것이다. MBA나 CEO들은 완벽한 계획을 수립하기 위해 시간을 많이 쏟는다. 계획이 중요하다고 배운 그들은 주어진 18분의 시간 대부분을 계획을 세우는 데 사용한다. 그러다가 막상 계획대로 이루어지지 않으면 재시도해볼 시간을 갖지 못하고 그대로 실패하고 만다. 반면에 유치원생들은 계획이라는 개념 자체가 없기에 무조건 달려들어 탑을 쌓기 시작한다. 실행하는 과정에서 요령을 터득하고 자연스럽게 탑을 쌓아 나간다.

계획이 전혀 쓸모없거나 필요 없다고 얘기하는 것은 아니다. 허술한 계획은 실패를 불러올 수 있고 잘 짜인 계획은 성공에 가까워질 수 있게 한다. 하지만 세상에 완벽한 계획이란 있을 수 없고 무엇이든 실행해보기 전에는 결과를 알 수 없다. 실행하지 않은 일이 될지 안 될지 알 수 있는 사람은 아무도 없다. 성공 여부를 알 수 있는 방법은 오로지 실행해보는 것밖에 없다. 경험이 없는 사람들이 치밀하게 계획을 세운다고 해서 성공 가능성이 높아지는 것은 절대 아니다. 그러니 완벽한 계획보다는 비록 조금 모자라게 보여도 실행하면서 보완해 나가는 것이 성공에 가까워지는 길이라는 것을 에이펙스는 잘 알고 있다. 일단 해보고 안 되면 다른 방법으로 다시 해보는 것이 그들의 스타일이다. 그들이 실패를 두려워하지 않는 이유도 그 때문이다. 해보지 않으면 실패할 수 있다는 것을 알 수 없고, 실행을 통해 안 된다는 것을 알게 되면 다른 방법을 찾을 수 있으니 말이다.

실천하지 않은 생각은 연기와 같다. 바람이 불면 훅하고 허공으로 사라져 버리고 만다. 아무리 좋은 생각이 있어도 머릿속에 있을 때는 그저 종이 위에 그려진 그림과 다를 바 없다. 아이디어가 효력을 발휘하고 부를 일궈 내기 위해서는 머릿속에서 아이디어를 꺼내 실행으로 옮겨야만 한다. 머릿속에 떠도는 생각이 바람에 날아가지 않게 하기 위해서는 그것을 단단히 붙잡아 두어야 하는데 생각을 붙잡아 둘 수 있는 유일한 수단이 바로 실행력이다. 실행력은 인내력과 절박함이 달콤한 열매로 맺어지기 위해 갖추어야 하는 필수적인 역량인 것이다.

일본의 경영 컨설턴트인 혼다 겐도라는 사람이 일본 국세청을 통해 고액 세납자 명단을 확보한 후 1만 2,000명을 대상으로 설문 조사를 했다고 한다. 설문 내용이 무엇인지는 모르겠지만 세금을 많이 낸 사람들일수록 설문에 대한 응답이 빨랐다고 한다. 이는 간접적으로나마 소득이 높은 사람일수록 실행력이 높다는 것을 알 수 있는 실험이 아닐까 한다. 세금을 많이 냈다는 것은 그만큼 많은 돈을 벌었다는 이야기일 수 있으니 말이다. 물론 실행력이 높은 사람이 돈을 잘 벌 수 있다고 해석할 수도 있을 것이다. 어쨌거나 실행력과 부의 크기는 떼려야 뗄 수 없는 불가분의 관계를 가지고 있다.

뇌 안의 원숭이를 다스려라

멜 로빈스는 다트머스 대학교와 보스턴칼리지 로스쿨을 졸업한 전도유망한 사람이었지만 심각한 불안증과 알코올 중독에 시달렸다. 경력은 단절되고 부부관계는 위기에 직면했으며 사업은 부도 직전까지 이르렀다. 하지만 자신이 처한 현실에 만족할 수 없었기에 이를 바로잡기 위해 무엇이든 해야 할 일이 떠오르면 미루지 않고 무조건 5초 안에 실행으로 옮겼다. 5초가 지나면 뇌가 해야 할 일을 하지 않을 구실을 찾아내므로 그 전에 움직이면 뇌가 변명거리를 찾기 어려워진다는 것이다. 스스로 이 방법을 통해 효과를 얻자 강연을 통해 사람들에게 알리고 《5초의 법칙》이라는 책으로 펴냈다. 그는 테드(TED)에서 가장 인기 있는 강연을 한 사람 중 한 명이며 전 세계적으로 수천만 명의 팬을 확보하고 매년 강연으로만 어마어마한 수입을 올리는 유명인사가 되었다.

실행력이 높다는 것은 멜 로빈스가 말하는 것처럼 해야 할 일을 뒤로 미루지 않는다는 것을 말한다. 고퍼들의 상당수는 해야 할 일이 있어도 주저하며 뒤로 미루는 경우가 많다. 앞서 강조한 것처럼 고퍼들은 시간의 중요성을 깨닫지 못하고 시간이 무한하다고 생각한다. 시간은 눈에 보이지 않고, 따라서 지나가는 것을 피부로 느끼기 어렵다 보니 언제든 우리 곁에 있다고 생각한다. 마치 창고에 넣어 둔 물건처럼 언제든지 꺼내 쓸 수 있다고 생각하는 것이다. 그래서 대부분의 사람들은 마음만 먹으면 언제든 무엇이든 할 수 있다고 생각한다. 하지만 시간은 우리를 기다려주지 않는다. 영화 〈백야행〉에 "때로는 그때 하지 않으면 안 될 일들도 있다"는 말이 나온다. 사방에 넘쳐나는 것이 시간인 것 같지만 어떤 일은 시간이 지나면 더 이상 할 수 없게 된다. 한번 흘러간 시간은 되돌릴 수 없다. "무엇이든 늦은 때란 없다"는 명언이 있기도 하지만 부자가 되는 과정에서는 통용되지 않는 말이다. 세상에는 한번 때를 놓치면 되돌릴 수 없는 일도 있게 마련이다.

에이펙스들이 뛰어난 실행력을 가지고 있는 것처럼 보이는 이유는 무엇이든 해야 할 것이 있으면 주저하지 않고 행동으로 옮기기 때문이다. 간혹 옆에서 보고 있자면 무모하다 싶을 정도로 추진력이 강하다. 그들에게는 해야 할 일을 미루는 것은 곧 시간을 까먹는 일이요, 시간을 까먹는 일은 곧 돈을 까먹는 일이기 때문에 해야 할 일을 절대 미루지 않는다. 그들은 게으름이나 미루기가 부자가 되는 데 있어 얼마나 큰 걸림돌이 되는지를 누구보다 잘 알고 있다. 그래서 게으름과 미루기의 유혹에 걸려들지 않기 위해 뛰어난 자제력을 발휘한다.

심리학자들 말에 따르면 누구나 마음속에 원숭이 한 마리가 산다고 한다. 이 원숭이는 사악해서 무언가 해야 할 것이 있고 하기로 결심했다고 해도 늘 그것을 하지 못하도록 방해를 하고 꼬시려고 한다. 공부를 하기로 했다가도 몸이 조금만 피곤하면 "오늘은 쉬고 내일부터 해"라며 뇌를 꼬신다. 당장 하지 않아도 아쉬울 것이 없으니 뇌는 그 꼬임에 쉽게 넘어가고 만다. 주도권을 원숭이에게 넘겨주고 편히 쉰다. 이렇게 하다 보면 마감 시간이 다 되어서야 허둥지둥 해야 할 일을 마무리하게 된다. 심리학자들이 말하는 지연행동(procrastination)이 일어나게 되는 것인데 그 결과의 질이 좋을 리 없다.

문제는 부자가 되는 데는 마감 시간이 없다는 것이다. 데드라인 효과(deadline effect)라는 것이 있어서 사람들은 마감 시간이 다가오면 집중력을 발휘하여 할 일을 마칠 수 있다. 이를 뒤집어보면 마감 시간이 닥쳐오기 전에는 집중력을 발휘하기 힘들고 그리 열심히 하지 않는다는 것이기도 하다. 아쉽게도 부자가 되는 건 마감 시간이 없다. 언제 부자가 되는 것이 좋을까? 30살? 40살? 50살? 사람들은 부자가 되고 싶다고 하면서도 언제 부자가 되었으면 좋겠다는 구체적인 계획은 가지고 있지 않다. 그래서 30살이 됐든, 40살이 됐든, 50살이 됐든 상관치 않는다. 그저 죽기 전에 한 번이라도 부자가 되면 좋겠다고 여긴다. 이루고 싶은 부의 수준도 마찬가지다. 얼마나 모으면 만족할 수 있을까? 10억 원? 20억 원? 30억 원? 막연히 부자가 되고 싶긴 하지만 얼마나 벌었으면 좋겠다는 생각은 없다.

하지만 막연한 희망만 있다는 것은 아무런 계획도 없다는 것과 전혀 다를 바 없다. 될 수도 있고 안 될 수도 있다는 것이다. 정해진 데드라인이 있고 달성해야 할 목표와 구체적인 실행계획이 있다면 그 일은 실행될 가능성이 높지만, 막연한 희망만 있는 일은 실행될 수 없다. 에이펙스의 자리에 오른 사람들 중에는 막연한 희망보다는 구체적인 계획을 가지고 노력한 사람들이 많다. 언제까지 얼마의 종잣돈을 모으고, 그것을 어떻게 투자하여 종잣돈을 불려 나가고, 언제부터 무슨 사업을 하며, 언제까지 얼마의 돈을 모은다는 계획이 구체적으로 수립되어 있는 경우가 많은 것이다. 그렇게 계획을 세워놓고 나면 때로는 그 계획보다 늦게 목표에 이를 때도 있지만 때로는 계획했던 것보다 앞서 목표에 이를 때도 있다. 계획이 있어야 미루지 않게 되고 미루지 않아야 돈을 벌 수 있다.

큰 부자가 되고 싶다면 구체적인 목표를 정하고 실천계획을 수립하여 미루지 않고 실행해 나가는 힘이 필요하다. 목표와 계획 없는 희망은 바람이 불면 훅하고 사라지는 연기와 다를 바 없다. 절대 현실로 이루어질 수 없다. 지금 당장 언제까지 얼마의 돈을 벌겠다는 계획부터 세워보라. 할 수 있다면 그것을 실행할 수 있는 실천계획까지 세워보라. 그리고 절대 그것을 미루지 말고 꾸준히 실행해 나가도록 해야 한다. 그 과정에서 "이만하면 됐다" 하고 중간에서 타협하고 물러서는 일도 없어야 한다. 적당히 만족해서는 안 된다는 것이다. 부자들을 인터뷰하면서 "이제는 만족하지 않느냐?"라고 물으면 모든 사람들이 만족하지 않는다고 한다.

낮은 목표는 스스로의 실행력을 낮추는 요인이 된다. 누구나 편안함을 누리고 싶기 때문에 낮은 목표를 가지게 되면 목표가 달성되는 순간 안전지대(comfort zone)에 머물고 싶어 하기 때문이다. 힘들게 노력하지 않아도 편안함을 느낄 수 있으니까 말이다. 분명 자신의 힘으로 무언가 더 발전적인 일을 할 수 있을 텐데 더 큰 실행력을 발휘하지 못하고 적당한 선에서 멈춰 버리고 만다. 실행력을 높이기 위해서는 좀 더 높은 목표가 필요하다. 만만하게 보이는 일은 언제든 할 수 있다는 생각 때문에 뒤로 미루게 마련이다. 하지만 조금 벅차게 느껴지는 일은 마음을 다잡고 실천하려고 노력할 수밖에 없다. 지금 자신이 할 수 있는 역량에서 20% 정도 더한 일을 찾아보고 반드시 그 일을 해내겠다는 각오를 다져보는 것은 어떨까.

사소한 일이라고 미루지 마라

실행력을 높이기 위해서는 사소한 것조차 무시하지 않고 빠르게 처리할 줄 알아야 한다. 사소한 것을 빠르게 처리하지 못하는 사람들은 중요한 일도 빠르게 처리하지 못한다. 뇌 안의 습관회로가 그렇게 만들어지기 때문이다. 사소한 것을 미루는 것이 습관이 되면 시간이 갈수록 중요한 일도 뒤로 미루는 습관이 자리 잡게 되고 실행력은 저하될 수밖에 없다. 2013년에 발표된 한 연구결과에서 심각할 정도로 미루는 습관을 가진 사람들은 다른 사람들에 비해 임금이 낮았으며, 고용 기간도 짧았고 자신이 가진 능력보다 낮은 업무를 맡거나 실업 상태에 놓일 가능성이 높았다고 한다. 이들은 또한 스트레스 수준도 상대적으로 높고 건강 상태도 안 좋았다고 한다.

미루는 습관이 일상의 질을 파괴하고 부를 축적하는 데도 방해가 됨은 두말할 필요가 없을 것이다. 식사를 마치자마자 양치하는 일, 방 안의 휴지통이 어느 정도 차면 바로 버리는 일, 외출했다 돌아오면 바로 씻는 일, 아침에 일어나면 바로 침구를 정리하는 일, 누군가가 보낸 이메일에 즉시즉시 답을 하는 일, 음식물 쓰레기를 썩을 때까지 두지 않고 자주 버리는 일. 이런 사소한 것들이 모이면 아침에 늦잠을 자는 습관도 바꿀 수 있고 일찍 일어나는 습관이 몸에 배면 더 큰일도 미루지 않고 할 수 있게 된다. 긍정적인 습관의 굴레로 들어갈 수 있는 것이다.

하인리히의 법칙이라는 것이 있다. 미국의 보험사정관인 하인리히라는 사람이 고객들의 사고를 분석해보니 하나의 흐름이 있었다고 한다. 막대한 인명피해나 재산상의 손실을 가져올 수 있는 하나의 큰 사건 뒤에는 29가지의 작은 사건들이 도사리고 있고, 다시 그 뒤에는 300가지의 사소한 징후들이 있었다는 것이다. 그래서 하인리히의 법칙을 '1:29:300의 법칙'이라고도 한다. 이를 다르게 해석해보면, 300가지의 사소한 미루기가 모여서 29가지의 나쁜 버릇이 되고 이것이 다시 하나의 큰 결함으로 이어질 수 있다는 것이다. 하나의 큰 결함이란 무엇일까? 무엇이든 끝맺지 못하는 것을 말한다. 무슨 일이든 성과를 내지 못하는 것이다.

하인리히의 법칙을 긍정적으로 다시 뒤집어보면 이렇게 말할 수 있다. "300개의 미루지 않는 행동이 29가지의 좋은 습관을 만들고 이것이 하나의 큰 성공습관으로 자리 잡을 수 있다." '사소한 일 하나 미룬다고 해서 별일이야 있겠어?' 하며 대수롭지 않게 생각할 수 있지만 결국 시간이 지나면서 미루지 않는 사람과 미루는 사람 사이에는 건널 수 없는 큰 간격이 벌어지고 만다. 실행력을 높이고 싶으면 사소한 것부터 미루지 않고 처리하는 습관을 들일 필요가 있다.

미루지 않으려면 생각을 줄여야 한다. 에이펙스가 말리기도 힘들 정도로 빠른 실행력을 가지고 있다면 고퍼들은 실행하는 시간보다 머릿속으로 생각하는 시간이 더 많다. 때로는 생각이 행동으로 옮겨지지 못한 채 머릿속에서 끝나기도 한다. 그림의 떡으로 끝나고 마는 것이다. 그들이 머릿속의 생각을 쉽사리 실천으로 옮기지 못하는 이유는 실패에 대한 두려움 때문이다. 에이펙스가 실패를 성공으로 가는 징검다리라고 생각하는 것과는 달리 그들은 실패를 까마득한 낭떠러지에서 떨어지는 것이라 여긴다. 실패하면 다시는 일어설 수 없을 거라고 생각하는 것이다. 그래서 실패를 피하고 싶다 보니 생각의 초점이 실패에 맞춰진다.

생각이 실패에 초점이 맞춰지게 되면 실패를 불러올 수 있는 요인들이 떠오른다. '이런 문제가 있고, 이런 문제가 있고, 이런 문제가 있으며…' 하는 식으로 끊임없이 장애물이 떠오른다. 그러다 보면 사소한 일도 크게 느껴지게 되고 리스크가 너무 커 보여 주저하고 망설일 수밖에 없게 된다. 타고난 성격이 소심한 탓도 있겠지만 지나치게 많은 생각은 실행을 저해하는 요인이 된다. 그래서 고퍼들 중에는 쉽게 의사 결정을 못하는 우유부단한 모습을 보이거나, '아무거나'라며 자신의 의견을 내세우지 못하고 다른 사람에게 의사 결정을 맡기는 의존적 모습이 나타나거나, 일이 모두 끝난 후에 뒤늦게 의사 결정을 내림으로써 뒷북치는 모습이 나타난다. 당연히 이러한 행동은 돈으로부터 멀어지게 만든다.

이탈리아 북부의 토리노라고 하는 지역의 고대유물박물관에는 기회의 신을 새겨넣은 조각이 있다. 이 조각에서 기회의 신은 앞머리는 숱이 무성하지만 뒷머리는 대머리인 모습이다. 게다가 등과 발에는 날개가 달려 있다. 참 특이하게 생겼지만 이렇게 우스꽝스러운 모습을 한 데는 나름의 이유가 있다. 기회의 신이 앞머리가 무성한 이유는 기회가 다가왔을 때 손쉽게 낚아챌 수 있게 하기 위해서이고, 뒷머리가 대머리인 이유는 기회가 지나가면 다시는 붙잡을 수 없게 하기 위해서라고 한다. 등과 발에 날개가 달린 이유는 기회를 놓쳤을 때 최대한 빨리 사라지기 위해서다.

부라는 것은 특별한 사람에게만 주어진 특권이 아니다. 늘 우리 주위를 떠돌아다닌다. 다만 기회의 신처럼 나타났다가 빠르게 사라질 뿐이다. 그래서 기회가 나타났을 때 빠르게 잡지 않으면 안 된다. 주저하는 사람들은 기회의 신을 잡을 수 없는 것처럼 부도 잡을 수 없다. 한 번 지나가면 쉽사리 돌아오지 않기 때문이다. 아무리 땅을 치고 후회해도 지나친 기회는 두 번 다시 돌아오지 않는다. "내가 그때 그 주식을 사야 했는데…", "내가 그때 그 땅을 사야 했는데…", "내가 그때 그 일을 해야 했는데…." 고퍼들이 단골 레퍼토리처럼 하는 말이다. 부자들은 그런 말을 특별한 경우를 빼고는 거의 하지 않는다. 그러니 망설일 시간에 차라리 실행하는 것이 낫다. 지나간 기회는 다시 올 수 없으니 말이다.

실행력을 높여야 하는 이유를 또 다른 관점에서 이야기하자면, 경험을 축적할 수 있기 때문이다. 세상을 살아가는 데 있어 경험보다 좋은 것은 없다. 한 회사에서 신사업을 하기로 했다고 해보자. 신사업에 대한 지식이 많은 사람과 경험이 많은 사람 중 누가 더 실질적인 도움이 될 수 있을까? 당연히 지식 많은 사람보다는 경험 많은 사람이 도움이 될 수 있다. 지식이 많은 사람은 이론으로는 모든 문제를 잘 해결해 나갈 수 있지만 필드에서 일어나는 현실적인 문제를 예상하거나 해결하지는 못한다. 경험이 많은 사람은 원리와 같은 이론적인 지식에는 약할지 모르겠지만 실제 필드에서 일어나는 현실적인 문제를 내다보고 적합한 해결책을 제시할 수 있다. 경제전문가들이 말은 잘하지만 돈 번 사람은 없다는 이야기가 이를 대변하는 것 아닐까 싶다. 반면에 4억 원의 종잣돈으로 500억 원이라는 거액을 벌어 투자의 귀재로 불리는 카이스트의 김봉수 교수는 투자 포인트를 찾기 위해 소비가 이루어지는 현장을 직접 찾아 경험을 쌓는다고 한다.

부자가 되기 위해서는 지식보다 경험이 더 중요하다. 지식이 중요하지 않다고 말하는 것은 아니지만 아무리 머릿속에 수많은 지식이 들어 있어도 그것을 실행으로 옮기지 않으면 무용지물이 되고 만다. 에이펙스들은 경험을 통해 부자가 된 사람들이지 지식만으로 부자가 된 사람은 없다. 경험을 얻으려면 실행이 동반되어야 한다. 지식을 쌓는 것에 머무르지 말고 실행에 옮겨야 한다. 그러다 보면 어느 순간 부자의 반열에 들어설 수 있을 것이다.

에이펙스 스피릿 5

계획은 될수록 짧게, 실행은 될수록 신속하게

부자와 가난한 사람을 가르는 특징 중 하나는 실행력이다. 부자들은 머릿속에 떠오른 생각을 밖으로 끄집어내어 실천하는 데 탁월한 역량을 발휘하지만 가난한 사람들은 머릿속에서 그림을 그리는 일에만 탁월하다. 실천되지 않는 생각은 그림의 떡에 불과할 뿐이다. 그림의 떡은 결코 배부를 수 없다.

6

발상의 전환으로 난관을 돌파한다

카페를 차릴 수 없다면 공간을 빌려줘라

사람들이 많이 다니지 않는 산에 오를 때면 간혹 길이 끊어져 있거나 길을 찾기 힘들 때가 있다. 수풀이 우거진 여름날이나 눈이 많이 내린 겨울날이면 희미하게 남아 있던 등산로의 흔적이 온데간데없이 사라지고 마치 길이 사라진 것 같은 경우가 종종 나타나곤 한다. 그럴 때면 어디로 가야 할지 알 수가 없다. 길을 잃어도 쉽게 빠져나올 수 있는 작은 산이라면 잠깐 길을 못 찾는 것이 크게 문제될 것이 없지만 만일 큰 산이라면 길을 잃었다가는 돌이킬 수 없는 상황에 빠질 수도 있다. 이럴 때는 참으로 당황스럽다. 앞으로 계속 나아가자니 행여나 길을 잃을 것이 걱정스럽고, 왔던 길을 되돌아가 다른 길을 찾자니 지난 노력이 허무하게 느껴진다. 이런 경우 사람에 따라서는 길이 있을 만한 곳을 찾아 숲길을 뚫고 지나가는 사람이 있는가 하면, 어떤 사람은 혹시라도 길을 잃지나 않을까 전전긍긍하며 어쩔 줄을 몰라 한다.

인생도 마찬가지다. 살다 보면 앞날이 손바닥을 들여다보듯 훤히 내다보이는 경우도 있지만 때로는 자욱한 안개에 쌓인 듯 한 치 앞을 볼 수 없을 때도 있다. 코로나와 같은 대유행 질환이 갑작스럽게 나타나고, 그로 인해 실직을 당하고 경제적 절벽 앞에 놓이게 되거나, 야심 차게 추진했던 모든 일들이 수포로 돌아가거나, 사람과의 관계가 어긋나 이러지도 못하고 저러지도 못할 때가 있다. 평생을 살면서 뻥 뚫린 고속도로처럼 탄탄대로만 걷는 사람은 그 누구도 없다.

이렇게 길이 보이지 않는 상황에서 에이펙스 스피릿을 가진 사람들과 그렇지 않은 사람들 사이에서는 대처방법에 큰 차이가 난다. 대부분의 고퍼들은 길이 보이지 않거나 주어진 문제를 해결할 수 있는 방법이 떠오르지 않을 경우 쉽게 그 자리에서 멈춰 서고 만다. 거기까지가 자신의 한계라고 생각하고 자신의 신세를 한탄하며 주저앉거나, 주어진 결과가 자신의 운명이라 여기며 추진하던 일들을 포기해 버리거나, 굴욕적인 상황을 감수하면서도 이전의 상태로 돌아가려고 한다. 오리무중 같은 상황을 버텨내지 못하고 앞이 훤히 내다보이는 상태로 돌아가고 싶어 하는 것이다.

에이펙스의 선택은 고퍼들과는 다르다. 그들은 주어진 상황을 어쩔 수 없다고 받아들이고 물러나기보다 그 상황을 어떻게든 뚫고 나갈 수 있는 방법을 찾으려고 한다. 주저앉아 한탄하고 좌절하기보다는 길이 없으면 길을 만들고, 조그마한 빈틈이라도 있으면 그 빈틈을 활용하여 꽉 막힌 상황을 뚫고 나가려고 한다. 더불어 기존의 상식, 기존의 사고로는 해결할 수 없는 문제를 창의적으로 해결해 나갈 수 있는 방법을 찾으려고 노력한다.

지금은 그런 형태의 모임 장소가 흔해졌지만 민들레영토가 1990년대 중반에 처음 등장했을 때만 해도 대단한 센세이션을 일으켰다. 민들레영토는 사람들에게 모임 장소를 빌려주고 돈을 받는, 지금으로 보면 공유공간 같은 개념의 카페이다. 사회경험이 거의 없었던 지승룡 씨는 다른 업종보다 손쉽게 할 수 있어 보였던 카페를 차리기로 했다. 사람들이 많이 다니는 큰길에 카페를 열면 장사가 잘될 것 같았다. 그러나 그는 카페를 열 만한 충분한 자본을 가지고 있지 못했다. 목이 좋은 곳은 당연히 임대료가 비싸다. 그런 곳에 카페를 차리기 위해서는 적어도 1억 원 이상의 자본이 필요했으나 그가 가진 돈은 단돈 2,000만 원에 불과했다.

그럼에도 불구하고 카페를 꼭 하고 싶었던 그는 더 싼 임대료로 가게를 얻을 수 있는 곳을 찾아 여기저기 발품을 팔았고, 큰길 이면에 있는 저렴한 공간을 찾았다. 원하던 대로 카페를 할 수 있으리라는 장밋빛 희망을 품고 영업허가를 받기 위해 건축물 관리대장을 떼어 보았다. 그런데 지승룡 씨가 임차하기로 한 건물은 건축물 관리대장에 등재되어 있지 않았다. 무허가 건물이었던 것이다. 결국 그곳에서 카페를 하겠다는 그의 꿈은 이루어질 수 없게 되고 말았다.

만일 여러분이 이런 상황에 처했다면 어떻게 했겠는가? 아마도 대부분은 제대로 알아보지도 않고 사업을 시작하려 한 자신의 무능을 자책하며 계획했던 사업을 접으려 했을 것이다. 다른 자리를 찾아보거나 자신은 무얼 해도 안 되는 지지리 운도 없는 사람이라며 자신을 비하하는 사람도 있을 것이다. 사업을 포기하거나 아니면 하고 싶었던 카페 대신 그 자리에서 할 수 있는 다른 아이템을 찾아 업종 변경을 시도했을지도 모른다.

하지만 지승룡 씨는 어떻게든 카페가 하고 싶었고 주어진 상황에 굴복하고 싶지 않았다. 고민 끝에 그는 카페가 아니라 공간을 임대하는 사업을 하기로 결심했다. 공간을 빌려주되 공간 사용료를 받고 음료를 서비스로 제공하는 사업으로 자신의 사업을 변형한 것이다. 카페라는 이름으로 커피나 음료를 판매하면 식품판매 허가를 받아야 했지만 공간 임대는 그럴 필요가 없었다. 제공되는 커피도 대가를 받는 것이 아니라 공간을 빌려주는 것에 대한 무상 서비스 차원이었으므로 문제가 되지 않았다. 결국 지승룡 씨는 자신에게 주어진 앞이 보이지 않는 상황을 기가 막힌 아이디어로 돌파했으며 큰 성공을 이루어 냈다. 당시만 해도 다방이나 카페라는 이름의 공간은 있었지만 공유공간의 개념은 없었기에 그가 만들어낸 사업은 우리나라에서 최초였고 폭발적인 반응에 힘입어 여기저기 지점을 크게 늘려나갔다.

길이 없으면 길을 만들어라

에이펙스들은 대부분 사업을 하면서 수많은 어려움을 겪어 온 사람들이기에 현실이 녹록하지 않다는 것을 누구보다 잘 안다. 그래서 그 상황을 헤쳐나가지 못하면 또다시 같은 상황에 부딪힐 수 있고 그런 상황에 굴복하다 보면 성공을 하고 부자가 된다는 것이 요원해짐을 안다. 그러기에 그들은 길이 보이지 않는 상황에 처하면 없는 길을 만들어서라도 목적지에 이르려고 한다. 환경이 받쳐주지 않는다고 해서 그 탓을 하거나 굴복하려고 하지 않는다.

중소기업 경영자 강의에서 만난 사업가 Y 씨 역시 마찬가지였다. 그는 누군가로부터 드릴 날 수 톤을 싸게 인수하라는 제의를 받았다. 다른 사업가가 공구상에 판매하기 위해 들여온 드릴 날이었는데 주문에 착오가 있었는지 날이 가공되지 않은 상태로 그냥 들어온 것이었다. Y 씨가 서울 시내의 모든 공구상을 돌며 판매가 가능한지 확인해 보았지만 가공되지 않은 드릴 날을 사겠다는 사람은 아무도 없었다. 수입업자 역시 그에 한계를 느껴 판매할 방법이 없다고 생각하여 싼값에라도 처분할 심산이었다. 수입업자가 Y 씨에게 제안한 금액은 말도 안 될 정도로 싼값이었다. 고철로 팔아 벌 수 있는 돈보다 조금 더 비싼 값이었다. 고민 끝에 Y 씨는 그 제안을 받아들였다. 최악의 경우 고철로 되판다고 해도 크게 손해 볼 수준은 아니었기 때문이었다.

가공되지 않은 드릴 날을 인수한 Y 씨는 그날부터 길을 찾기 시작했다. 그리고 마침내 드릴 날을 절삭해주는 업체를 찾게 되었고 인수한 드릴 날을 모두 용도에 맞게 가공해달라고 의뢰했다. 그렇게 가공된 드릴 날의 가격은 한없이 치솟았다. 수입업자로부터 인수한 드릴 날은 개당 500원이 채 안 되는 가격이었지만 Y 씨가 가공한 드릴 날은, 비싼 것은 2만 원이 훌쩍 넘었다. 그것을 통해 Y 씨는 한 번에 큰돈을 벌 수 있게 되었다. 방법이 없다고 포기한 사람들은 투자한 돈도 건질 수 없었지만 방법을 찾아낸 Y 씨는 적은 노력으로 큰 부를 만들어낼 수 있었다.

궁즉통(窮卽通)이라는 말이 있다. 궁하면 통한다는 말이다. 주역에 나온 말로 원래는 '궁즉변 변즉통 통즉구(窮則變 變則通 通則久)'라는 말에서 나온 것인데 줄여서 궁즉통이라고도 쓰이고 있다. 이를 풀이하자면 '무언가 곤궁(窮)한 상태가 되면 변(變)하고, 변하면 통(通)하며, 통하면 오래간다(久)'는 의미이다. 여기에서 궁은 도저히 앞이 보이지 않는, 사방이 꽉 막혀 답답한 상황이며 통은 새로운 국면으로 길이 열리는 단계를 말한다. 길이 없을 것 같은 상황, 한 치 앞이 보이지 않는 상황에서도 길을 찾다 보면 새로운 길이 열릴 수 있다는 얘기다.

고퍼들이 길이 없다고 여겨질 때, 앞이 안 보인다고 여겨질 때 쉽사리 절망하고 포기하는 것과는 달리 에이펙스들은 절박한 심정으로 길을 찾기 위해 노력한다. 그들이 가진 절박함은 '궁'의 경지를 벗어나기 위해 변화하려고 노력하게 하고 그렇게 변화하다 보면 통할 수 있는 길을 찾을 수 있게 된다. 그리고 그들은 그 과정에서 창의적인 아이디어를 떠올림으로써 꽉 막힌 상황을 뚫고 나갈 수 있는 문을 만들어낸다. 새로운 길을 만들기 위해서는 창의력이 필요하다. 회사일도 그렇고 개인적인 일도 그렇고 무언가 성취를 이루는 데 있어서 창의력은 무척 중요한 요소가 아닐 수 없다. 창의적 아이디어 하나로 힘겨운 상황을 딛고 일어나 세계적인 기업이 되거나 훌륭한 업적을 이룬 인물들이 수도 없이 많다.

돈을 버는 일이 쉽지는 않지만 아무리 어려운 상황에서도 절박한 심정으로 고민하고 고민하고 또 고민하면 길을 찾을 수 있다. 부자가 되는 길에는 수많은 어려움이 도사리고 있다. 가다 보면 끊어진 절벽 같은 길을 만날 수도 있고, 깊은 강을 만날 수도 있으며, 밀림처럼 앞을 구분할 수 없는 길도 만나게 마련이다. 또 항상 길이 이어져 있는 것도 아니다. 길바닥에 떨어진 돈을 줍듯 쉽게 돈을 벌 수 있는 일은 세상천지에 아무것도 없다. 타고난 부자가 아닌 다음에야 모두들 이런 과정을 거쳐 에이펙스의 자리에 올랐다고 해도 과언이 아니다.

문제가 있으면 반드시 답이 있다

"하늘이 무너져도 솟아날 구멍이 있다"는 말처럼 길이 없는 것처럼 막막해 보이는 상황에서도 빈틈은 반드시 있게 마련이다. 이스라엘군이 엘라 골짜기에서 블레셋 군대의 골리앗을 마주했을 때 그에게는 빈틈이 없어 보였다. 3미터에 가까운 큰 키에 청동 투구와 비늘 갑옷, 큰 칼과 방패를 들고 있었기에 누구도 그를 무찌를 수 없다고 생각했다. 그래서 이스라엘의 군인 중 누구도 그와 맞서 싸우려 하지 않고 피하기만 했다. 하지만 양치기 소년이었던 다윗은 그의 이마에 한 뼘 정도 되는 빈틈이 있다는 것을 알아차렸고 정확한 돌팔매질로 그 빈틈을 공략함으로써 거인을 무너뜨렸다. 모두가 불가능하다고 여기는 싸움을 다윗은 빈틈을 찾아내어 승리로 이끈 것이다.

길이 없이 꽉 막힌 것 같은 상황에서도 에이펙스는 포기하지 않고 다윗처럼 빈틈을 찾는다. 그리고 그 빈틈을 뚫고 들어갈 방법을 찾는다. 고퍼들이 빈틈을 찾지 못해 두 손 들고 포기하는 사이 에이펙스는 그 빈틈을 노려 부를 일궈낸다. 그들에게 어떤 고비가 있었냐고 물으면 매 순간순간이 고비였다고 한다. 다시 그 고비를 어떻게 넘겼냐고 물어보면 그들은 한결같이 이렇게 말한다. "죽을 만큼 고민하면 답을 찾을 수 있다."

세 차례 인터뷰를 진행했던 한 사업가는 공매를 통해 종잣돈을 마련한 후 창업을 한 케이스인데 공매를 하다 보면 난관에 부딪히는 경우가 너무나 많다고 한다. 보통 사람들은 그런 경우 답이 없다고 여기고 고개를 가로저으며 물러나지만 그는 어떻게든 답을 찾으려고 노력했다. 그의 말에 따르면, 남들이 답이 없다고 여겨 포기하는 일일수록 경쟁자가 없어 더욱 큰 수익을 낼 가능성이 높다고 한다. 그래서 그는 사업을 할 때도 그런 아이템들을 유심히 살펴본다. 누구나 할 수 있는 쉬운 일은 사람들이 몰려들어 경쟁이 치열하고, 따라서 수익도 높지 않지만, 남들이 포기하는 일일수록 문제해결의 열쇠를 찾기만 하면 큰 이익을 얻을 수 있다는 것이다. 그러면서 그가 이런 말을 해줬다. “문제가 있으면 반드시 답이 있다. 풀리지 않는 문제는 결코 없다.” 어려운 상황을 대하는 그의 이러한 마음가짐이 결국 그를 부자로 만들어준 원동력이라고 그는 여러 차례 강조했다.

세상에 쉽게 얻을 수 있는 것은 아무것도 없다. 온갖 난관과 가시밭길이 펼쳐져 있기에 이런 길들을 거쳐 가지 않으면 안 되지만 고퍼들은 이런 상황에서 너무 쉽게 포기하고 만다. 그리고 처음부터 이런 길은 가지 않으려고 한다. 힘들이지 않고 할 수 있는 일을 통해 돈을 벌려고만 한다. 그러다 보니 누구나 아는 시장에서 머리 터지게 싸운다. 하지만 에이펙스들은 분명히 말한다. 돈을 벌고 싶으면 경쟁이 없는 길로 가야 한다고.

남들이 힘들고 고달프다고 포기한 길일수록 그 길을 뚫고 나가다 보면 큰돈을 얻을 수 있다고. 남들이 가는 길을 따라가서는 결코 돈을 벌기 힘들다고.

돈을 벌기 위한 좋은 방법 중 하나는 부자가 된 사람들이 돈을 번 과정을 공부하는 것인데 부자들의 성공 스토리를 연구하다 보면 수많은 난관에 부딪혔음을 알 수 있다. 놀라운 것은 그러한 난관 앞에서 그들이 두 손 들고 포기한 것이 아니라 오히려 혀를 내두를 정도로 창의적인 방법으로 그 난관을 돌파해왔다는 것이다. 전기자동차 제조업체인 테슬라와 민간 우주항공기 개발사인 스페이스X의 CEO를 맡은 일론 머스크는 우주여행을 실현하기 위한 연구를 차근차근 진행 중이다. 일반인이 우주여행을 하기 위해서는 막대한 비용이 들어갈 수밖에 없기에 비용을 획기적으로 절감할 수 있는 방안이 필요했다. 이에 일론 머스크는 우주선이나 인공위성을 발사할 때 사용되는 로켓을 재사용한다는 아이디어를 생각해냈다. 이 아이디어는 NASA조차 생각하지 못했던 창의적인 것이었는데 수도 없는 실패 끝에 2016년 4월에 '팔콘 9(Falcon 9)'이라는 로켓을 안전하게 회수하는 데 성공했다.

무언가 일이 잘 안 풀릴 때마다 '나는 머리가 나빠서 안 돼'라고 생각하는 사람도 있을 것이다. 하지만 창의력이라는 것이 꼭 머리 좋은 사람들만의 전유물은 아니다. 내가 만나본 부자들 중 대단한 학력이나 학벌을 가진 사람들은 별로 없다. 간혹 박사학위를 가진 사람도 있긴 했지만 대부분은 변변한 졸업장 조차 가지지 못한 사람들이다. 그럼에도 불구하고 그들은 누구도 생각하지 못한 방법으로 난관을 뚫고 성과를 거머쥐었다.

에이펙스는 3가지 말을 하지 말라고 한다. 그것은 바로 "안돼요", "어려워요", "힘들어요"라는 말이다. 그런 말을 하는 순간 길을 찾을 수 있는 좋은 아이디어는 떠오를 수 없다고 한다. 앞서 말한 것처럼 죽을 것처럼 고민하면 문제의 본질에 몰입하게 되고 몰입하게 되면 좋은 방법을 찾을 수 있다고 한다. 그들의 얘기를 곰곰이 귀담아들어 볼 필요가 있다.

누구나 길이 없는 상황에서는 답답함을 느끼고 절망할 수 있지만 어쩌면 그건 사고의 틀을 깨고 한 단계 도약할 수 있는 계기가 될 수도 있다. 온실 속에서 자란 화초는 추운 겨울을 노상에서 보내지 못하고 얼어 죽지만 노지에서 자란 화초는 매서운 추위를 이겨내고 화려한 꽃을 피워내는 것처럼 말이다. 그러므로 그런 상황이 닥쳤을 때 쉽게 포기하고 절망하기보다는 길을 찾으려고 노력해야 한다. 그런 습관이 쌓이다 보면 문제를 해결해 나가는 역량이 쌓이게 되고 그 역량이 임계점을 지나면 어느 순간 부자로 가는 문이 열린다.

에이펙스 스피릿 6

발상의 전환으로 난관을 돌파한다

세상에 손쉽게 돈을 벌 수 있는 방법은 없다. 돈을 벌기 위해서는 수없는 장애와 난관을 극복해야 하며 때로는 답을 찾기 어려운 상황도 만날 수 있다. 하지만 풀리지 않는 문제란 있을 수 없다. 문제가 있으면 반드시 답이 있게 마련이다. 길이 없을 때 길을 만들어나가려 노력하다 보면 문제해결 역량이 높아질 수 있고 그것이 쌓이면 부를 축적하는 일이 조금 더 수월해질 수 있다.

7

공짜만큼 비싼 건 없다는 것을 안다

부자는 운이 아니라 과정으로 만들어진다

우리는 간혹 로또에 당첨되어 하루아침에 수십억 혹은 수백억의 돈방석에 오른 사람들의 이야기를 들을 수 있다. 몇백만 분의 일이라는 확률을 뚫고 일등에 당첨된 사람들의 이야기가 뉴스에 나오기라도 하면 그들을 한없이 부러운 눈으로 바라본다. 수천억 원짜리 로또에 당첨된 사람들의 이야기가 해외뉴스를 타고 전해지면 놀라서 입을 다물지 못한다. 그러면서 그들을 무척 운이 좋은 사람이라 여긴다. 조상 중에 나라를 구한 사람이 있는 것 아니냐는 말을 하기도 한다.

고퍼와 에이펙스는 성공을 받아들이는 자세가 다르다. 고퍼들은 큰 부자가 된 사람들을 너무나 손쉽게도 '운이 좋은 사람'

으로 여긴다. 마치 하루아침에 로또에 당첨된 사람처럼 말이다. 운이 엄청 좋거나 무언가 옳지 않은 방법을 통해 부를 축적한 사람으로 색안경을 끼고 바라보는 경향이 있다. 그리고 그들이 가진 운을 시기하고 질투한다. 하지만 그들은 운도 노력하지 않으면 만들어질 수 없다는 것을 간과한다.

에이펙스는 성공을 바라보는 눈이 고퍼들과 확연히 다르다. 그들은 자신 혹은 다른 사람들이 큰 부자가 된 것을 결코 운이라고 여기지 않는다. 그들은 자신이 부자가 된 것을 당연한 일이라고 여긴다. 너무 자만심이 강한 것 아니냐고 생각할 수도 있을 것이다. 하지만 그들은 부자가 되기 위해 스스로 얼마나 노력했으며, 얼마나 힘들고 고생스러운 길을 걸어왔는지 잘 알고 있다. 부자의 자리에 오르기 위해 거쳐 온 과정들을 잘 알고 있기에 그들은 부자가 된 것을 단순히 운이라고 여기지 않는다. 물론 어느 정도는 운이 따랐을 수도 있다. 그들도 그건 인정한다. 하지만 운을 통해 적은 돈을 벌 수는 있지만 100% 운만으로는 큰 부자가 될 수 없다. 그래서 그들은 자신의 성공을 운이 아니라 당연히 누려야 하는 권리라고 여긴다. 자신뿐 아니라 다른 부자들 또한 지극한 존경과 감탄의 눈길로 바라본다.

에이펙스는 큰 부자가 된 사람을 볼 때 그가 지나온 과정을 보려고 한다. 부의 피라미드 정점에 올라 있는 사람들은 결과적으로 큰 부자가 되었지만 그들이 그 자리에 오르기 위해서는 반드시 거치지 않으면 안 될 노력과 고통과 인내의 시간이 있었다는 것을 그들은 경험을 통해 잘 알기 때문이다. 남들이 칼퇴근을 외치고 친구들과 어울려 삼겹살에 소주 한잔을 곁들이며 “이게 사는 맛이지!”를 외치며 인생의 즐거움을 찾을 때, 부자가 된 사람들은 화장실 갈 시간도 아끼며 밤을 새워 사업을 성공시키기 위해 피눈물을 흘린 것을 안다. 남들이 고급 음식점에서 비싼 점심을 먹으며 인스타그램에 멋진 사진을 올리고 흐뭇해할 때, 혼자 햄버거나 김밥으로 허기를 달래며 외롭게 고생한 것을 안다. 남들이 비싼 명품 옷을 입으며 “인생 뭐 있어?”를 외칠 때, 그들은 퀴퀴하게 냄새나는 단벌옷을 입고 머리도 감지 못한 채 오로지 성과를 만들어내기 위해 사투를 벌인 것을 안다.

또 남들이 해외여행을 가서 멋진 풍경을 배경으로 찍은 사진을 페이스북이나 인스타그램에 올리며 “한 번뿐인 인생을 후회 없이!”를 외칠 때, 그들은 혼자 손바닥만 한 작업실에서 한 발자국도 벗어나지 못한 채 자신의 사업을 성공이라는 이름의 궤도에 올려놓기 위해 애썼다는 것을 알고 있다. 남들이 뮤지컬이나 음악공연에 가서 목이 터져라 외치며 스트레스를 날려버릴 때, 그들은 풀리지 않는 문제로 인해 머리털이 빠져나가는 극심한 스트레스에 시달린 것을 알고 있다. 운이 아니라 그 모든 과정을 거쳤기에 얻을 수 있는 결과가 성공임을 잘 알고 있다. 마이크로소프트, 애플, 구글, 아마존, 디즈니, HP 등 글로벌시장을 장악한 기업들이 모두 허름한 창고에서 시작됐다는 것을 모르는 사람은 없을 것이다. 그러기에 그들은 부자들을 시기와 질투가 아닌 존경과 동경의 눈길로 바라본다.

앞서 간단히 언급했지만 직장생활을 하다 그만두고 사업을 시작해서 크게 성공한 후배가 있다. 이 친구는 20여 년간 열심히 사업을 하다 420억 원이라는 거금에 회사를 매각하고 지금은 '엑셀러레이터'로 살고 있다. 엑셀러레이터란 스타트업 기업을 발굴하고 자금을 지원하여 성공했을 경우 수익을 나누어 갖는 사람을 말한다. 그가 처음 시작한 사업은 GPS를 이용하여 교통 흐름을 파악하는 것이었다. 지금이야 그런 이야기를 하면 누구나 생각할 수 있는 아이디어라고 하겠지만 그 후배가 처음 사업을 시작할 때만 해도 GPS 자체에 대한 개념도 별로 없었고 시장도 거의 없었기에 주변 사람들의 반응은 회의적이었다. 그럼에도 불구하고 그는 자신의 생각에 확신을 가지고 안정된 직장을 벗어나 자신의 회사를 차렸다. 하지만 모든 사업이 그렇듯 그의 회사도 손쉽게 돈을 번 건 아니다. 회사를 그만두고 창업을 하여 어느 정도 매출이 발생할 때까지 약 5년 정도의 시간이 걸렸고 자리를 잡기까지 추가로 15년 정도의 시간이 소요됐다고 한다. 창업한 지 20년 만에야 그는 큰 성과를 낼 수 있었고 적지 않은 돈에 회사를 매각하고 에이펙스의 자리에 오르게 되었다.

이 친구를 만나서 그의 성공담에 대한 이야기를 나누다가 나도 모르게 입에서 "운이 좋은 네가 부럽다"는 말이 튀어나오고 말았다. 그러자 후배가 정색을 하고 말했다.

"형. 저는요, 회사를 창업하고 매출이 나기까지 5년 동안 단 하루도 빼놓지 않고 하루 서너 시간만 자면서 일에 매달렸어요. 집에 들어가지 못한 날도 많아요. 사무실 한구석에 놓인 간이침대에서 발 한번 쭉 펴지 못한 채 불편하게 쪽잠을 자며 개발에 몰두한 날이 수도 없어요. 어떤 날은 하루 종일 아무것도 먹지 못해 허기가 져서 손이 덜덜 떨리는데도 개발을 멈출 수 없었던 날도 있어요. 너무 고생을 해서 75kg이었던 몸무게가 한때는 50kg까지 빠진 적도 있고요. 샤워를 하려고 옷을 벗으면 뼈만 앙상하게 남아 있더라고요. 그런 모습을 보면서 도대체 이게 뭐 하는 짓인가 싶은 생각에 다 그만두고 싶을 때도 많았어요. 다시 직장으로 돌아가 남들처럼 편하게 돈을 벌고 싶은 생각이 굴뚝 같았어요. 집에 돈을 가져다준 적도 거의 없고 빚을 내서 살다시피 했어요. 그 시간 동안 너무 미안해서 처가에 갈 수도 없었어요. 아이들 옷 사줄 돈도 없어 주변에 아는 사람들한테 옷을 얻어다 입히곤 했어요. 이제는 웃으면서 잘 지내고 있지만 집사람하고도 얼마나 갈등이 많았는지 모릅니다. 그 고통이 얼마나 심했는지 아세요?"

그 말을 하면서 후배가 내게 물었다.

"형. 제가 하루아침에 쉽게 돈을 번 게 아니에요. 그런 과정을 거쳤기 때문에 지금 이 자리에 있을 수 있는 거예요. 형은 그렇게 해 봤어요?"

후배의 질문에 난 조용히 고개를 가로저을 수밖에 없었다. 그의 성공을 단순히 '운'이라고 여기며 부러워하고 내심 질투했던 나 자신이 너무 부끄럽게 여겨졌다.

대가 없이 얻을 수 있는 성공은 없다

우리는 주위에서 부의 피라미드 정상에 오른 국내외 사업가의 이야기를 보고 듣지만 그들이 그 자리에 오르기 위해 얼마나 고생을 하고 힘든 과정을 겪었는지에 대해서는 아쉽게도 이야기를 들을 수 있는 기회가 그리 많지 않다. 물론 자서전이나 전기, 뉴스 기사 등을 통해 조각조각 알려지는 이야기들은 있겠지만 대부분은 성공한 상태에 초점이 맞춰져 있기에 그들이 성공에 이르기까지 겪어야 했던 고통에 대해서는 잘 알지 못한다. 그들이 감당해야 했던 고단한 삶의 백분의 일 혹은 천분의 일도 드러나지 않았을 것이다. 빌 게이츠가 윈도우를 전 세계의 모든 PC에 심기까지 어떤 과정을 거쳤는지 알고 있는가? 작고한 스티브 잡스가 매킨토시를 만들기까지 얼마나 잠을 잤는지 알고 있는가? 잘 나가던 금융회사를 그만두고 손으로 쓴 아마존닷컴 현수막을 걸고 창고에서 사업을 일으키는 동안 제프 베조스가 얼마나 마음고생에 시달렸는지 알 수 있을까?

그들의 성공한 모습, 화려한 모습만 보다 보니 그들이 그 자리에 오르기까지 거쳐야만 했던 힘들고 고통스러운 과정은 쉽사리 상상하기 어렵다. 그러기에 자신도 기회만 되면 쉽게 사업을 할 수 있다고 여기고 그들이 이룬 성과를 너무나 손쉽게 운으로 돌려버린다. 심리학자 데이비스 마이어스가 말한 것처럼 자신의 성공은 당연한 것이지만 다른 사람의 성공은 운으로 돌려버리는 이기적 편향(self-serving bias)이 발동하는 것이다. 자신도 성공하면 상관이 없지만 그렇지 못하다 보니 그들과 비교하여 상대적인 열등감을 느끼게 되고 시기와 질투를 하게 되는 것이다.

부의 피라미드는 거칠거칠한 표면으로 이루어진 것이 아니라 유리 같은 미끄러운 표면으로 이루어져 있다. 쉽사리 오를 수 없게 만들어져 있는 것이다. 그 미끄러운 피라미드를 기어오르기 위해서 에이펙스들은 눈물 나는 고생을 한다. 어떻게 해야 정상에 오를 수 있을까 끊임없이 고민하고, 무모하다 싶을 정도로 도전하고, 미끄러져 바닥으로 굴러떨어져도 그것에 굴하지 않고 툴툴 털고 일어나고, 손톱이 깨지고 온몸이 상처투성이가 돼도 그것을 이겨내고야 말겠다는 굳은 의지를 갖고 노력하고 또 노력한다. 그것을 단순히 운으로 치부하고 부러워해서는 안 된다. 운이라는 것은 노력에 비해 과도한 보상을 받는 것을 말한다. 1,000원짜리 로또 한 장을 구입해서 30억 원의 당첨금을 받거나, 크게 고민하거나 힘들이지 않고 쉽게 쓴 글이 베스트셀러가 되어 하루아침에 돈방석에 앉거나, 우연히 좋은 아이템을 잡아 시작한 사업이 큰 어려움 없이 성공 궤도에 올라 막대한 돈을 벌어들이는 것이 운이다.

에이펙스는 결코 운에 기대어 그 자리에 오른 사람들이 아니다. 그들이 그 자리에 오르기 위해서는 피눈물 나는 노력과 헌신, 자기희생이 있었음을 잊어서는 안 된다. 자신의 노력만으로 연 매출 350억 원의 사업체를 일궈낸 친구의 경우 창업 자금을 마련하기 위해 처음에는 생수 배달을 시작했다고 한다. 하지만 그 과정에서 말로 할 수 없는 온갖 수모를 겪었다고 한다. 허드렛일 하는 사람으로 취급당해 인간적인 모멸감을 맛본 적이 수없이 많다고 했다. 우여곡절을 겪고 사업을 시작했을 때 경쟁업체에서 고용한 불량배들이 사업장에 찾아와 협박하던 일, 자식 같았던 새파란 고객에게 악담을 들어가며 수모를 겪었던 일 등 그가 정상의 자리에 오르기 위해 겪었던 과거의 일들을 듣다 보면 그가 내가 알던 사람이 아니라 전혀 다른 사람처럼 보일 정도다.

사람들은 운에 대해 너무 쉽게 이야기하지만 한편으로 보면 운이라는 것도 노력하지 않는 사람에게는 따라올 수 없다. 운은 과정이 있어야만 얻을 수 있다. 로또에 당첨되는 것조차, 비록 너무 하찮은 일이지만 계속해서 로또를 사러 가는 수고스러운 과정이 있어야 하며, 베스트셀러를 펴내기 위해서는 오랜 시간 참고 글을 써야 하는 힘든 과정이 있어야 하고, 사업이 성공하여 돈을 벌기 위해서는 거쳐 가지 않으면 안 될 수많은 난관을 돌파해야 한다. 그 과정들이 너무나 고통스러운 탓에 중간에 포기하고 만 사람들도 부지기수다. 그런 과정 없이 큰돈을 번 부자의 자리에 오른 사람은 하나도 없다.

부의 피라미드 정상에 선 사람들에게 부러운 마음이 들지 않는다고 하면 새빨간 거짓말일 것이다. 그리고 그들이 가진 운이 배가 아플 정도이다. 하지만 그들이 부의 피라미드 정상에 오르기까지 거치지 않았으면 안 되는 고통스럽고 피눈물 나는 과정도 있었음을 간과해서는 안 된다. 그들의 성공을 운이라 치부하기 전에 그들의 뒤편에 있는 보이지 않는 과정을 주목해야 한다. 과정에 몰입할 때 운도 따라줄 수 있다.

'인생 한 방'을 노리며 어느 날 신데렐라처럼 화려하게 부자가 되길 꿈꾸는 사람들에게는 실망스럽고 미안한 말이지만 힘들고 고통스러운 과정을 감내할 수 없다면 부자가 되겠다는 꿈도 일찌감치 접는 게 낫다. 차라리 적게 벌어 적게 쓰면서 그 삶에 만족해야 한다. 큰 부자가 되기 위해서는 결과만 생각해서는 안 된다. 과정을 생각하고 그 과정에 투자해야 한다. 스티로폼 한 장 깔린 맨바닥에서 추위에 떨며 새우잠을 자는 것을 두려워해서는 안 되며, 친구들과의 소식이 끊긴 채 오로지 몸 하나 돌릴 수 있는 좁은 공간에서 외롭게 지내야 하는 것을 견디기 어려워해서도 안 된다. 허기진 배를 움켜잡고 수돗물로 배를 채워야 하는 비참한 심정도 이겨낼 줄 알아야 한다. 멋진 풍경을 배경으로 사진을 찍어 올리는 지인들을 바라보며 피어오르는 인생의 자괴감도 이겨낼 줄 알아야 하며, 가족은 물론 주위 사람들과 데면데면해지는 상황도 받아들일 수 있어야 한다. 세상에 대가 없이 쉽게 얻을 수 있는 것은 아무것도 없다는 것을 이해해야 한다.

결과만 보지 말고 과정을 즐겨라

코로나가 한창인 2020년 어느 날, 한 기업에 대한 뉴스가 사람들의 주목을 받았다. 2019년 매출이 불과 8,000만 원이었던 업체가 코로나로 인해 모든 기업이 신음하는 2020년에는 매출 80억 원을 기록할 것으로 예상된다는 내용이었다. 2021년 이후에는 매출이 더욱 급격하게 늘어날 것으로 예상된다. 이 회사의 대표가 아직은 에이펙스라고 할 수 없겠지만 조만간 에이펙스의 자리에 오를 것임은 불을 보듯 뻔한 일이다. 무슨 제품을 만드는 회사이기에 단 1년 만에 100배의 매출 성장을 이루어 낼 수 있었던 걸까? 짐작할 수 있겠지만 그 회사의 매출 성장은 코로나로 인한 것이다. 이 업체는 클리어윈코리아라는 업체로 에스컬레이터의 핸드레일을 소독하는 기계를 개발했다. 우리 생활에 이제 에스컬레이터는 없어서는 안 될 편리 중 하나다. 지하철역은 물론 백화점이나 쇼핑몰 등 어디에나 에스컬레이터가 설치되어 있다.

에스컬레이터를 탈 때 늘 손잡이를 꽉 잡으라고 한다. 운행 중 갑자기 멈추거나 갑자기 움직일 경우 다칠 수도 있기 때문에 안전사고를 방지하기 위해서다. 그런데 다른 사람이 잡았던 손잡이를 잡으려고 하면 왠지 썩 내키지 않는다. 이 사람 저 사람 다 잡다 보니 위생 상태가 그리 좋지 못하다는 생각이 들기 때문이다. 겨울철이 되어 독감이 유행하거나, 더운 여름에 흘린 땀으로 인해 진득한 느낌이 들 때는 더욱 그렇다. 특히나 코로나와 같은 질병이 대유행하는 시기라면 더욱더 민감해져 손잡이를 잡기 싫어진다.

클리어윈코리아가 만든 제품은 에스컬레이터의 손잡이 부분을 살균해주는 기계다. 엘리베이터의 한쪽 끝에 설치해두면 손잡이가 계속 반복하여 돌아가므로 기계를 통과해 나온 손잡이는 깨끗하게 살균 소독될 수 있는 것이다. 2015년에 제품 개발을 완료하고 특허출원과 미국, 유럽 인증을 완료했음에도 불구하고 아쉽게도 그동안 제품 판매는 지지부진하기만 했다. 분명히 필요한 제품임에도 불구하고 어느 곳에서도 그 제품을 사려고 하지 않았던 것이다. 회사는 제품개발비와 인건비 등의 고정비를 감당하기 힘들어 고금리 사채까지 동원하며 살아남으려 노력했다고 한다. 직원들에게 6개월 동안 월급을 주지 못해 11명의 직원 중 10명이 퇴사하기도 했다.

마지막까지 남은 사람은 창업주 혼자뿐이었다. 결국 더는 견딜 수 없어 딱 2020년 한 해만 더 버텨보고 더 이상 안되겠으면 폐업을 하기로 결심했다. 그러던 참에 마침 코로나라는 팬데믹이 터져 나왔고 그로 인해 대박을 맞게 된 것이다. 지금은 물건이 없어서 공급을 못 할 정도라고 한다. 이 회사의 성공을 운이라고만 할 수 있을까? 이 회사의 성공을 어쩌다 얻어걸린 것이라고 깎아내릴 수 있을까? 물론 코로나라는 상황을 만난 건 운이었을지 모르지만 그동안 창업주를 비롯한 모든 직원들의 피눈물 나는 고생이 없었다면 그 운도 빛을 발하지 못했을 것이다.

이 회사가 얼마나 어려웠을지는 상상하기조차 어렵다. 누구나 알다시피 고금리 사채라는 것은 빚이 눈덩이처럼 불어난다. 가만히 앉아서도 이자가 감당할 수 없을 정도로 불어나 돈방석이 아닌 빚방석에 올라서고 직원들마저 회사를 떠나는 참담한 모습을 보면서도 회사의 대표는 절대 사업을 포기하지 않았다. 말은 쉽지만 그동안 얼마나 회사 문을 닫고 싶었을지 헤아리기도 어렵다. 그럼에도 불구하고 끝까지 그 어려움을 참아낸 결과, 성공을 이루어 냈다. 운은 이런 것이다. 노력을 거쳐야만 얻을 수 있는 것이 운이다. 노력 없이 로또를 긁듯이 얻는 운은 진짜 운이 아니다. 그런 운은 오래 갈 수 없다. 로또에 당첨된 사람들이 순식간에 가진 돈을 모두 날리고 오히려 당첨 이전의 삶보다 못한 삶을 사는 것을 자주 보지 않았는가?

고퍼들은 부자가 되기 위해 거쳐 가야 할 힘든 과정은 생각하지 못한 채 너무나 손쉽게 돈을 벌고 싶어 한다. 그러기에 손쉽게 돈을 벌 수 있는 주식이나 부동산, 가상화폐와 같은 투자 수단에 마음을 빼앗기곤 한다. 은행 대출을 받아서 주식이나 부동산에 투자하는 사람들이 많다는 뉴스가 자주 눈에 보이는 것도 이 때문이다. 《시크릿》 같은 허무맹랑한 책이 인기를 끄는 이유도 큰 노력 없이 마음가짐의 변화만으로 성공에 이를 수 있다고 현혹하기 때문이다. 긍정적인 마음가짐으로 사는 건 분명 도움이 될 수 있지만, 쉽게 돈을 벌어준다는 말에 현혹당하고 운이 따라 주기만을 바라서는 부자가 될 수 없다. 그건 노력 없이, 그야말로 요행을 바라는 일이다. 정말 운이 좋아 노후를 그럭저럭 보낼 수 있을 만큼의 자금을 가진 작은 부자는 될 수 있을지 모르겠지만 사람들이 부럽게 바라보는 큰 부자는 될 수 없다. 그렇게 해서 에이펙스가 된 사람은 아무도 없다. 정말 우주가 도와 부자가 됐다고 해도 그런 돈은 오래 머물지 않는다. 쉽게 번 돈은 쉽게 쓰기 마련이다.

내가 만나본 부자들은 한결같이 말한다. 세상에 편하게 돈을 벌 수 있는 방법은 없다고 말이다. 놀 것 다 놀고, 쓸 것 다 쓰고, 즐길 것 다 즐기고, 잘 것 다 자면서 돈을 벌 수 있다면 왜 세상의 모든 사람들이 부자가 되지 못했느냐며 반문한다. 부자가 되기 위해서는 거쳐야 하는 과정이 있다. 그 과정을 이해하고 받아들여야 한다. 너무 쉽게 부자가 되려고 하기보다는 고통스러운 과정도 즐길 줄 아는 마음의 자세가 필요하다.

에이펙스 스피릿 7

공짜만큼 비싼 건 없다는 것을 안다

부자를 운이 좋은 사람으로 여기기 쉽지만 운이 좋아서 부자가 된 사람보다는 노력을 통해 부자가 된 사람들이 더 많다. 맨주먹으로 부자의 자리에 오른 사람들의 대다수는 피나는 노력과 고통스러운 인고의 시간을 견뎌낸 사람들이다. 그들의 현재 모습이 부럽거든 그들이 지나온 과정을 배우려고 해야 한다.

8

테이커가 되기보다는 기버가 된다

인간관계는 낙하산 줄

10년 넘는 시간 동안 부자들을 만나 이야기를 나누기 시작하면서 뜻밖이라고 여겼던 것이 하나 있다. 그들의 주변에는 직간접적으로 도움을 준 사람이 있다는 것이다. 자신이 부자가 된 이야기를 할 때면 그들은 반드시 누군가의 도움을 받게 되었고 그것이 터닝포인트가 되어 도약의 길로 들어서게 되었다고 말한다. 오로지 혼자의 힘만으로 어렵사리 부의 피라미드 정상에 올라섰을 것이라 생각했건만 큰 부자가 된 사람들 중 누구도 혼자의 힘만으로 그 자리에 오른 사람은 없었다.

종잣돈을 마련할 때나, 종잣돈을 이용하여 사업을 시작할 때나, 돈이 될 만한 사업 아이템을 찾아 귀를 쫑긋 세우고 다닐 때나, 사업이 궤도에 오르지 못하고 힘겹게 제자리를 맴돌 때나, 변곡점을 지나 성장의 단계로 들어설 때나, 그들에게는 늘 옆에서 도움을 주는 사람들이 있었다고 한다. 그들을 통해 에이펙스는 돈에 대한 개념을 다르게 가지기 시작했고, 사업에 눈을 뜨게 되어 평범한 직장인이나 자영업자에서 사업가로 변신할 수 있었으며, 정보를 이용하여 기회를 잡을 수 있었고, 돈 버는 노하우나 돈을 까먹지 않는 노하우 등을 익힘으로써 부의 피라미드 정상에 오를 수 있었다고 한다. 그것뿐만 아니라 때로는 힘들고 어려울 때 그들을 통해 정신적인 위안을 얻기도 했다고 한다.

그래서 에이펙스는 그들을 귀인(貴人)이라고 부른다. 평균 재산 규모 430만 달러, 우리 돈으로 환산하면 약 45억 원 정도를 가진 부자들 중 93%가, 자신들의 막대한 부가 멘토 덕분이라고 밝혔다고 한다. 그중 68%는 다른 사람들에게서 받은 멘토링이 성공에 가장 중요한 요인이라고도 말한다. 결론적으로 부자가 되는 길에는 반드시 누군가의 도움이 필요하다는 것이다.

이런 이야기를 들으면 부자가 아닌 사람들은 "그럼 그렇지. 누군가 도와준 사람이 있으니 그렇게 많은 돈을 벌었겠지"라고 대수롭지 않게 여긴다. 어떤 사람들은 '인복' 없는 자신의 신세를 한탄하며 자기는 부자가 되기 글렀다고 생각할 수도 있다. 이 얘기를 뒤집어보면 자신은 그런 사람이 주위에 없기 때문에 부자가 되지 못한 것이라고 핑계대는 것으로 들리기도 한다. 자신도 귀인을 만나면 충분히 부자가 될 수 있는 능력이 있지만 지금까지 그런 사람을 만나지 못했기 때문에 부자가 될 수 없었다는 이야기로 들린다. 안타깝게도 많은 고퍼들이 그렇게 생각한다.

그런데 한 가지 의외인 사실은, 부자가 된 사람들이 도움을 받은 귀인이 애초부터 알고 있던 사람이 아니라는 것이다. 부자가 되기 위해 노력하는 과정에서 '우연히' 알게 된 사람들이 대부분이고, 그들이 도움을 준 내용도 직접적으로 돈을 지원해주거나 사업 아이템을 건네준 것이 아니라는 것이다. 남들이 흘려들을 만한 정보를 건네주거나 부자가 되기 위해 롤 모델로 삼은 사람들일 뿐이지만 에이펙스는 그들로 인해 삶이 바뀌었다고 여기고 그들을 귀인으로 생각한다는 것이다. 이렇듯 귀인을 바라보는 관점에서조차도 에이펙스와 고퍼의 차이가 확연하다.

한편으로 생각해보면 성공하고 크게 돈을 번 사람들에게 누군가 도움을 준 사람이 있다는 것은 어찌 보면 당연한 일인지도 모른다. 본시 돈이라는 것이 혼자 잘한다고 해서 벌 수 있는 것이 아니니 말이다. 분명히 주위에서 누군가 도와주는 사람이 있고 밀어주고 끌어주는 사람이 있기 마련이다. 물론 그들 역시 자신의 성공을 위해 노력하는 과정에서 자연스럽게 만들어지는 결과일 수도 있겠지만 말이다. 하지만 에이펙스는 그것을 당연하게 받아들이지 않는다. 그들은 스스로를 인복이 있는 사람이라고 하며 겸손하게 자신의 성공을 귀인의 덕으로 돌린다.

에이펙스는 사람을 귀하게 여기고 사람 관리에 신경을 많이 쓴다. 그들은 그 무엇보다 사람이 제일 소중한 자산이라는 것을 누구보다 잘 안다. 자신이 하는 일에 도움을 줄 수 있는 값진 정보, 그리고 문제 상황에 봉착했을 때 그 위기를 헤치고 나갈 수 있는 소중한 지혜와 기술이 사람을 통해서 얻어질 수 있다는 것을 잘 안다. 그래서 평소에도 인맥 관리에 신경을 많이 쓴다. 필요할 때만 잘하는 척하거나, 무언가 도움을 얻기 위해 잘 보이려 애쓰지 않고 진심으로 사람들을 존중하고 아끼려고 노력한다.

일개 직장인에서 수없이 많은 실패를 겪고 마침내 수백억 자산가로 성공한 M 씨는 인간관계를 낙하산 줄에 비유한다. 현실에서는 그럴 일이 없겠지만 독자 여러분이 경비행기를 타고 밀림 지대를 여행하다가 비상 상황을 만났다고 해보자. 기체는 이미 고장이 나서 조종을 할 수 없는 상태가 되어버렸고 빽빽한 나무들로 인해 비상착륙을 할 만한 장소도 없다. 모든 것을 운명에 맡겨야 하는 상황에서 다행히 비행기 안에 낙하산이 있다고 해보자. 당장 낙하산을 메고 탈출하면 살아남을 수 있다고 하면 누구라도 목숨을 건지기 위해 낙하산을 메고 뛰어내릴 것이다.

낙하산 하나에만 의지해서 뛰어내렸는데 만일 낙하산 줄이 하나밖에 없다면 어떻게 될까? 낙하산을 펴 보기도 전에 그대로 땅에 추락하고 말 것이다. 만일 낙하산 줄이 두 개라면? 역시 균형을 잡지 못해 그대로 추락할 것이다. 낙하산이 제 기능을 발휘하여 안전하게 땅에 도착할 수 있게 만들어주려면 반드시 필요한 줄들이 적당하게 있어야 한다.

인간관계는 낙하산의 줄과 같다. 평소에는 낙하산을 쓸 일이 없다. 그래서 낙하산이 있다는 것조차 인지하지 못하고 관리의 필요성을 잘 느끼지도 못하면서 지내는 경우가 많다. 하지만 비상 상황에서 낙하산은 자신의 생명을 구해줄 수 있는 유일한 수단이 될 수 있다. 낙하산을 메고 뛰어내려야 하는 비상 상황에서 낙하산이 제대로 관리되어 있지 않으면 살아남을 수 있다고 담보하기 어렵다. 그래서 혹시라도 닥칠지 모를 비상 상황을 대비해서 평소에도 낙하산을 꼼꼼히 관리하지 않으면 안 된다. 에이펙스는 감각적으로 이러한 관리를 잘하는 사람들이다.

기버가 될 것인가, 테이커가 될 것인가?

그렇다고 해서 에이펙스들이 도움을 줄 수 있는 사람들에게만 잘하는 것은 아니다. 그들의 인간관계는 대가성이 없는 경우가 많다. 테이커(taker)가 아니라 기버(giver)에 가깝다. 기버와 테이커는 오래전에 애덤 그랜트가 《기브앤테이크》라는 책을 통해 밝힌 개념으로 주요 내용은 다음과 같다. 테이커는 받으려고만 하는 사람들이다. 자신이 준 것보다 더 많이 받기를 원한다. 세상을 치열한 경쟁의 장으로 보고 자신의 이익을 우선시하여 남들보다 뛰어나기 위해 애를 쓴다. 이들은 자신에게 돌아오는 이해득실을 따져 이익이 될 것이라 판단되는 경우에만 전략적으로 도움을 베푼다.

기버는 테이커와 정반대의 스펙트럼에 있는 사람들이다. 그들은 타인에게 중점을 두고 자기가 해줄 수 있는 것이 무엇인지부터 주의 깊게 살핀다. 자신이 들이는 노력이나 비용을 아끼지 않고 다른 사람에게 도움이 될 수 있다면 그들을 돕는다. 인간관계에 있어 무게의 추가 자신보다는 상대방에 놓여 있는 경우가 많다. 그래서 남들에게 베풀기를 좋아한다.

여기에 하나의 유형이 더 있다. 매처(matcher)이다. 손해 보지도 않고 이익 보지도 않게 행동하는 사람들을 일컫는다. '주는 만큼 받는 사람'이 매처다. 그래서 그들은 자신에게 돌아오는 이익이 없으면 베풀려고 하지 않는다. 자신이 누군가에게 무엇인가 베풀면 반드시 그 대가를 받으려고 한다. 이 개념을 가족관계에 적용해보자. 흔히들 부모들은 자식이 무언가 섭섭하게 했을 때 "내가 널 어떻게 키웠는데 네가 나한테 이렇게 하니?" 하며 감정을 여과 없이 드러낸다. 전형적인 매처의 유형이다. 내가 부모로서 너를 위해 헌신하고 희생했으니 너는 효심을 가지고 부모 말을 잘 듣고 따라야 한다는 균형심리가 담겨 있는 것이다.

아쉽게도 기버들은 성공 사다리의 맨 밑바닥으로 추락할 가능성이 높다고 한다. 애덤 그랜트의 조사에 의하면 벨기에 의대생 600명 중 학점이 가장 낮은 학생들은 대체로 남을 돕기 좋아하는 성향을 가지고 있다고 한다. 노스캐롤라이나주의 영업사원들 중 기버는 테이커나 매처에 비해 판매실적이 2.5배나 낮았다고 한다. 기버는 테이커에 비해 수입이 평균 14% 정도 적고 실력과 영향력을 22%나 더 낮게 평가받으며 사기와 같은 범죄피해자가 될 위험이 두 배나 높다고 한다. 이 글을 읽는 독자들 중에는 이 결과를 듣고 "어, 이게 뭐야?"라고 황당함을 느끼는 사람도 있겠지만, 기버는 성공 사다리의 꼭대기에 오를 가능성 또한 높다고 한다. 상위권에 있는 학생들 또한 기버였으며 그들의 학점은 전 과목에서 다른 유형에 비해 11%나 높았고, 최고의 영업사원은 기버로, 테이커나 매처에 비해 연간 50%나 더 높은 실적을 올렸다고 한다. 실제 한국에서 매년 선발되는 보험왕이나 자동차 판매왕 등을 살펴보면 테이커가 아닌 기버의 성향이 높다.

그런데 한 가지 특이한 점은, 기버의 경우 누군가의 도움을 받아 위기상황을 벗어날 가능성이 테이커나 매처에 비해 훨씬 높다는 것이다. 누군가 불치병에 걸려 생사를 장담할 수 없는 상황에서 긴급하게 수술자금이 필요해졌다고 해보자. 만일 그 사람이 평소에 자기는 1원 한 푼 손해 보려 하지 않으면서도 남의 돈은 악착같이 뺏어가려고 했던 사람이라면 도와주고 싶은 생각이 들까? 도의적인 차원에서 마지못해 몇 푼 도와줄 수는 있겠지만 진심으로 기쁘게 도와주고 싶은 마음은 생기지 않을 것이다. 만일 받은 만큼만 주려고 했던 사람이라면? 역시 받은 만큼만 돌려주려고 할 것이다. 반면에 기버가 동일한 상황에 처했다면 어떻게 될까? 평소 나에게 대가 없이 베풀고 늘 자신의 것을 나누어 주려고 한 사람이 어려운 상황에 처했다면 진심 어린 마음으로 두 발 벗고 나설 것이다. 테이커나 매처는 낙하산을 메고 뛰어내려야 하는 상황에서 줄이 모자라 추락할 사람들이다. 반대로 기버는 튼튼한 낙하산 줄 덕분에 안전하게 땅으로 내려올 수 있는 사람들이다.

부자들이 다 기버의 성향을 가지는 것은 아니다. 부자들 중에서도 괴팍하고 고약한 성격을 드러내며 인간관계를 파탄으로 몰고 가는 사람들도 있다. 내가 경험했던 회사의 경영진들 중에도 사람 알기를 우습게 아는 사람들이 많다. 그들 중에 어떤 사람은 한 가정의 가장을 하루아침에 실직상태로 내모는 잔인한 일을 서슴지 않기도 했다. 크게 성공한 사람들 중에는 의도적으로 혹은 자연스럽게 소시오패스 같은 기질을 보이는 사람들도 있다. 그러나 대체로 에이펙스들 중에는 많은 경험과 시행착오를 거쳐 사람이 그 어떤 자산보다 중요한 자산임을 깨달은 사람들이 많다. 그리고 그들은 인간관계가 비상 상황에서 자신을 안전하게 지켜줄 수 있는 든든한 낙하산 줄이라는 것을 잘 안다. 그래서 그들은 평소에도 인간관계에 대한 투자를 소홀히 하지 않는다.

에이펙스들은 자신의 감정을 잘 다스리는 편이고 가슴 속에 앙금을 잘 남기지 않는다. 마음속에 분노의 불꽃이 없으니 주변 사람 누구에게나 친절하고 다정하게 대한다. 간혹 아파트 경비원들에게 갑질을 하고 음식 배달원들에게 폭언을 하는 사람들의 이야기가 뉴스거리로 등장하곤 한다. 시끄럽고 번거롭다며 택배 차량의 진입을 막는 사람들도 있다. 그런데 이들을 보면 대체로 돈이 많지 않은 사람들이다. 반면 진정한 부자들은 경비원이든 음식 배달원이든 택배기사든 가리지 않고 친절하게 대한다. 오히려 가진 것이 많은 그들이 갑질을 일삼을 것 같지만 알고 보면 그렇지 않다. 고퍼들이 자기보다 낮은 지위에 있다고 여기는 사람에게 함부로 대하는 이유는 자신의 감정을 그렇게 해소하려고 하기 때문이다. 마음속에 삶에 대한 고통이 있지만 해소할 방법이 여의치 않다 보니 엉뚱한 사람들에게 화풀이를 하는 것이다. 이러한 행동은 주위 사람들을 떠나게 만든다.

낯선 사람 효과

'낯선 사람 효과'라는 것이 있다. 우리는 흔히 잘 알고 있거나 가깝고 친밀한 관계에 있는 사람들이 나의 삶을 풍요롭게 만든다고 생각한다. 그래서 이너 서클(inner circle) 안에 있는 사람들과만 친하게 지내려고 하는 경향이 있다. 하지만 때로는 그냥 알고만 지내던 사람이거나 평소에는 자주 연락하지 않는 사람이 실질적인 도움을 주는 사례가 많다. 실직을 당해 어려움을 겪고 있을 때 주위의 잘 아는 동료나 친구보다는 그저 안면이 있는 사람이 소개를 해준 덕분에 재취업을 하거나, 잘 알지 못하는 사람의 도움으로 인해 이름이 알려지고 브랜드가치가 높아져 성공의 문을 향해 달려가는 경우가 많다. 나 역시 책을 쓰면서 여러 차례 방송에 출연했지만 방송국 PD로 있는 고등학교 동창이 내게 방송 출연의 기회를 준 적은 단 한 번도 없다. 모두 알지 못하는 낯선 사람을 통해 얻은 결과였다.

에이펙스들이 '낯선 사람 효과'라는 것을 지식을 통해 알고 있는 것은 아니다. 하지만 그들은 사람에게 하는 투자만큼 가치 있는 투자가 없다는 것을 본능적으로 잘 알고 있다. 세상에는 다양한 종류의 사람들이 있는지라 그중에는 잘해 주는 것을 이용하여 등을 치고 달아나는 사람도 있긴 하지만 모든 사람에게 편견 없이, 받으려 하지 않고 잘해 주다 보면 반드시 누군가로부터 삶을 흥미진진하고 풍요롭게 만들어줄 기회와 정보, 혁신의 가능성을 제공받을 수 있다는 사실을 아는 것이다. 그래서 그들은 인간관계에서 가급적 적을 만들지 않으려고 한다. 그러다 보니 주위에서 그들을 도와주는 귀인들을 쉽게 만날 수 있다. 그들이 인복을 타고나서 그런 것이 아니라 스스로 인복이 굴러들어올 수 있게 처신했기 때문이다.

그래서 에이펙스들은 대체로 인간관계에 대해 열려 있는 편이고 새로운 사람을 만나는 것을 좋아한다. 한 조사에 따르면,

부자들 중 68%가 새로운 사람을 만나는 것을 즐기지만 부자가 아닌 사람들 중에는 오직 11%만이 새로운 사람을 만나는 것을 좋아한다고 답했다. 지금까지 경험해 보지 못한 사람, 내가 알고 있는 분야가 아닌 다른 분야에 종사하는 사람, 나와 관심사가 다른 사람 등 여러 분야의 사람을 만나봐야 시야도 넓어지는 법이다. 그들로부터 기대하지 못했던 도움을 얻을 기회도 생길 수 있다. 매일 만나는 사람만 보면 그들과의 친분은 깊어질 수 있을지 몰라도 부자가 되는 데는 별 도움이 안 된다. 그러므로 편견 없이 보다 많은 사람들과 만남의 기회를 갖는 것이 바람직하다.

사람과 사람 사이의 관계를 이해득실로만 따지지 않는 것도 중요하다. 사람들은 누구나 힘 있는 사람과 인연을 맺고 싶어 안달하지만 힘 있는 사람들은 우리가 힘이 없다는 것을 아는 순간 우리를 가까이하고 싶어 하지 않는다. 그들의 입장에서는 얻을 게 없으니 말이다. 그리고 그들 역시 힘 있는 사람과 가까워지고 싶기 때문이다. 그러니 돈과 성공을 위해 인간관계를 좇기보다는 진심 어린 마음으로 인간관계를 다져 나가는 것이 바람직하다. 그러다 보면 낯선 사람 효과가 나타나 귀인을 만날 수도 있으니 말이다.

인간관계를 잘 만들어 가기 위해서는 자신의 감정을 제어하는 노력이 필요하다. K 교수는 현역으로 있을 때 매년 수십억 원의 돈을 벌어들이던 사람이다. 그런데 채 60세가 안 되었음에도 불구하고 후배들에게 길을 열어 주기 위해 일찍 은퇴한 후 자신이 30년간 쌓아온 노하우를 사람들에게 전달하는 일을 사명처럼 여기고 있다. 그는 늘 사람들을 만날 때마다 이름을 불러주며 반갑게 악수를 하곤 하는데 그가 종종 하는 말이 있다.

"지옥 같은 고통을 맛보고 싶으면 옆에 있는 사람을 미워하면 된다."

평범한 사람들은 흔히 "쟤는 주는 것도 없는데 괜히 얄미워"라고 아무렇지도 않게 말하곤 하지만 누군가를 시기하고 질투하고 이유 없이 미워하는 것은 대단한 감정의 손실을 가져온다. 이러한 감정의 손실은 이성적 사고에 흘러 들어가야 할 건전한 에너지를 축나게 만들고 그 결과, 삶이 피폐해진다. 누군가를 미워하고 누군가에게 악담을 퍼붓는 사람들은 자신의 가슴 속에 날카로운 비수를 숨기고 있다는 것을 알아야 한다. 그래야 언제든 그 비수를 꺼내 상대방에게 던질 수 있으니 말이다. 하지만 연약한 가슴에 날카로운 비수를 숨기고 있으려면 상대방에 앞서 내 가슴에 먼저 상처가 나지 않으면 안 된다. 즉 나의 감정 상태가 먼저 피폐해질 수밖에 없다. 만일 비수 대신 향기로운 장미꽃을 가슴에 채우고 있다면 어떨까? 나의 감정 상태도 향기로움으로 가득 차게 될 것이다. 그 향기가 주위 사람들을 자연스럽게 끌어당기게 될 것임은 말하지 않아도 뻔하다.

고퍼라고 해서 인간관계를 소홀히 한다는 말은 아니다. 고퍼들 중에도 인간관계를 잘 유지하는 사람들이 많다. 하지만 인간관계에 조금 더 진심을 담았으면 한다. 가까운 사람에게만 잘해 주고 그들과만 친하게 지내려 하고, 받은 만큼만 베풀려고 하기보다는 모든 사람들을 편견 없이 대하고 조건 없이 베풀면 좋겠다. 인복이 없다고 탓하기보다는 스스로 인복을 만들려고 노력하는 자세가 필요하다. 그러다 보면 어느 날엔가 자신을 도와줄 귀인이 나타날지도 모른다. 어쩌면 우리 주위에 이미 귀인이 있음에도 불구하고 그를 알아보지 못하고 있거나 그가 도와주고 싶은 마음이 들지 않도록 행동하고 있을지도 모른다. 그러므로 스스로 인복을 쌓기 위해서는 자신을 먼저 돌아볼 필요가 있다.

어떤 사람들은 자신의 주변에는 가난한 사람들만 있어서 멘토로 삼을 귀인이 없다고 자조 섞인 푸념을 늘어놓기도 한다. 하지만 꼭 옆에 실존하는 사람만이 멘토가 될 필요는 없다. 책도 있고 신문도 있으며 방송도 있다. 몇 시간씩 오락을 하거나 의미 없는 드라마를 보면서 감정 소모를 하는 대신 그 시간에 책을 읽거나 도움이 될 만한 방송을 보면서 성공한 사람들의 삶을 본받으려고 하다 보면 그들이 자신에게 귀인이 될 수도 있다. 자수성가한 부자들의 58%는 다른 성공한 사람의 전기를 읽고 따라 했다고 한다. 세상에 부자들은 많고 그들의 성공 노하우를 풀어 놓은 책들도 많다. 그런 것들 모두가 보통 사람들에게는 멘토가 될 수 있다. 성공한 사람들의 성공 스토리를 보면서 자기 것으로 소화시키는 과정이 반복되다 보면 자신도 성공의 문에 들어설 수 있다. 보고 묻고 배울 멘토가 주위에 없다고 하는 것은 배울 의지가 없는 것이며 그것이 바로 고퍼의 삶을 살고 있는 이유일 수도 있다.

인간관계가 재정적인 성공에 큰 영향을 미친다고 생각하느냐는 질문에 부자의 88%가 그렇다고 답한 반면 가난한 사람은 오로지 17%만이 동의했다고 한다. 이 결과는 '사람'에 대한 에이펙스와 고퍼의 인식이 근본적으로 다르다는 것을 나타낸다. 부자들은 인간관계의 중요성을 잘 알기 때문에 그것을 유지하고 관리하기 위해 끊임없이 노력한다. 미국 카네기 공대에서 실패했다고 생각하는 사람 1만 명을 대상으로 조사한 결과 무려 85%가 '인간관계가 좋지 못해서'라고 답했다고 한다. 사람만큼 상처를 주는 존재도 없지만 또 사람만큼 도움을 주는 존재도 없다. 사람부자가 돈도 많이 벌게 되어 있다는 것은 피할 수 없는 진리다.

> **에이펙스 스피릿 8**
>
> **테이커가 되기보다는 기버가 된다**
>
> 큰돈을 벌 수 있는 정보나 노하우는 대체로 사람의 입을 통해 전해지는 경우가 많다. 사람 관리가 뛰어난 사람들은 그러한 정보나 노하우를 쉽게 얻을 수 있지만 사람 관리에 취약한 사람들은 그런 기회를 갖기 어렵다. 사람을 소중하게 여기고 진정성을 바탕으로 관계를 유지하다 보면 터닝포인트를 만들어줄 귀인을 만날 가능성이 높아진다.

9

불필요한 것에 에너지를 낭비하지 않는다

사르트르의 통찰

지금은 고인이 되어버린 스티브 잡스를 생각하면 선명하게 떠오르는 이미지가 있다. 짧고 단정하게 자른 머리와 덥수룩하게 기른 수염, 지적이고 날카롭게 보이는 금테 안경, 그리고 검은색 티셔츠에 청바지를 입은 모습. 특히나 그가 입었던 옷은 늘 한결같아 그의 트레이드마크가 되었는데, 그 모습이 대중에게 너무나 강하게 각인돼 있어 누군가 검은색 티셔츠에 청바지라도 입으면 자연스럽게 스티브 잡스가 연상될 정도이다. 스티브 잡스는 매킨토시와 아이팟, 아이폰 등 삶의 방식을 바꾸어 놓았다고 해도 과언이 아닐 정도의 혁신적인 제품을 만들어냈고, 애플을 창립하여 지금의 거대기업으로 만들어낸 세계 최고의 경영자 중 한 명이다. 그렇기에 그의 재산도 상상하기 어려울 정도로 어마어마했다. 그런 그가 공적인 모임이나 사적인 모임을 가리지 않고 검은색 티셔츠와 청바지 단벌로 지냈다는 것이 쉽사리 이해되지 않는다. 그런데 그의 옷장에는 동일한 옷이 여러 벌 있었다고 한다. 다른 사람들이 보기에는 단벌 신사처럼 보였지만 사실 그는 매일 다른 옷으로 갈아입은 것이다. 다만 동일한 색상의 옷이었기에 사람들은 그 변화를 알아차릴 수 없었을 뿐이다.

세계 최고의 경영자 중에 스티브 잡스와 똑같이 행동한 사람이 있다. 바로 페이스북의 공동 창립자 중 한 사람인 마크 저커버그다. 그는 IT업계의 최고 강자이자 세계에서 손꼽히는 부자이지만 단벌 신사로 유명하다. 그는 늘 회색 티셔츠와 후드티, 청바지만 입고 다닌다. 검색을 해보면 간혹 양복을 입은 모습을 볼 수 있기는 하지만 그 외의 다른 옷을 입은 모습은 거의 찾을 수 없다. 그런데 알고 보면 그의 옷장에도 동일한 옷으로 가득 차 있다고 한다. 단벌 신사처럼 보이지만 스티브 잡스처럼 같은 옷을 여러 벌 사두고 매일 갈아입고 있을 뿐이다.

스티브 잡스나 마크 저커버그처럼 세계적으로 유명한 사람은 아니지만 내가 아는 수백억대 자산가도 똑같은 행동을 한다. 매일 똑같은 셔츠에 똑같은 넥타이만 매고 다니기에 보기 불편한 생각이 들어 "넥타이를 왜 매일 똑같은 것만 매세요?" 하고 물어보니 똑같은 셔츠와 넥타이가 집에 이십여 개가 있다고 한다. 그것을 매일 갈아입을 뿐 같은 옷을 입는 것은 아니라는 것이다. 스티브 잡스나 마크 저커버그라고 하면 누구도 의심할 나위 없이 부의 피라미드 최정상에 선 사람이라고 인정할 것이다. 그런 사람들이 왜 매일 똑같은 옷을 입고 단벌 신사처럼 오해를 받는 것일까? 소위 '관종'이라 튀고 싶은 걸까? 그들의 패션 감각이 심하게 떨어지는 걸까? 아니면 옷을 살 시간도 없이 바쁘거나 반대로 옷을 갈아입는 것도 싫어할 정도로 지독하게 게으른 것일까? 아니면 다양한 컬러에 대한 거부반응이라도 있는 걸까?

놀랍게도 여기에는 에이펙스가 된 사람들만의 드러나지 않은 비밀이 숨어 있다. 그들은 지독히 바쁘거나 게으르거나 컬러옷에 대한 거부감이 있는 것도 아니고 단지 쓸데없는 데 신경을 쓰고 싶지 않을 뿐이다. 스티브 잡스나 마크 저커버그는 자신들이 단벌 신사를 고집하는 이유에 대해 불필요한 곳에 에너지를 쓰고 싶지 않기 때문이라고 분명히 밝힌 바 있다. 아침마다 옷장을 열고 거울 앞에 서서 무엇을 입고 출근할까 고민하는 대신 똑같은 옷을 입음으로써 그 고민을 원천 차단하고 싶었던 것이다.

사르트르는 '인생이란 B(Birth)와 D(Death) 사이의 C(Choice)'라고 말했다. 태어난 이후 죽을 때까지 쉬지 않고 끊임없이 무언가를 결정하고 선택하며 살아야 한다는 말이다. 생각해보면 그렇다. 인간의 삶은 크고 작은 의사 결정으로 가득 차 있다.

대학을 들어가고 전공을 선택하는 일, 직업을 정하고 직장에 들어가는 일, 집을 사거나 이사를 하는 일, 차를 사는 일, 결혼을 하는 일, 자식을 낳아 기르는 일 등과 같이 큰 의사 결정도 있지만 하루에도 수십 번씩 작은 의사 결정을 해야 한다. 우선 아침에 일어나면 무엇을 입고 출근할 것인지 옷장 앞에서 수도 없이 고민해야 한다. '이 옷을 입을까? 아니면 저 옷을 입을까?' 하며 갈등하다 '왜 이렇게 입을 게 없어?' 하고 짜증을 낼 때도 있다. 평소보다 조금 늦었다 싶으면 택시를 탈 것인지 그냥 빠듯하지만 전철을 타고 갈지 결정해야 한다. 운전을 하는 사람이라면 매일 다니던 길로 갈 것인지 지름길로 갈 것인지, 속도를 낼 것인지 줄일 것인지, 차선을 바꿀 것인지 말 것인지, 주황색 신호에 교차로를 지날 것인지 멈춰 설 것인지 끊임없이 결정을 내려야 한다.

점심시간이 되면 순댓국을 먹을 것인지 육개장을 먹을 것인지, 김치찌개를 먹을 것인지 된장찌개를 먹을 것인지 결정해야 한다. 직장이나 일터에서 일하는 것은 의사 결정의 연속이다. 보고서에 들어갈 문구 하나를 정하는 것도, 이만하면 됐다고 여기며 보고서를 마무리할 것인지 조금 더 보완을 할 것인지 선택하는 것도 의사 결정이다. 의사 결정 없이 이루어지는 일은 아무것도 없다. 그러니 인생이 B와 D 사이의 C라는 말처럼 삶을 함축적으로 표현한 말도 없어 보인다. 그런 말을 만들어낸 철학자 사르트르의 통찰력이 대단하게 여겨진다.

의사 결정에 쓰이는 에너지는 무한하지 않다

우리는 깨어 있는 모든 순간에 의식이 명료하게 유지되어 어느 순간에 의사 결정을 하더라도 그 질에는 변함이 없을 것이라 여긴다. 즉 아침에 내리는 의사 결정이나 점심에 내리는 의사 결정이나 졸음이 쏟아지는 오후 3시쯤 내리는 의사 결정이나 퇴근 직전에 내리는 의사 결정이나 다를 바 없다고 생각하는 것이다. 하지만 이는 착각일뿐, 뇌는 절대 그렇지 않다. 인간의 두뇌가 활발히 활동하기 위해서는 에너지가 필요하지만 가용할 수 있는 에너지는 무한하지 않다. 두뇌에서 가장 많은 에너지를 소모하는 것이 사고 과정인데 의사결정은 사고 과정의 하나다. 하나의 의사결정을 내리기 위해서는 적지 않은 에너지를 소모해야 하며 의사결정이 많아지면 그만큼 가용할 수 있는 에너지도 줄어든다. 에너지가 줄어들면 뇌의 활동은 그에 따라 저하된다.

이 얘기를 뒤바꿔서 하면 하루에 처리해야 하는 의사결정이 잦아질수록 에너지 소모가 늘어나, 뒤따라오는 의사결정 상황에 대한 판단력은 흐려지고 의사결정의 질은 떨어질 수밖에 없다는 것이다. 아침 일찍 에너지가 충만한 상태에서 의사결정을 내리는 것과, 하루 종일 힘든 일을 하다가 퇴근 직전에 내리는 의사결정의 수준이 같을 수 없다는 의미다. 의지력 혹은 자제력도 마찬가지다. 화가 나거나 부정적인 감정이 떠오를 때 그것을 꾹꾹 눌러 참다 보면 어느 순간 더 이상 참지 못하고 폭발할 때가 있다. 의지력이나 자제력에 에너지 소모가 일어나고 더 이상 남아 있는 에너지가 없게 되면 의지력이나 자제력을 발휘하게 해주는 두뇌 부위로 에너지 공급이 끊김으로써 참을 수 있는 힘이 사라지기 때문이다.

의사결정이 많아질수록 의사결정의 질이 낮아질 수밖에 없는데 이것을 '의사결정의 피로(decision fatigue)' 현상이라고 한다. 2010년에 이스라엘의 연구진들이 1,000여 건의 가석방 심사를 하는 판사들을 대상으로 공판 결과를 분석했다. 그 결과 이른 오전에 열리는 공판에서는 판사가 너그러운 판결을 내리는 확률이 65%에 달했다. 하지만 시간이 흐르면서 공판에 소모되는 에너지가 늘어나자 판결 결과는 더욱 엄격해졌고 너그러운 판결을 내릴 확률은 0에 가까워졌다고 한다. 이는 의사결정이 반복될수록 피로감을 느끼고 의지력이 소진되었다는 것인데, 점심을 먹고 에너지를 재충전하고 나면 다시 너그러운 판결을 내리는 확률이 65%까지 치솟았다고 한다. 인간이 이성적인 존재임을 의심하지 않고 굳게 믿고 있는 입장에서, 하루 중에 내리는 의사결정의 질은 다르지 않고 고를 것이라는 착각이 완전히 깨지는 연구결과이며, 의사결정이 많을수록 의사결정의 질은 낮아질 수밖에 없다는 것을 공고히 해주는 연구결과라 할 수 있다. 이러한 의사결정의 피로 현상에 대한 실험은 셀 수 없이 많다.

이렇게 의지력이 소진되면 결국 뇌는 가장 편안한 방향으로 의사결정을 내리고 만다. 생각 없이 기계적으로 판단하거나 맑은 정신이라면 하지 않을 실수를 하는 것이다. 일을 하다 '내가 왜 이렇게 했지?'라며 본인도 의아해하는 경우라면 그 일을 하던 당시 의지력이 소진되어 있었던 것이라 생각할 수 있다. 또 이렇게 의지력이 소진된 경우 내리는 의사결정 중에는 최악의 결정, 즉 지금까지 쌓아 온 노력을 무력화하는 쪽의 의사결정이 많다. 화가 난다고 해서 힘들게 몇 달을 끊었던 담배를 다시 피우는 것이나, 죽을 노력을 다해 뺀 살이 다시 찌는 요요현상이나, 아침 일찍 일어나던 습관이 다시 늦잠을 자는 습관으로 바뀌는 것 등이 모두 의사결정의 피로감으로 인한 의지력의 소모 때문에 발생하는 것이기도 하다. 두 번 다시는 화를 내지 않겠다고 했다가도 자신도 모르게 분노를 터뜨리는 것 역시 마찬가지다.

스티브 잡스나 마크 저커버그가 단벌 신사를 고수했거나 고수하는 이유는 바로 이 때문이다. 그들은 아침에 어떤 옷을 입어야 할까 하는 쓸데없는 일에 에너지를 소모하지 않음으로써 두뇌를 명료한 상태로 유지하려는 것이고 그것을 보다 가치 있고 중요한 의사결정에 활용하고자 했던 것이다. 실제로 마크 저커버그는 "나는 내 인생에 있어서 결정 내리는 것을 최소화하고 싶다. 특히 오늘은 무엇을 입을까 신경 쓰는 대신 내 주변 커뮤니티를 더 돌보는 것이 낫다"고 말했다. 매일 동일한 셔츠에 동일한 넥타이를 매고 다니는 내 주위의 수백억 자산가도 이유는 동일하다. 그렇지 않아도 신경 써야 할 일들이 많은데 셔츠나 넥타이같이 사소한 일까지 신경 쓰고 싶지 않다는 것이다. 그들은 출퇴근 시에도 도보나 자전거, 대중교통을 이용함으로써 자가용을 운전할 때 불필요하게 소모되는 정신적 에너지를 줄이려 하고, 점심시간에도 구내식당을 이용함으로써 무엇을 먹어야 할지 고민하는 데 소모되는 에너지를 아끼려고 한다. 그런 단순한 의사결정을 제거하는 것만으로도 꽤 많은 두뇌 에너지를 절약할 수 있기 때문이다.

단순하게 살고 예외를 만들지 말라

의사결정의 피로를 줄이기 위해 에이펙스는 두 가지 행동 특징을 보인다. 하나는 삶의 패턴을 지극히 단순화하는 것이다. 에이펙스의 삶을 돌아보면 지나치다 싶을 정도로 심플하다. 그들은 약속이 없는 날이면 집과 회사를 오가는 단조로운 생활을 한다. 약속을 해도 많은 사람들과 어울리거나 이곳저곳 누비고 다니며 밤늦게까지 술에 취해 생활하지 않는다. 집으로 돌아와서도 TV를 보는 일도 없고 SNS를 하며 밤늦게까지 시간을 소비하지도 않으며 불필요한 모임에 어울리지도 않는다. TV를 보면서 감정적 고갈을 느끼고 싶어 하지 않으며, SNS를 통해 받을 수 있는 사소한 질투나 비교, 분노 등의 감정을 느끼고 싶지 않은 것이다.

반면에 고퍼들의 삶은 늘 분주하고 복잡하다. 만나야 할 사람도 많고 신경 쓸 일도 많다. 별로 인생에 도움이 되지 않으면서도 페이스북이나 인스타그램, 트위터 등 SNS를 관리하느라 시간과 에너지를 빼앗기고, 친구들 모임이나 사교모임도 빠지지 않고 참석하려고 한다. 어떤 사람들은 SNS에 친구나 팔로워가 몇천을 넘기도 하는데, 인간이 관리할 수 있는 유의미한 인간관계의 수는 150명 내외라는 던바넘버(Dunbar number)를 훌쩍 뛰어넘는다. 또 고퍼들은 저녁이면 유행하는 TV나 동영상도 빼놓지 않고 봐야 한다. 그런 것들을 보며 마치 내 일인양 안타까워하고 흥분하고 분노하고 눈물 흘린다. 그렇게 주인공에게 감정 이입할 때마다 두뇌의 에너지가 마치 고장 난 수도꼭지에서 흘러나오는 물처럼 줄줄 새 나가고 있다는 것을 모른다. 이로 인해 두뇌는 최적의 상태를 유지할 수 없게 되고 의사결정의 질도 낮아지게 되며, 결국 부자가 되는 데 필요한 의사결정을 내릴 때 실수할 가능성이 높아진다.

단순한 삶 외에 에이펙스가 보이는 또 하나의 행동 특징 중 하나는 의사결정의 기준을 정해 놓고 절대 예외를 인정하지 않으려 한다는 것이다. 지독하게 원칙에 충실하고 예외를 인정하지 않기에 때로는 냉혈한 같은 인상을 심어 주기도 한다. 우연히 알게 된 한 사업가는 건강관리를 위해 7시 이후에는 기름진 음식을 먹지 않겠다는 원칙을 가지고 있다고 했다. 그와 중화요릿집에서 6시에 저녁 식사 약속이 있었지만 그날따라 주방의 사정으로 인해 음식이 늦게 서빙되기 시작했고 식사를 하는 도중 7시가 넘고 말았다. 아직 주문한 음식의 상당수가 남아 있었지만 그 사업가는 그대로 젓가락을 놓고 다시는 음식에 손을 대지 않았다. 그 모습이 섬뜩하게 느껴질 정도였다.

이들이 행동에 예외를 두지 않고 가급적 원칙을 지키려고 하는 이유는 상황에 따라 끊임없이 새로운 의사결정을 내림으로써 판단력과 의지력이 저하되는 것을 막기 위함이다. 그들은 단 한 번의 예외가 또 다른 예외로 이어질 수 있고 그러한 예외들이 이어지다 보면 자신이 세운 원칙이 무너진다는 것을 잘 알고 있다. 그들은 거대한 둑이 조그만 쥐구멍으로 인해 무너질 수 있다는 것을 잘 아는 사람들이다. 그러기에 그들은 삶에서의 작은 구멍도 허락하지 않으려고 한다. 그 구멍이 수없이 많은 예외를 만들고 의사결정의 질을 떨어뜨릴 수 있음을 잘 알기 때문이다. 때로는 에이펙스들이 심장이 없는 사람처럼 차갑게 보이는 이유도 여기에 있다.

고퍼들은 어떤가? 밤늦게 야식을 먹지 않겠다고 했다가도 TV에서 누군가 맛있게 치킨을 먹는 모습을 보면 시킬까 말까 안절부절못한다. 하루 일과로 인해 두뇌의 에너지가 소진된 상태에서의 의사결정이 어떠할 것인지는 생각해보지 않아도 뻔하다. 하루도 빠짐없이 운동을 하겠다고 굳게 결심했다가도 비가 억수같이 퍼붓는 날이면 체육관에 갈지 말지 망설인다. 디저트로 케이크는 먹지 않겠다고 했다가도 맛있게 생긴 티라미수를 보면 '이번만 먹을까?', '아냐, 참아야 해'라는 생각 사이를 열심히 오간다. '할까 말까' 갈등하는 사이 두뇌의 에너지는 줄줄 새어 나가고 앞서도 얘기한 것처럼 이러한 갈등은 최악의 상황으로 치닫는다. 눈앞에 떠다니는 치킨의 모습을 잊지 못해 결국 주문 앱을 누르고, 따뜻한 잠자리의 유혹을 떨쳐내지 못하고 운동을 나가는 대신 다시 침대로 들어가고, 달콤한 케이크의 유혹을 이겨내지 못해 포크를 들고 만다. 그렇게 한 번 길이 나면 두뇌에는 선명한 신경회로가 만들어지고 유사한 상황에서 손쉽게 예외를 만들고 만다. '이번 한 번만'이 매번 반복되는 것이다.

인간의 삶은 크고 작은 의사결정의 연속이지만 의사결정을 지원할 수 있는 두뇌의 에너지는 결코 무한하지 않다. 삶이 복잡해지면 복잡해질수록, 예외가 많으면 많을수록 의사결정의 수는 많아지고 이에 빼앗기는 두뇌 에너지는 증가하여 의사결정의 피로도는 높아진다. 상식적으로 생각해봐도 하루에 10가지의 일을 신경 쓰는 것과 100가지의 일을 신경 쓰는 것은 그 결과가 같을 수 없다. 선택해야 할 일이 많을수록 올바른 선택을 내릴 확률은 그만큼 줄어들고 마는 것이다.

에이펙스의 자리에 오르기 위해서는 삶을 단순화해야 한다. 자잘한 것이 많을수록 신경 써야 할 일도 많게 마련이다. 삶이 단순하면 단순할수록, 신경 써야 할 일들이 적으면 적을수록 의사결정의 질은 높아질 수 있고 그 의사결정은 좋은 결과를 가져올 수 있다. '무소유'나 '미니멀리즘(minimalism)'이라고 하는 것도 결국은 주위에서 신경을 분산시키는 것들을 없앰으로써 정신 에너지의 활용을 극대화하는 방안이라 할 수 있다. 그러므로 부자가 되고 싶다면 무엇보다 먼저 자신의 주위에서 사소한 신경거리들을 없애려는 노력이 필요하다. 이와 함께 삶에서의 기준, 의사결정의 원칙을 정해두고 단호하게 지키려는 노력 또한 필요하다. 예외라고 하는 것은 물을 가득 담아 둔 비닐백에 난 구멍과 같다. 여기저기 구멍이 뚫리다 보면 비닐백 안에 담겨 있는 물은 줄줄 새 나갈 수밖에 없다. 그러면 에이펙스로 가는 길은 요원해질 것이다.

에이펙스 스피릿 9

불필요한 것에 에너지를 낭비하지 않는다

부를 축적하기 위해서는 좋은 판단과 좋은 의사결정이 필요하다. 사소한 일에 두뇌의 에너지를 빼앗기면 피로현상으로 인해 의사결정의 질은 떨어질 수밖에 없다. 일상생활을 단순하게 영위하고 예외적으로 판단해야 할 일을 줄임으로써 의사결정의 질을 높이는 것이, 큰돈을 벌 수 있는 요령이다.

10

OODA가 짧을수록 경쟁력은 높아진다

의사결정의 스피드와 템포

세계의 인구수는 무려 79억여 명에 달한다. 과연 이들 중 가장 돈이 많은 사람은 누구일까? 최근에 테슬라의 CEO인 일론 머스크가 세계 최고의 갑부가 되었다는 뉴스가 나왔지만 한동안 세계 최고의 부자는 아마존의 CEO인 제프 베조스였다. 제프 베조스는 22년간 주주들에게 보낸 베조스 레터(Bezos Letter)라는 편지를 통해 일과 성공의 14가지 원칙을 밝히고 있다. 그는 1년에 한 번씩 아마존의 주주들에게 연례 서한을 보냈는데 베조스 레터는 이 내용을 함축한 글이다. 이 글에는 아마존을 세계 최고의 기업으로 일궈낸 제프 베조스의 경영철학과 아마존의 성공전략이 고스란히 담겨 있다. 그 원칙들은 다음과 같다.

1. 성공적인 실패를 장려하라
2. 큰 아이디어에 배팅하라
3. 발명과 혁신을 실행하라
4. 고객에게 집착하라
5. 장기적 사고를 적용하라
6. 플라이휠(fly wheel)을 이해하라
7. 의사결정 속도를 높여라
8. 복잡한 것을 단순화하라
9. 기술로 시간을 단축하라
10. 주인의식을 고취하라
11. 기업문화를 유지하라
12. 높은 기준에 집중하라
13. 측정, 의심, 그리고 직감을 활용하라
14. 항상 데이원이라고 믿어라

이 장에서는 '의사결정 속도를 높여라'라는 항목에 대해서만 살펴보려고 한다. 의사결정의 속도에서도 에이펙스와 고퍼는 차이가 난다. 속도라고 하면 단순히 빠르기만을 생각할 수 있지만 스피드와 템포 두 가지 측면을 생각해야 한다. 무언가를 한 번 하고 끝나면 그건 스피드이다. 100미터 달리기나 수영, 혹은 스피드 스케이팅 같은 경기는 단 한 번의 시합으로 승패가 갈린다. 졌다고 해서 다시 겨루어 볼 기회가 없다. 그래서 그런 경기에서는 상대방에게 뒤처지지 않기 위한 스피드가 중요하다. 하지만 농구나 축구 같은 경기는 공격의 스피드도 중요하지만 반복해서 공격을 이어 나가는 속도도 중요하다. 이것이 템포이다. 한번 스피드 있게 공격을 했다가 실패하면 다시 전열을 가다듬고 빠르게 재공격을 해 나가야 하는데 이 주기가 짧으면 짧을수록 상대방의 실수를 끌어내기 쉽고 골을 넣을 가능성도 높아진다. 템포가 빠르면 빠를수록 유리한 것이다. 인생이라는 것은 때로는 스피드가 필요할 때도 있고 때로는 템포가 중요할 때도 있는데 이 두 가지를 다루는 역량이 부자와 가난한 삶을 가를 수도 있다.

'OODA Loop'라는 것이 있다. 공군에서 개발된 전략용어로 관찰(Observe), 지향(Orient), 결정(Decide), 실행(Act)의 약자이다. 이 용어는 하늘에서 전투를 하는 조종사들을 생각하면 쉽게 이해가 된다. 조종사가 교전을 하는 중에는 순간적인 의사결정이 생사를 가르므로 합리적인 의사결정을 하기가 어렵다. 모든 데이터를 분석하고 논리적인 사고를 동원하여 이래야 할까, 저래야 할까 깊이 있게 생각하다가는 적기가 쏜 총에 맞아 추락할 수도 있다. 레이더를 이용하여 적이 있을 만한 위치를 찾아내고(Observe), 이상 신호가 오면 재빠르게 그쪽을 향해 기수를 돌리고(Orient), 적기인지 아군인지 판단한 후(Decide), 방아쇠를 당기는(Act) 행위가 'OODA'이다. 여기에 'Loop'가 붙었다는 것은 이것이 한 번으로 끝나지 않고 반복된다는 것을 나타낸다. 적기를 향해 쏜 총이 맞지 않는 경우 다시 적을 찾아 기수를 돌리고 총을 쏴야 한다. 이러한 행동이 루프처럼 반복되어야 하는데 한 사이클을 도는 것을 템포라 한다. 템포가 빠르다는 것은 전체 프로세스가 이루어지는 시간이 짧고 반복되는 주기 역시 짧다는 것을 나타낸다.

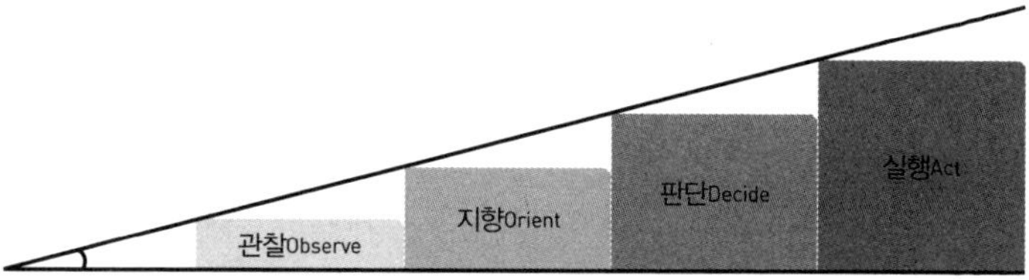

위의 그림에서 보는 것처럼 'OODA'의 각 단계가 길어지면 의사결정의 기울기가 완만해진다. 이는 실행까지의 시간이 오래 걸린다는 의미이다. 반면에 각 단계가 짧아지면 의사결정의 기울기는 가팔라지고 실행까지의 시간은 짧아질 수 있다.

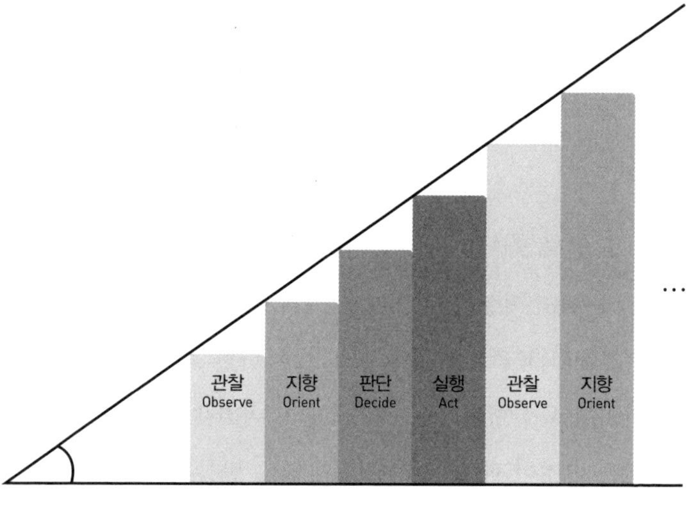

에이펙스들은 의사결정의 스피드가 빠르기도 하지만 의사결정의 템포도 빠르다. 즉 의사결정의 기울기가 가파르다는 얘기다. 무언가를 실행해보고 그것이 잘못되었을 경우 빠르게 수정하여 다음 액션을 취한다. 무언가를 바꾸어야 할 때, 무언가 돌파구를 찾아야 할 때, 무언가 새로운 것을 시도할 때, 주저하기보다는 빠르게 실행하고 실행과정에서의 문제점을 찾아 보완하고 다시 실행하는 과정이 누구보다 빠르다.

의사결정이 느리면 기회를 놓친다

제프 베조스는 의사결정의 유형을 두 가지로 나누었다. '타입 1'은 한 번 의사결정을 내리면 번복할 수 없는 것으로, 다시는 되돌릴 수 없어 체계적이고 상세한 논의와 협의를 거쳐 신중하게 의사결정이 이루어진다.

하지만 대다수의 의사결정은 되돌릴 수 있다. 생사를 가르는 것 외에 세상에 되돌릴 수 없는 의사결정은 그리 많지 않다. 이를 '타입 2'라고 한다. 이러한 종류의 의사결정은 번복이 가능하므로 오래 얽매일 필요 없이 보다 빠르고 가볍게 결정한다고 한다. 만일 의사결정이 잘못됐다고 여겨지면 재빠르게 수정하면 되기 때문이다. 이는 의사결정의 스피드와 템포를 강조하는 것이라 할 수 있다.

고퍼들의 의사결정은 기울기가 완만하다. 스피드와 템포 모두 느리다. 차를 사거나 집을 사는 등 큰 의사결정에 막대한 시간이 소요된다. 큰일뿐만 아니라 사소한 일에도 망설이는 경우가 많다. 마음에 드는 옷이 있는데 살까 말까, 먹고 싶은 음식이 있는데 먹을까 말까, 가고 싶은 여행지가 있는데 갈까 말까, 가게에 괜찮아 보이는 물건이 있는데 살까 말까, 홈쇼핑 채널 앞에서 리모컨을 쥐고 누를까 말까를 망설이는 것이 많은 고퍼들의 모습이다. 심한 경우 한 가지 일을 두고 몇 달씩 고민하기도 한다. 그렇게 하다가 좋은 기회를 놓치는 경우가 비일비재하다. 할까 말까 고민하는 사이 기회를 다 놓치고 상투를 잡는 바람에 낭패를 당하는 경우도 많다. 주식시장이나 부동산시장에서 상투를 잡아 손해 보는 사람들을 얼마나 많이 보는가? 땅을 살까 말까 망설이는 사이 땅값은 천정부지로 뛰어오르고 가진 돈으로는 언감생심 쳐다볼 수도 없는 지경에 처하기도 한다. 의사결정의 기울기가 지나치게 완만해지면 우유부단한 모습이 나타날 수 있고 결정장애로까지 이어질 수 있다. 무언가를 해야 할지 말아야 할지 결정하지 못하고 그 사이에서 오락가락하는 사이 판세가 끝날 수 있다. 땅을 치고 후회해봐야 소용없는 짓이다.

소위 SNS라고 하는 것들이 최근에는 모두 유튜브로 넘어간 듯하다. 바야흐로 유튜브의 전성시대가 되었다. 처음 유튜브가 등장했을 때만 해도 개인이 만든 영상을 사람들과 공유할 수 있는 사적인 목적의 사이트 정도로만 여겨졌건만, 이제는 모든 인플루언서들이 모이는 공공의 목적을 가진 공간으로 탈바꿈

했다. 먹방, 책 리뷰, 상품 리뷰, 여행, 각종 강의나 사람들이 궁금해하는 정보 등 온갖 종류의 콘텐츠가 유튜브에 몰려 있다. 주식이나 부동산투자도 유튜브를 통해 기본적인 공부는 할 수 있다. 나도 유튜브를 통해 기타와 드로잉을 배우고 있다. 굳이 교습소에 나가지 않아도 어느 정도는 실력을 쌓을 수 있다.

혹자는 유튜브도 '한물갔다'고 하는 사람도 있을 정도로 전성기를 구가하고 있는데, 다른 사람들이 이렇게 유튜브로 몰리면 사람들은 자신도 유튜브를 해야만 할 것 같은 압박에 시달린다. 그렇지만 '지금 시작하기에는 너무 늦어서 안 돼'라고 생각하거나 '난 나만의 길을 갈 거야'라고 생각하며 유튜브에 합류하길 거부하는 사람들도 있다. 그러는 중에도 '나도 유튜브를 해야 하는 거 아닌가?' 하는 불안감이 자주 고개를 든다. 피어 프레셔(peer pressure), 즉 주위 사람들로부터 사회적 압력을 받는 것이다. 그렇게 '해야 하나, 말아야 하나' 결정을 내리지 못하고 망설이다가 어쩔 수 없이 대세를 거스르지 못하고 뒤늦게 유튜브에 뛰어들면 이미 레드오션이 된 시장에서 살아남기 어려워진다. 관찰하고 지향하고 결심하고 실행에 옮기기까지의 시간이 너무 오래 걸린 탓이다. 그래서일까 실제로 최근에 유튜브용 방송 장비가 중고시장에 나오는 일이 많아졌다고 한다.

유튜브에는 수억 혹은 수십억의 수익을 올리는 인플루언서들이 넘쳐난다. 그들 중 대다수는 유튜브 초기에 유튜브의 가능성을 보고 일찌감치 자리를 잡은 사람들이다. 할까 말까 고민하다가 하는 수 없이 등 떠밀려 유튜브에 진출한 사람은 없다. 물론 뒤늦게 시작해서 성공하는 사람들도 있을 수는 있겠지만 가뭄에 콩 날 정도로 드물다. 뒤늦게 뛰어든 대다수는 가뭄에 말라 죽고 만다.

의사결정이 빨라야 경쟁자를 이길 수 있다

내가 사회생활을 처음 시작했던 1992년도만 해도 전자제품 시장에서 일본기업의 위상은 난공불락의 철옹성과 같았다. 소니를 비롯하여 마쓰시타, 미쓰비시, 도시바 같은 쟁쟁한 일본 업체들이 전자제품 시장에서 세계 랭킹을 휩쓸고 있었다. 내로라하는 글로벌기업들이 일본 업체를 벤치마킹하기에 여념이 없었고 그들이 가는 길이 전 세계의 다른 기업들에 베스트 프랙티스(best practice)가 되었다. 내가 몸담고 있던 회사에서도 자주 일본기업을 벤치마킹하였고 보고서를 쓸 때마다 일본기업들의 동향을 마치 경전처럼 인용하곤 하였다. 그렇게 그들의 영화는 쉽사리 꺼질 것 같지 않아 보였다. 하지만 불과 30여 년이 지난 지금 일본의 전자제품 제조업체 중 살아남은 기업은 극히 드물다. 파산하여 역사 속으로 사라졌거나 중국 업체에 매각되었거나, 겨우겨우 명맥만 이어가고 있을 뿐이다. 도대체 30년이라는 짧은 시간 동안 무슨 일이 일어난 걸까?

일본기업들의 몰락은 그들의 전통적인 문화, 그리고 그들의

의사결정 체계와 깊이 관련되어 있다. 일본 하면 떠오르는 이미지 중 하나가 '오타쿠(オタク)'라고 하는 것이다. 일본은 전통적으로 힘 있는 사람에게 절대복종하는 문화를 가지고 있었고 섣불리 다른 사람의 영역에 뛰어들게 되면 칼을 맞아 죽을 가능성이 높았다. 그러다 보니 자기의 개성을 드러내고 싶어도 그럴 수 없었고 그 에너지를 주위로 확산 시켜 나가는 대신 자신이 밟고 있는 땅을 깊이 파고 들어가는 식으로 분출했다. 옆으로 세력을 뻗어갈 수 없으니 그 대신 깊이를 추구하게 된 것이다. 일본 제품의 품질이 뛰어난 것도 바로 이 때문이다. 칼 하나를 만들어도 그것을 다른 형태로 응용할 수가 없으니 날을 더욱 정교하게 갈거나 심미적인 아름다움을 더할 수 있었을 뿐이다. 우동 하나를 만들어도 면을 만드는 방식, 국물을 내는 방식, 소스를 만드는 방식 등을 다르게 함으로써 품질을 높이는 쪽으로 집중을 했다.

문제는 이러한 일본문화의 특성이 기술의 갈라파고스화를 만들었다는 것이다. 갈라파고스 제도는 육지와 동떨어진 섬으로 이곳에는 육지에서 볼 수 없는 희귀한 동식물들이 서식하고 있다. 완전히 독립된 세계에 살다 보니 육지처럼 변화를 따라갈 필요가 없었고 그로 인해 독특한 생명체를 유지할 수 있었던 것이다. 그처럼 일본기업도 품질은 뛰어나지만 마치 갈라파고스 제도에 속한 생명체처럼 세상과 동떨어진, 자신만의 세계를 가지게 되었다. 그러다 보니 의사결정의 속도에 신경 쓸 필요가 없었다.

아날로그 시대에는 이것이 통했다. 변화가 느렸기 때문이다. 변화가 느리면 의사결정이 빠르지 않아도 크게 문제될 것이 없다. 하지만 디지털 시대가 도래하면서 이러한 일본의 특성은 오히려 장애가 되기 시작했다. 디지털 시대의 특징은 변화가 극심하다는 것이다. 반도체의 용량은 숨 막히게 빠르게 증가하고 그로 인해 응용할 수 있는 제품의 폭이 기하급수적으로 확대된다. 아날로그 시대에는 걸어서 산맥을 넘었다면 디지털 시대에는 봉우리와 봉우리 사이를 축지법을 쓰듯 건너뛰면서 산맥을 넘는 것과 같다고 할 수 있다. 이런 시대에 살아남기 위해서는 변화를 빠르게 좇아가며 신속하게 응용제품을 시장에 내놓는 역량이 더 중요하다. 그리고 이를 감당할 수 있는 빠른 의사결정이 필요하다. 하지만 한 분야에 깊이 있게 파고들어 가는 오타쿠 정신과 느린 의사결정을 가진 일본기업으로서는 그러한 변화를 수용하기에 역부족이었다. 결국 그들은 화려한 전성기의 추억만 남긴 채 하나둘씩 역사 속으로 사라져 버리고 말았다.

의사결정의 스피드나 템포가 늦어지면 이러한 결과가 나온다. 경쟁자들에게 기회를 내줄 수밖에 없게 되는 것이다. 치열한 경쟁의 세계에서 내가 생각하는 것은 누구나 생각할 수 있다. 내가 생각하는 동안 다른 누군가도 나와 똑같은 생각을 하고 있을지 모른다. 그 순간 빠르게 결심하고 실행에 옮기면 시장을 장악하고 선두주자가 될 수 있지만 실행이 늦으면 보이지 않는 경쟁자에게 기회를 빼앗길 수 있다.

대부분의 고퍼들이 그렇다. 주저하고 의사결정을 미루는 사이에 경쟁자에게 주도권을 빼앗기고 노력했던 모든 것은 물거품이 되어 사라지곤 한다. 에이펙스들은 의사결정을 미루거나 머뭇거리지 않는다. 그들은 신중한 의사결정을 중요시하기도 하지만 스피디하고 템포 빠른 의사결정도 선호한다. 내가 만나본 대부분의 부자들은 마치 슈퍼에서 쇼핑하듯 가볍고 빠르게 의사결정을 한다. 옆에서 보는 내가 걱정스러운 마음에 가슴이 쿵쾅거릴 정도다. 하지만 그들은 스피드와 템포가 중요하다는 것을 누구보다 잘 안다. 해보기 전에는 모든 일들이 장밋빛으로 보이기도 하고 지극히 위험해 보이기도 한다. 누구도 해보지 않은 일에 대해 결과를 예측할 수 없다. 하지만 해보면 모든 답은 '자명'해진다. '될 수 있다'와 '될 수 없다'를 알 수 있게 된다. 에이펙스는 빠르게 생각하고, 빠르게 결심하고, 빠르게 의사결정해서 조금이라도 가능성이 보이면 강하게 밀어붙인다. 반면 고퍼들은 고민하고 고민하고 또 고민하다 모든 기회를 놓치고 땅을 치며 후회한다.

에이펙스들이 삶의 패턴을 단순하게 유지하고 단호한 원칙을 가지는 것도 이러한 이유 때문이다. 삶의 패턴이 단순하면 단순할수록, 원칙이 확고하면 확고할수록 의사결정을 내리기가 용이함은 말할 필요도 없다. 그들은 경험을 통해 그리고 직관적으로 이를 알고 실행하는 것이다. 'OODA'가 짧을수록 경쟁력은 높아질 수 있다. 사소한 것을 붙잡고 씨름하지 말라. 사소한 일들은 충분히 바로잡을 기회가 있다. 지금부터라도 불필요하게 고민하는 대신 빠르게 의사결정을 내리고 그 결과에 따라 후속 조치를 취하는 습관을 들인다면 에이펙스의 길에 더욱 빨리 들어설 수 있을 것이다.

에이펙스 스피릿 10

OODA가 짧을수록 경쟁력은 높아진다

의사결정이 느리면 좋은 기회를 잡기 어렵고 경쟁자와의 싸움에서도 이길 수 없다. 의사결정의 기울기가 가파르면 가파를수록 스피드와 템포는 빨라질 수 있고 급격하게 변화하는 환경 속에서 부를 일궈낼 수 있는 기회는 늘어날 것이다.

11

삶의 모든 국면에서 레버리지를 활용한다

피라미드를 쉽게 쌓을 수 있는 방법

고대 이집트에서 한 여왕이 두 아들을 불러 놓고 2년의 시간을 주며 피라미드를 쌓도록 했다. 여왕은 서로의 경쟁심을 북돋기 위해 먼저 피라미드를 쌓는 사람에게 왕위를 물려주겠다고 약속했다. 첫째 아들은 왕이 되기 위해 첫날부터 열심히 돌을 깎아 피라미드의 밑단을 쌓기 시작했다. 하지만 둘째 아들은 무언가를 생각하기만 할 뿐 피라미드를 쌓을 생각은 하지도 않았다. 첫째 아들은 한눈팔지 않고 부지런히 피라미드를 쌓았다. 하지만 밑단을 쌓고 난 후 두 번째 단을 쌓기 시작하자 문제가 생기기 시작했다. 돌이 너무 무거워 끌어 올리기가 힘들었고 사고도 속출했다. 겨우 2층 한 단을 쌓는 데만 1년 가까운 시간이 걸릴 정도로 작업은 더디었다. 하지만 첫째 입장에서는 다행스럽게도 동생은 그때까지도 피라미드를 쌓을 생각은 하지 않고 여전히 무언가 골똘히 생각만 하고 있었다.

첫째 아들이 겨우겨우 2층을 쌓고 3층을 쌓을 차례가 되자 무거운 돌을 들어 옮기는 것은 거의 불가능이 되었다. 아무리 노력해도 집채만 한 돌을 사람의 힘으로는 들어 올릴 수 없었고 피라미드를 쌓는 일은 좀처럼 진도가 나가지 않았다. 시간은 쏜살같이 흐르고 흘러 어느 사이 여왕과 약속한 날짜도 3개월밖에 남지 않았다. 그때까지도 피라미드를 쌓지 않고 있던 둘째 아들이 어느 날 낯선 기구를 피라미드를 쌓는 공사장으로 가지고 왔다. 그리고 그 기구를 이용하여 무거운 돌을 순식간에 들어 올렸다. 둘째 아들의 피라미드는 3개월도 지나지 않아 완성되었다. 하지만 첫째 아들이 쌓던 피라미드는 결국 완성되지 못한 채 주어진 시간이 지나고 말았다.

이 이야기에서 첫째 아들은 고퍼의 삶을 나타내고 둘째 아들은 에이펙스의 삶을 나타낸다. 둘째 아들이 사용한 물건이 기중기임은 말하지 않아도 잘 알 것이다. 둘째 아들은 지렛대의 원리를 이용하여 무거운 돌을 손쉽게 옮길 수 있었고 짧은 시간에 피라미드를 완성할 수 있었다. 반면에 기중기가 없었던 첫째 아들은 오로지 혼자의 힘으로 돌을 옮기려 안간힘을 써봤지만 결국 원하는 결과를 얻지 못하고 말았다.

지렛대는 아주 적은 힘으로도 큰 물건을 옮길 수 있게 만들어 준다. 따라서 지렛대가 있으면 무슨 일이든 쉽게 하거나 가능성이 희박해 보이는 일도 가능하게 할 수 있지만, 그것이 없으면 오로지 몸으로 때우거나 고생은 고생대로 하나 성과를 거두지 못하게 된다. 장도리가 있으면 나무에 단단하게 박힌 못을 어렵지 않게 빼낼 수 있지만 맨손으로는 못을 빼내기가 불가능한 것과 마찬가지다.

에이펙스와 고퍼, 두 계층의 차이는 어디에서 오는 걸까? 여러 가지 이유가 있겠지만, 고퍼들의 삶이 고달픈 이유 중 하나는 그들이 지렛대를 가지고 있지 못하거나 그것을 가지고 있어도 제대로 활용할 줄 모르는 데에 있다. 지렛대라는 것은 적은 힘으로 큰 물체를 움직일 수 있는 수단이다. 지렛대의 원리를 처음으로 언급한 아르키메데스는 자신에게 충분히 긴 막대기와 꼭짓점만 주면 지구도 들어 올릴 수 있다고 호언장담했다. 그의 말대로 지렛대만 있으면 아무리 무거운 물체라도 많은 노력을 들이지 않고 쉽게 들어 올릴 수 있다. 가장 적은 노력으로 가장 큰 효과를 얻을 수 있도록 만들어 주는 것이 바로 지렛대다. 도르래라는 도구 역시 지렛대의 원리를 응용한 것이다.

지렛대가 없으면 돈 벌기 어렵다

고퍼들은 지렛대나 도르래와 같은 도구들을 가지고 있지 않거나 가지고 있어도 잘 쓸 줄 모른다. 그 얘기는 대부분의 일을 자신의 힘만으로 해결하려고 한다는 것을 말한다. 돈을 버는 경제활동도, 여유자금을 불릴 수 있는 투자정보를 얻는 것도, 돈을 버는 데 유용하게 활용할 수 있는 지식을 습득하는 것도, 자신을 도와줄 수 있는 사람과 관계를 맺는 것도, 자신이 가진 역량으로만 해결하려고 한다. 이는 기중기 없이 피라미드를 쌓는 것과 다를 바 없다. 얼마나 고통스럽고 힘들겠는가?

자신이 끙끙대며 해결책을 찾기 위해 머리를 쥐어짜고 있는 문제에 대해 솔루션을 제공해줄 수 있는 사람이 있다면 얼마나 문제해결이 쉽겠는가? 내가 처한 문제에 도움을 줄 수 있는 사람이 있을 때 그 사람을 만날 수 있도록 다리를 놔줄 수 있는 사람이 있다면 원하는 것을 얼마나 쉽게 얻을 수 있겠는가? 내가 알고 싶어 하는 정보를 알려줄 수 있는 전문가가 있다면 얼마나 빨리 성과에 이를 수 있겠는가? 그런 것들 없이 오로지 내 힘으로만 모든 상황을 이겨 나가려고 하니 몸은 몸대로 피곤하고 삶은 삶대로 고달프지만 성과는 성과대로 더딜 수밖에 없다.

〈골목식당〉이라는 프로그램을 보면 이런 사례들이 많이 나온다. 게으르고 나태하며 기본조차 갖추지 못한 사장들도 보이지만 대다수는 자신이 운영하는 식당이 잘되도록 밤낮 안 가리고 열심히 노력한다. 종종 보면 허심탄회하게 자신의 문제점을 알고 그것을 고치려고 노력하는 사장님들의 모습도 보인다. 그들 대부분은 자신의 문제점을 알면서도 방법을 몰라 그것을 바로잡지 못한다. 예를 들어 곱창을 메인 재료로 사용하는 식당에서 곱창의 역한 냄새를 없애는 방법을 알고 싶지만 쉽게 해결되지 않는다고 해보자. 이 방법도 써보고 저 방법도 써보며 곱창의 냄새를 없애기 위해 온갖 고생을 하지만 막상 문제는 해결되지 않고 아킬레스건처럼 사장을 괴롭힌다. 이로 인해 손님도 떨어져 나가고 멋모르는 뜨내기들만 드나들 뿐이다.

이때 전문가인 백종원 씨가 나서 곱창의 냄새 잡는 방법을 알려주면 문제는 순식간에 해결되고 모든 고민은 말끔히 사라지고 만다. 혼자서는 몇 개월, 혹은 몇 년 동안 수 없는 시행착오를 겪어도 해결할 수 없었던 문제도 전문가라는 지렛대를 이용하면 단숨에 해결할 수 있게 된다. 만일 식당 사장이 누군가 전문가로부터 곱창 냄새 제거하는 방법을 일찌감치 배울 수 있었다면 그동안 곱창 냄새를 잡기 위해 투자한 시간과 노력을 맛을 끌어올리거나 서비스를 개선하는 데 투입할 수도 있었을 것이다. 당연히 돈도 더 많이 벌 수 있었을 것이다. 혼자서 해결하려고 하다 보니 힘은 힘대로 들지만 문제는 해결되지 않은 것이다. 얼마나 삶이 고달프게 느껴지겠는가?

〈골목식당〉에서 백종원 씨는 어려움을 겪고 있는 수많은 사장님들에게는 지렛대나 도르래와 마찬가지다. 혼자서는 해결할 수 없었던 중대하고 핵심적인 문제도 백종원 씨를 통하면 쉽게 해결할 수 있다. 손님이 늘고 매출이 따라오는 것은 당연한 얘기다. 고퍼들에게는 이런 도구가 없다. 지렛대가 없으니 모든 일을 자신의 노력에만 의지한 채 힘들게 할 수밖에 없다.

마치 사람의 힘만으로 피라미드를 쌓으려 했던 첫째 아들처럼 말이다. 하지만 개인이 가진 능력은 무한하지 않다. 타고난 재능 없이 스스로의 노력만으로 삶을 개척해 나가는 사람이 발휘할 수 있는 역량에는 분명한 한계가 있기 마련이다. 그렇기에 조금만 버거운 장애물을 만나도 그것을 들어 올릴 방법이 없어 몸으로 때우며 고생을 해야 한다. 방법이 없으면 결국 하던 일을 포기할 수밖에 없다. 하던 일을 포기하면 새로운 일을 찾아 처음부터 다시 시작해야 한다. 시간도, 노력도, 비용도 많이 들 수밖에 없고 그러다 보면 인생이 찐 고구마처럼 퍽퍽해지지 않을 수 없다. 경우에 따라서는 지렛대를 가지고 있어도 그것을 활용할 줄 모른다. 도구를 쓰면 일이 훨씬 수월해질 수 있다는 것을 모르니 그것을 쓸 생각을 하지 않는다. 수머니 속에 장도리를 두고서도 박힌 못을 빼지 못해 전전긍긍하는 것이다.

고퍼들이 지렛대를 활용하지 못하는 큰 이유 중 하나는 반드시 자신이 지렛대나 도르래를 가지고 있어야 한다는 생각 때문이다. 하지만 지렛대라는 것이 꼭 자신이 가지고 있어야만 하는 것은 아니다. 자신이 가지고 있지 못한 것은 외부에서 찾으면 된다. 없으면 빌리면 된다. 그것이 사람이라면 사람을 찾으면 되고, 지식이라면 전문가의 도움을 이용하면 되고, 그것이 돈이라면 주변 사람에게 빌리거나 은행에서 대출을 받으면 된다. 물론 이 과정에서 비용이 들어갈 수도 있다. 하지만 돈을 조금 들이더라도 쉽게 원하는 것을 손에 넣을 수 있다면 들어가는 돈을 아까워할 필요는 없다.

돈 얘기를 조금 더 하자면, 고퍼들의 대부분은 빚지는 것을 무척 싫어한다. 집을 사거나 자동차를 사는 등 큰돈이 들어갈 때는 가진 자금만으로 충당할 수 없는 경우가 많고 이에서 벗어나기 위해서는 은행의 대출을 받거나 자동차 회사의 할부 제도를 이용할 수밖에 없다. 이러한 것들은 모두 빚이다. 고퍼들 중 대출 없이 집을 살 수 있는 사람은 거의 없을 것이다. 그래서 이들은 늘 빚에 시달리고 허덕인다. 그러다 보니 '빚=나쁜 것'이라는 인식이 심어지게 되고 보다 손쉽게 돈을 벌 수 있는 길이 있음에도 그것을 무시한 채 먼 길을 빙 돌아가거나 갈 수 없는 길이라고 여겨 포기하게 된다. 유튜브에서도 돈을 벌기 위해서는 절대로 빚내지 말라는 강의를 수없이 들을 수 있다.

빚을 잘못 활용한 경험도 고퍼들이 빚을 두려워하게 만드는 이유 중 하나다. 고퍼들은 '주식이 오른다', '부동산 가격이 뛴다'라는 소문을 듣고 자신도 하지 않으면 안 될 것 같아 빚을 내서 주식을 사고 부동산을 구입하곤 한다. 그러다 주식이 폭락하고 부동산이 규제에 묶여 이러지도 저러지도 못하는 상황에서 손실이 눈덩이처럼 불어난 경험들이 있다 보니 빚이라는 것이 삶의 질을 떨어뜨리는 주요 요인이라 여긴다. 이런 경험을 하게 되면 고퍼들의 머릿속에는 가급적이면 빚 없이 살려는 생각이 자리 잡게 되고 빚에서 벗어나기만 해도 삶이 편해질 거라는 생각이 솟아난다. 게다가 빚 없이 사는 삶을 자랑스럽게 여기기도 한다. 물질적인 빚뿐만 아니라 정신적인 빚마저도 마찬가지다. "난 빚지고는 못 살아"라는 말처럼 누군가에게 신세 지는 것을 극도로 꺼리는 사람들이 있다. 하지만 갈수록 복잡해지는 세상에서 누군가의 도움 없이 돈을 벌고 경제적 여유를 누린다는 것은 불가능에 가깝다.

자신의 지렛대를 찾아 적극 활용하라

고퍼와는 달리 에이펙스는 빚을 두려워하지 않는다. 그들은 오히려 빚을 잘 활용한다. 돈이 돈을 벌고 돈이 돈을 끌어당기는 자석 같은 힘이 된다는 것을 누구보다 잘 알고 있기 때문에 자신이 가진 자금의 한계를 뛰어넘기 위해 빚을 현명하게 활용한다. 그들은 빚에 대한 두려움이 없으며 오히려 빚지지 않고 사는 것을 바보 같은 짓으로 여긴다. 내가 아는 부자들 중 상당수는 평범한 사람이 평생 모아야 만질 수 있을 만큼 큰 부채를 가진 사람들이 많다. 기업도 마찬가지다. 적당한 수준의 외부자금을 활용하여 더 큰 부를 창출하는 것. 이것은 기업 운영의 기본 중 기본에 속한다. 다만 오해해서는 안 될 것이, 무조건 빚을 내라는 것이 아니다. 에이펙스는 빚을 내서 얻은 돈으로 사업에 투자를 하여 그 이상의 수익을 올리려고 한다. 투자 활동은 반드시 여유자금이 있을 때만 한다. 빚을 끌어 쓰되 건전하게, 재생산의 목적으로 활용하는 것이다. 돈뿐 아니라 돈을 버는 데 필요한 기술도, 정보도, 사람도 다 마찬가지다.

레버리지(leverage)란 말은 바로 그런 것이다. 레버리지를 잘 활용하면 적은 힘으로 큰 성과를 거둘 수 있지만 레버리지를 잘 활용하지 못하면 큰 힘을 들이고도 작은 성과조차 내지 못할 수 있다. 세상에 돈도, 지식도, 기술도 모두 갖추고 있는 사람이 얼마나 있단 말인가? 하지만 고퍼들은 고지식하게도 자신이 가진 것 안에서만 해결하려고 한다. 그러다 보니 힘은 힘대로 들지만 삶은 삶대로 나아지지 않고 늘 퍽퍽한 삶에 치여 인생이 즐겁지 않게 느껴지는 것이다.

에이펙스는 자신이 가지고 있는 것이든 가지고 있지 못한 것이든 지렛대나 도르래를 능수능란하게 활용할 줄 안다. 돈을 벌 때도 자신의 돈은 얼마 들이지 않고 다른 사람의 돈을 빌려 돈을 번다. 냉동 마늘이나 건고추와 같은 식자재를 유통하여 수십억 원의 순수익을 벌어들인 C 씨는 대부분의 사업을 자신의 돈을 들이지 않고 한다. 그를 처음 만났을 때 이렇게 쉽게 돈을 버는 사람도 있다고 해서 힘겹게 살아온 내 삶에 얼마나 자괴감을 느꼈는지 모른다. C 씨가 돈 없이 사업을 할 수 있는 방법은 이렇다. 냉동 마늘이나 건고추를 사고 싶어 하는 사람, 즉 구매희망자를 찾아가 샘플을 보여주고 구매 의사를 묻는다. 만일 구매 의사가 있다고 하면 계약금을 요구한다. 그 계약금으로 물건을 사 구매처에 보내주고 잔금을 받아 나머지 물건값을 지불한다. 이렇듯 자기 돈 한 푼 들이지 않고 무일푼으로 사업을 하니 사업이 얼마나 쉽게 느껴지겠는가? 내가 만나본 사업가들 중 이런 식으로 사업을 하는 사람들이 꽤 많다. 들어가는 돈이 없으니 못할 사업도 없다. 그렇다고 모두가 다 이렇게 사업을 하는 것은 아니지만 사업하는 사람치고 자신의 돈만 가지고 돈을 버는 사람은 아무도 없다.

어디 돈뿐인가? 마케팅 능력이 부족하면 마케팅 전문가를 찾아 활용하고 IT 분야의 노하우가 부족하면 IT 전문가를 찾아 활용하려고 한다. 벤처 사업가들 중에서도 자신이 경영에 노하우가 부족하다 싶으면 CEO를 아웃소싱하여 활용하는 경우가 많다. 외국의 벤처기업에 공동 CEO가 많은 이유도 바로 그 때문이다. 비록 자신이 설립한 회사라고 해도 경영에 자신이 없으면 경영전문가를 CEO로 영입하는 회사들이 부지기수로 많다. 심지어는 자신들이 가지지 못한 기술을 확보하기 위해 다른 기업을 M&A하는 기업도 많다. 구글과 같은 회사는 연간 M&A하는 회사가 수십 개에 이를 정도이다. 자신이 기술을 개발하려고 하면 얼마나 오랜 시간이 걸리고 얼마나 많은 노력이 필요할지 모르지만 M&A를 하면 돈이 들어가는 반면 손쉽게 원하는 기술을 손에 넣을 수 있기 때문이다. 에이펙스는 이처럼 지렛대나 도르래를 자유자재로 활용할 수 있다 보니 적은 힘으로 어렵게 느껴지는 문제를 손쉽게 해결할 수 있고 늘 여유가 있고 즐거워 보인다.

부의 피라미드는 미끄러워서 혼자의 힘으로 올라가기에는

너무 많은 힘이 든다. 하지만 누군가 밑에서 엉덩이를 받쳐주고 위에서 손을 잡고 끌어주는 사람이 있으면 불가능하지도 않다. 자신이 가지고 있는 문제를 반드시 혼자 해결하려고 하지 말아야 한다. 주위를 둘러보고 자신에게 도움을 줄 수 있는 사람이나 기술이나 정보가 있다면 적극 활용하여야 한다. 그래야만 적은 힘으로 큰 성과를 얻을 수 있다. 지렛대의 힘을 이해하고 평소에 자신이 필요로 하는 것이 어디에 있는지 찾아내는 노웨어(know-where)와 그것을 활용할 줄 아는 힘을 길러야 한다. 그것이 똑같은 노력으로 더 많은 성과를 얻을 수 있는 부자들만의 비결이다.

> 에이펙스 스피릿 11
>
> **삶의 모든 국면에서 레버리지를 활용한다**
>
> 누구든 자신의 힘만 가지고 돈을 벌기는 쉽지 않다. 기중기가 있으면 피라미드도 쉽게 쌓을 수 있듯이, 자금, 정보, 기술, 사람 등 내 주위에 있는 지렛대를 찾아 그것을 적극적으로 활용해야만 부를 축적할 수 있다.

12

낮은 곳에 있을수록 더 높이 오를 수 있다

롤러코스터 같은 삶

살다 보면 누구에게나 시련의 시간이 찾아오기에 에이펙스가 됐든 고퍼가 됐든 그들 역시 시련으로부터 벗어날 수 없다. 하지만 시련의 순간을 대하는 마음가짐에 있어서는 에이펙스와 고퍼가 크게 다르다. 에이펙스는 무슨 일을 하든 될 수 있는 쪽에 초점을 맞춘다. 세상에 해결하지 못할 일은 없다고 생각한다. 큰 성공을 이룬 사람들에게는 불가능이란 없어 보인다. 불가능이 없으니 될 수 있다고 생각하는 것이다.

반면에 부자가 되지 못한 사람들은 안 되는 쪽에 더욱 초점을 맞춘다. 처음부터 “이건 이래서 안 되고 저건 저래서 안 돼”라며 실패할 경우를 대비해 합리화할 구실을 찾기 바쁘다. “이

걸 하려면 돈이 많아야 하는데 내가 돈이 어딨어?"라거나 "내 주제에 이걸 어떻게 해?"라면서 자신의 능력 부족을 탓하거나 "이건 죽었다 깨나도 못 해"라며 실패를 기정사실화한다. '무엇이든 할 수 있다. 불가능한 일은 없다'라고 생각하는 것과 '이건 안 될 거야'라고 생각하는 것에는 하늘과 땅만큼이나 큰 차이가 있을 수밖에 없다. 성공에 초점을 맞추면 장애물이 나타나도 그것을 극복할 수 있는 방안을 찾으려고 노력하게 된다. 반면, 실패에 초점을 맞추면 장애물이 나타났을 때 그것을 핑계 대고 주저앉으려 한다. 할 수 있다고 생각하면 실천으로 옮겨지지만 할 수 없다고 생각하면 행동으로 옮겨질 수 없다. 주저하고 망설이게 된다. 그래서 성공과 실패를 가르는 것은 좋은 아이디어일 수도 있지만 행동으로 옮길 수 있는 마음가짐이 될 수도 있다.

인간의 삶은 높은 산과 낮은 계곡을 끊임없이 오르내리는 롤러코스터와 다를 바 없다. 기쁜 일이 있으면 슬픈 일도 있고, 행복이 있으면 불행도 있고, 성취가 있으면 좌절도 있으며, 성공이 있으면 실패도 있다. 성공이라는 산의 높이와 실패라는 계곡의 깊이, 산과 계곡이 번갈아 나타나는 주기는 사람에 따라 다를 수 있지만 누구도 산과 계곡 없이 일자로 펼쳐진 평야 같은 안정된 삶을 사는 사람은 없다. 그러기에 실패 없이 인생을 순탄하게만 살길 바랄 수는 없다. 그럼에도 불구하고 고퍼들은 실패를 두려워한다. 그리고 그러한 두려움이 무언가를 행동으로 옮기는 것을 주저하게 만든다. '이걸 했다가 실패하면 어쩌지?', '이걸 실패하면 그나마 모아 놓은 돈도 다 날릴 텐데…' 하는 두려움이 실행을 주저하게 만드는 것이다. 그래서 하고 싶은 일이 있거나 해야 할 일이 있어도 망설이고 주저하다가 때를 놓치거나 포기하고 만다.

고퍼들은 실패를 두려워하고 피하려고 하지만 에이펙스는 실패를 좀 더 대담한 시각으로 받아들인다. 내가 만난 부자가 실패에 대해 한 이야기 중 가장 멋진 말은 바로 이것이었다.

"가장 높이 오를 수 있는 때는 가장 낮은 곳에 있을 때다."

그의 말은 처절한 실패를 이겨냈을 때 더욱 큰 성공을 이룰 수 있다는 것이다. 인생의 최저점이라 생각될 수 있을 정도로 처절하게 실패하면 누구나 주저앉게 마련이지만 오히려 그것을 기회라고 봤기에 그는 큰 부자의 자리에 오를 수 있었을 것이다. 이처럼 에이펙스는 실패를 '인생의 끝'이라 여기지 않고 더 높은 곳을 향해 나아갈 수 있는 기회라 여긴다. 그래서 그들은 실패를 좀 더 대범하게 받아들이고, 이를 성공으로 가는 징검다리 같은 것이라 여긴다. 한 번 실패할 때마다 '이 방법은 안 되는구나'라는 것을 알 수 있게 되고 그것을 피해 다른 방법을 선택할 수 있다. 그런 것들이 모이다 보면 성공으로 가는 징검다리가 완성될 수 있다고 믿는다. 코로나와 같은 질병을 치료할 수 있는 약을 만들려면 수많은 시도를 해봐야 한다. 실패하고, 실패하고 또 실패하면서 점점 성공에 가까워질 수 있다.

실패하지 않고 성공에 이르려고 하는 건 밥 한술로 포만감을 느끼길 바라는 마음과 다를 바 없다.

앨런 튜링은 컴퓨터의 시초가 된 튜링 기계를 만들어낸 사람으로 스티브 잡스가 우상으로 여긴 사람이기도 하다. 얼마나 그를 존경했으면 애플사의 로고를 '앨런 튜링의 사과'로 만들었을까? 앨런 튜링은 2차대전 당시 독일군의 암호체계인 에니그마를 풀어내기 위해 스스로 영국군의 암호해독팀에 자원한다. 하지만 에니그마는 무척 정교하고 난해하게 만들어낸 암호체계여서 인간의 힘으로는 풀 수 없는 수준이었다. 매일 암호가 바뀌고 경우의 수가 너무 많아서 암호를 해독할 방법이 없었다. 이 문제를 해결하기 위해 앨런 튜링은 인간의 연산속도보다 빠른 기계를 고안해낸다. 그것이 튜링 기계이고 훗날 컴퓨터의 시초가 된다.

영화 〈이미테이션 게임〉에서도 그의 이야기를 볼 수 있는데 튜링 기계가 완성될 때까지 수없이 많은 실패가 반복된다. 하지만 앨런 튜링은 성공할 수 있다는 확신을 가지고 끝까지 포기하지 않고 밀어붙인다. 기계의 개발에 지원되던 정부자금도 바닥이 나고 암호해독팀을 총괄하는 사령부에서도 개발을 중단할 것을 명령하지만 그는 끝까지 포기하지 않는다. 실패가 반복될수록 성공이 가까워지고 마침내는 에니그마를 해독할 수 있는 기계가 완성된다. 이로 인해 앨런 튜링은 수많은 사람들의 목숨을 구해내고 전쟁을 승리로 이끄는 데 혁혁한 공을 세운다. 그가 만일 실패를 두려워했다면 시도조차 하지 않았을 것이고 어쩌면 2차대전은 독일의 승리로 돌아갔을지도 모른다. 스티브 잡스가 그를 존경했던 이유도 앨런 튜링의 이런 마음가짐 때문이었을 것이다.

세상에 존재하는 모든 문명, 세상에 존재하는 모든 이기(利器)는 실패를 통해 만들어낸 결과물이다. 부의 피라미드 정상에 선 사람들도 수 없는 실패를 겪고 그 자리에 올랐다. 실패 없이 단번에 성공한 사람은 거의 없다. 그런 사람은 정상의 자리에 오래 있지 못한다. 실패해야 비로소 성공의 방법을 터득할 수 있다. 실패에 대한 두려움을 떨치는 것, 그것이 바로 에이펙스와 고퍼의 차이다.

포르투나의 수레바퀴

부자가 되려면 실패를 조금 더 담대한 마음가짐으로 받아들여야 한다. 타로 카드에 보면 '운명의 수레바퀴'라는 것이 있다. 그것을 '포르투나의 수레바퀴'라고 한다. 포르투나는 인간의 운명을 관장하는 신으로 수레바퀴를 굴리는데, 포르투나가 운명의 수레바퀴를 굴리면 가장 아래에 있던 부분이 순식간에 윗부분으로 올라서기도 하고 윗부분이 아랫부분이 되기도 한다. 잘 나가는 사람이 한순간에 나락으로 떨어지기도 하고 보잘것없던 사람이 한순간에 팔자가 필 수도 있다. 그래서 힘들고 어려운 상황이 닥쳤을 때도 운명의 수레바퀴처럼 다시 위로 올라설 수 있는 기회가 있음을 믿고 견뎌내야 한다.

우리에게는 잘 알려지지 않았지만 미국의 소설가 중 존 케네디 툴이라는 사람이 있다. 이 사람은 스스로를 뛰어난 소설가가 될 자질을 갖추고 있다고 여겼다. 그래서 자신이 가진 모든 역량을 끌어모아 열심히 소설을 써서 큰 기대를 안고 첫 작품을 대형 출판사에 투고를 했다. 하지만 기대와는 달리 퇴짜를 맞고 말았다. 이후 다른 출판사에도 투고를 했지만 줄줄이 거절당하고 말았다. 크게 실망한 그는 술에 의지하게 되었고 결국 알코올 중독에 빠지게 된다. 자신의 운명처럼 알았던 소설이 인정을 받지 못하자 좌절하고 만 존 케네디 툴은 결국 자동차 배기가스를 마시고 스스로 목숨을 끊고 만다.

아들이 죽은 후 그의 어머니가 나서 출판사를 찾기 시작한다. 아들이 재능이 있다는 믿음을 포기하고 싶지 않았던 것이다. 결국 어머니의 헌신적인 노력에 힘입어 그의 책은 1980년에 《바보들의 결탁(A Confederacy of Dunces)》이라는 제목으로 출간되었고 평론가들로부터 미국 남부 문학의 걸작이라는 극찬을 받는다. 더 나아가 1981년에는 퓰리처상을 받게 되고 2006년에는 〈뉴욕 타임스〉에 의해 '지난 25년간 출간된 최고의 미국소설'로 선정되는 영광까지 안게 된다. 그의 책은 전 세계로 판권이 팔려나가며 200만 부가 넘는 판매를 이루는 대성공을 거둔다.

생각해보면 참으로 안타까운 이야기가 아닐 수 없다. 만일 그가 스스로 목숨을 끊지 않고 살아 있었다면, 그에게 일시적인 좌절을 이겨낼 수 있는 힘이 있었다면 더 많은 명작을 써낼 수 있었을 테니까 말이다. 우리는 고귀한 작가 한 명을 잃은 셈이다. 누구도 좌절을 겪고 싶지는 않겠지만 부의 피라미드 정상에 오르기 위해서는 실패의 쓰라린 순간을 이겨낼 수 있는 힘을 길러야 한다. 힘들고 어려워 모든 것을 내려놓고 싶을 때마다 포르투나의 수레바퀴를 떠올려볼 필요가 있다. 조앤 롤링이 현실의 어려움을 이겨내지 못하고 좌절 속에 빠져 허우적거리고 있었다면, 수없이 많은 투고와 거절을 이겨내지 못했다면, 우리는《해리포터》라는 대작을 만나지 못했을 것이다.

실패를 담담하게 받아들이기 위해서는 회복탄력성을 길러야 한다. 부자가 되는 길이 포장도로처럼 순탄하기만 하다면 누군들 부자가 되지 못할 사람은 없을 것이다. 부자가 되기 위해서는 때로는 누군가로부터 존엄성을 무시당하는 굴욕을 맛봐야 할 때도 있고, 때로는 누군가로부터 거절당해야 할 때도 있고, 때로는 갑질에 눈물을 삼키기도 해야 하며, 때로는 쓰라린 좌절을 맛봐야 할 때도 있다. 하지만 이 모든 것들을 꿋꿋하게 버티고 이겨내야 한다. 사소한 일에도 쉽게 상처받고, 그 상처에 묻혀 쉽사리 회복하지 못하고, 자신의 내면세계로 끝도 없이 파고들어 문을 꽁꽁 닫아거는 성격이라면 어려움을 이겨내고 끝까지 자신이 원하는 바를 밀고 나가는 추진력도 떨어질 수밖에 없다. 그래서 고퍼들은 비난을 싫어하지만 에이펙스는 비난을 성장의 기회로 삼는다는 말도 있다.

회복탄력성을 한마디로 정의하면 역경으로부터 얼마나 빨리 회복될 수 있느냐를 나타내는 것이라 할 수 있다. 회복탄력성이 낮은 사람들은 실패로 인한 좌절을 겪을 때 위기 속에서 오래 고통받을 수 있다. 도전에 직면했을 때 쉽게 굴복해버리거나 무기력해지고 자신이 하는 일에 대해 주위 사람들의 부정적 의견이나 비난에 쉽사리 사로잡히고 만다. 그러다 보니 어떤 일에 실패하면 우울함과 체념으로 허우적거릴 수 있다.

반면에 회복탄력성이 높은 사람들은 어려움을 신속하게 처리하여 역경을 극복하는 데 그리 오랜 시간이 걸리지 않는다. 도전에 직면했을 때 끈기와 투지를 가지고 버티며, 좌절을 겪었을 때도 쉽게 극복해내는 경향이 있으며, 주위 사람과 다투고 난 후에도 금방 그 사실을 잊어버리고 하던 일에 집중하거나, 하던 일에 실패하면 바로 바닥을 치고 일어나 제자리로 돌아간다. 에이펙스의 대다수는 당연히 회복탄력성이 높은 사람들이다. 그들은 실패를 부자가 되는 과정에 만날 수 있는 대수롭지 않은 장애물로 여기며 쉽게 훌훌 털고 일어선다.

무조건 실패를 아무렇지도 않게 받아들이라고 하는 것은 아니다. 누구에게나 실패는 두렵다. 사실 내가 이야기를 나눈 부자들도 실패에 대한 두려움이 있고 가급적이면 실패하고 싶지 않다고 말한다. 실패에 대해 아무렇지도 않은 듯 말을 하지만 그들도 사람이기에 마음속에는 실패하지 않았으면 하고 바라는 마음이 크다. 하지만 최선을 다했음에도 불구하고 실패를 한다면 그들은 그것 역시 과정의 일부로 담담히 받아들인다. 그리고 그 실패를 교훈 삼아 다시 일어서려고 노력한다.

부의 피라미드 정상으로 가는 길이 순탄할 것이라고 오해해서는 안 된다. 그 길에는 수많은 장애물이 있고 오르기 힘든 길도 있다. 때로는 너무 힘들어 포기하고 싶은 길도 나타난다. 그 길을 걷다 보면 실패로 이어질 수도 있다. 하지만 실패가 두렵다고 해서 그 길을 가지 않는다면 부의 피라미드 정상에는 영원히 오를 수 없다. 실패의 두려움을 이겨내고, 가장 낮은 곳에서 시작해 가장 높은 곳에 오르겠다는 강인한 마음가짐이 있어야 정상에 오를 수 있다.

최선을 추구하되 리스크를 관리하라

실패 앞에서 좌절하지 않는 것도 중요하지만, 같은 실패를 되풀이하지 않는 것도 중요하다. 실패를 줄이기 위해서는 또한 가지 해야 할 것이 있다. 바로 리스크 관리다. 부자들은 오로지 돈을 불리는 데만 관심이 있는 것으로 알겠지만 그들이 고퍼들과 두드러지게 다른 것, 그리고 실패의 두려움을 이겨낼 수 있는 이유 중 하나는 '리스크를 관리할 줄 안다'는 것이다. 돈을 좇다 보면 위험에 빠지는 일들이 부지기수로 발생한다. 주식이나 부동산에 투자할 경우에도 외환위기나 금융위기와 같이 예상치 못한 일로 인해 가격이 폭락하는 위험이 있을 수 있으며, 사업을 하는 경우에도 경기변동이나 각종 정책의 변화, 규제 등으로 인해 위험이 닥칠 수 있다.

에이펙스라고 해서 이러한 위험을 모두 예측할 수 있는 것은 아니지만 자신이 동원할 수 있는 모든 정보력을 동원하여 발생 가능한 리스크를 점검하려고 한다. 그리고 그러한 리스크가 현실화되었을 때 그것을 어떻게 극복해 나갈 것인지에 대한 대책도 수립한다. 예를 들어, 수출을 하는 기업이라면 외환 헷징(hedging)을 함으로써 계획한 대로 환율이 움직이지 않을 때 그 손실을 최소화할 수 있는 장치를 마련한다. 그렇게 여러 차례 돌다리를 두드려보고 난 후에야 비로소 투자에 나선다. 그들이 돈에 눈이 멀어 무작정 투자에 나서는 것이 절대 아니다.

내가 아는 한 사업가의 이야기다. 누군가 그 사업가에게 불에 탄 화학섬유를 헐값에 인수하라는 제안을 해왔다. 외국에서 이 제품을 싣고 오던 선박에 화재가 발생하면서 거기 실려 있던 화학섬유도 같이 불에 타버린 것이다. 모든 제품이 타버린 것은 아니고 바깥 부분에 있는 제품들만 탔을 뿐이지만 이미 상품으로써의 가치는 크게 훼손된 상태였다. 생각해보면 불에 탄 화학섬유를 어디에 쓴단 말인가? 일반적인 사람들이라면 마땅히 거절할 것이다. 하지만 이 사업가는 그 제안을 수용했다. 제시된 가격보다 더욱 낮춘 가격으로. 도대체 사업을 한다는 사람이 왜 쓸 수도 없는, 불에 탄 화학섬유를 돈 들여 산 것일까?

이 사업가가 제안을 받은 이후 가장 먼저 한 일은 인수한 화학섬유를 고물로 팔았을 때 받을 수 있는 돈이 얼마인지 확인하는 것이었다. 가정에서 폐비닐이나 폐플라스틱을 분리 배출하는 이유는 이를 재활용하기 위해서다. 수지로 만들어진 모든 화학제품들은 일정한 가공공정을 거치면 재활용이 가능해진다. 비록 불에 탔다고는 하지만 그에게 가져가라고 했던 화학섬유는 원재료가 폴리에스터이고 그것을 가공하면 다시 쓸 수 있는 수지로 재생할 수 있다. 그러므로 재생업체에서는 이러한 것들도 돈을 주고 매입한다. 사업가가 확인한 결과 폐기물로 판매를 해도 제안한 가격과 비교해보면 손해 볼 수준은 아니었다. 만일 매입가격을 낮춘다면 그대로 재생공장으로 보낸다 해도 가만히 앉아서 차익을 얻을 수 있는 수준이었다. 비록 그 돈이 몇백만 원 수준에 불과하지만 가만히 앉아서 몇백만 원을 벌 수 있다면 그걸 마다할 이유가 없을 것이다. 결국 이 사업가는 불에 탄 화학섬유를 저렴한 가격에 인수하여 재생공장에 넘김으로써 큰 노력 없이 직장인들의 한 달 월급에 해당하는 돈을 벌었다고 한다.

이 사업가가 만일 폐수지 가격을 확인하지 않은 채 화학섬유를 인수했다면 어떻게 됐을까? 만일 폐수지 가격이 인수한 비용보다 낮다면 큰돈은 아니지만 손해를 피할 수 없었을 것이다. 혹은 재생공장에서도 받을 수 없을 정도로 심하게 훼손된 상태라면 투자한 금액만큼 고스란히 손실을 입었을 것이다. 하지만 이 사업가는 미리 폐수지 가격을 확인함으로써 판매 루트를 확보했고 최소한 손해 보지 않을 수 있는 안전장치를 마련한 상태에서 화학섬유를 인수하여 차익을 실현한 것이다.

아쉽게도 고퍼들은 리스크에 대한 인식이 그리 높지 못하다. 사람에 따라서는 리스크 관리의 개념이 전혀 없기도 하다. 그들은 오로지 탑라인(top-line)만 바라본다. 주식에 투자하거나 부동산에 투자해서 벌어들일 수익, 그리고 사업에 투자해서 벌어들일 수 있는 매출에만 신경 쓴다. 벌어들일 수익에만 눈이 멀어 그 과정에서 일어날 수 있는 각종 위험은 크게 신경 쓰지 않는다. 하지만 세상에 계획대로만 움직이는 것은 단 하나도 없다. 오늘 산 주식이 내일 갑자기 반 토막 날 수도 있고 '부동산 불패'라는 신화를 깨고 하루아침에 집값이 폭락할 수도 있다. 그걸 누가 장담할 수 있단 말인가? 투자에 앞서 면밀하게 리스크를 따져보고 최악의 경우를 대비해야 하건만 그러질 못한다. 그러다 보니 애써 모은 돈을 불리기보다는 돈을 잃고 허탈하게 물러나는 경우가 많다.

주변에서 손쉽게 찾아볼 수 있는 예를 들어보자. 명예퇴직을 하거나 회사에서 해고된 사람들이 가장 쉽게 접할 수 있는 업종 중 하나가 소위 말하는 '치킨집'이다. 한국 사람들이라면 치킨을 좋아하지 않는 사람이 없으므로 치킨집을 차리면 어느 정도 먹고살 수 있을 것이라 여긴다. 프랜차이즈 본사를 찾아가 사업설명회를 들으면 나쁘지 않은 것 같다. 예를 들어, 치킨

집이 어느 정도 수익을 내기 위해서는 하루 40마리의 통닭을 튀겨내야 하는데 본사 측에서는 이를 기준으로 수익분석을 한다. 왜 하루에 40마리의 치킨을 판매할 수 있는가에 대한 근거는 명확하지 않다.

그렇다면 투자를 하려는 사람 입장에서는 하루 40마리의 닭을 판매하는 일이 가능한지 꼼꼼하게 따져보아야 한다. 인근 지역에 사는 사람들의 숫자는 얼마나 되는지, 주변에 동일한 배달업체는 얼마나 있는지, 다양한 요소들을 고려하여 하루에 실제 판매 가능한 숫자를 산출해야 하는데 그렇게 하지 않는다. 그저 본사가 말하는 것을 그대로 믿고 만다. 하지만 막상 본사의 말만 믿고 점포를 차리고 나면 판매는 예상보다 저조하다.

비용 측면에서도 숨겨진 요소들은 없는지 보아야 하지만 그런 것조차 하지 않는다. 기본적으로 본사는 보다 많은 가맹점을 유치하기 위해서 매출은 부풀리고 비용은 줄임으로써 순수익이 높아 보이도록 수익분석을 한다. 하지만 막상 뚜껑을 열어보면 매출은 생각만큼 일어날 수 없고 고려하지 않은 비용 요소들이 많다는 것을 뒤늦게 깨닫게 된다. 모든 것이 실전으로 들어갔을 때 나타날 수 있는 리스크인 셈이다. 하지만 대다수의 사람들은 스스로 리스크 분석을 해볼 엄두도 내지 못한 채 본사 측의 말만 믿고 쉽게 투자를 결정한다. 프랜차이즈 사업은 본사만 배불리는 일이라는 말이 있는 것처럼 결국 원하던 만큼의 수익은 내지 못한 채 계약조건에 묶여 울며 겨자 먹기로 사업을 이어 나가는 사람들도 많다. 죽어라 고생해서 남 좋은 일만 시키는 셈이다. 많은 고퍼들이 이런 행동을 하는데 이는 자신의 운명을 다른 사람의 손에 맡기는 것이나 다를 바 없다.

돈이라는 것은 럭비공과 같다. 어디로 튈지 모른다. 계획대로 흘러가 돈을 벌 수도 있지만 손톱만큼 튀어나온 돌에 걸려 엉뚱한 방향으로 튀어 손실을 가져올 수도 있다. 투자하기에 앞서 어떤 문제들이 있는지 살펴보고 그 문제를 해결할 수 있는 최소한의 안전장치는 갖추어야 한다. 그렇게 해도 미처 생각하지 못한 리스크가 발생할 수 있고 손해를 볼 수 있다. 하물며 미리 리스크를 점검하지 않는다면 그 손해는 투자금 전부를 날리는 정도로 커질 수도 있다.

부자들은 돈을 많이 가지고 있지만 그렇다고 해서 그들이 함부로 돈을 쓰는 것은 아니다. 그들은 가급적 돈을 잃지 않으려 노력한다. 머릿속에서만 생각하는 것이 아니라 점검해볼 수 있는 모든 요소들을 고려함으로써 실질적으로 손해를 보지 않을 수 있는 장치를 마련한다. 그들이 그렇게 하는 이유는 한번 돈을 잃게 되면 그것이 습관처럼 돼 버릴 수 있기 때문이다. '그까짓 거 얼마 안 되는데…'라고 생각하면 후에 또다시 돈을 잃을 수 있게 된다. 하지만 점검해보고 점검해봤음에도 불구하고 손실을 보게 되면 그로부터 무엇이 부족했는지 학습할 수 있고 경험이 축적될 수 있다. 돈을 버는 것도 중요하지만 돈을 벌기에 앞서 잃지 않는 것이 더 중요하다. 그리고 돈을 잃지 않으려면 리스크 관리에 신경을 써야 한다. '그냥 없던 돈이라고 생각하지 뭐'라고 대수롭지 않게 여기는 순간 당신은 영원히 고퍼의 신세를 벗어날 수 없을 것이다.

실패와는 다른 개념이지만 실수에 대해서도 너그러워야 한다. 대다수의 사람들은 실수를 두려워하고 가급적 실수를 하지 않으려고 노력하지만 사람인 이상 실수를 피해갈 수는 없다. 무언가 의도치 않은 실수를 한 경우, 에이펙스는 그 실수를 통해 배우려고 한다. 그것을 바탕으로 다음에는 같은 실수를 반복하지 않으려고 한다. "인간은 학습의 동물"이라는 말을 믿으며 같은 실수를 하는 것을 가장 부끄러운 짓이라고 여긴다. 그래서 자신이 실수한 일에 대해 늘 복기하고 같은 실수를 반복하지 않으려면 어떻게 해야 하는지 고민함으로써 성장을 도모한다. GE의 회장이었던 잭 웰치는 신입사원 시절, 실수로 인해 공장 하나를 통째로 태워 먹는 어마어마한 경험을 했다. 하지만 당시 사업부장이었던 임원은 그에 대해 비난하기보다는 그 실수를 통해 배운 교훈이 무엇인지 물었고 잭 웰치는 이를 통해 동일한 실수를 반복하지 않으려 노력했다. 그리고 그러한 학습의 효과를 통해 에이펙스의 자리에 올랐다.

반면에 고퍼들은 실수를 했을 때 어쩔 수 없었다고 둘러대거나 주변 환경 혹은 주위 사람들의 탓으로 돌린다. 실수를 되돌아보며 실수를 하게 된 원인은 무엇이고 같은 실수를 반복하지 않으려면 어떻게 해야 하는지 고민하기보다 실수를 적당히 덮고 넘어감으로써 후에도 동일한 실수를 반복한다. 그들에게는 "인간은 학습의 동물"이라는 말보다는 "인간의 욕심은 끝이 없고 같은 실수를 반복한다"는 말이 더 피부에 와닿는다. 그러다 보니 시간이 지나도 학습효과는 없고 발전도 더딜 수밖에 없다. 실수든 실패든 그 안에서 과정과 원인을 찾고 그것을 반복하지 않으려는 노력을 해야만 부자의 자리에 오를 수 있음을 명심해야 한다.

에이펙스 스피릿 12

낮은 곳에 있을수록 더 높이 오를 수 있다

실패는 누구나 두렵지만 일평생 실패 한 번 안 해보고 사는 사람은 드물다. 실패는 비록 힘들고 고통스럽지만 더욱 높은 곳으로 오를 수 있는 기회가 되기도 한다. 실패를 두려워하기보다는 그것을 통해 배우고 성장하여야 하며 실수나 실패가 반복되지 않도록 리스크를 관리하다 보면 그것들이 징검다리가 되어 성공과 부로 나아갈 수 있다.

13

시간은 곧 돈이고,
돈은 곧 시간임을 안다

직장인들이 큰 부자가 되기 힘든 이유

큰 부자가 된 사람들과 그렇지 못하고 마음만 있는 사람들 간에 개념적으로나 실천적으로 가장 큰 차이가 나는 것 중 하나가 시간을 얼마나 소중하게 여기고 아끼느냐 하는 것이다. 에이펙스는 시간의 중요성을 누구보다 잘 안다. 그들은 말뿐 아니라 경험을 통해 시간이 돈이 될 수 있음을 누구보다 잘 알고 있다. 자신이 시간을 아끼면 아낄수록, 그래서 그 시간을 부가가치 높은 곳에 투자하면 투자할수록 더욱 많은 돈을 벌 수 있다는 것을 안다. 그들은 시간이 무한하지도 않고 공짜로 쓸 수 있는 것이 아니며 시간을 허투루 흘려보내는 데는 반드시 대가가 따른다는 것을 안다. 그래서 불필요한 일에 투입되는 시간을 줄이고 아낀 시간을 조금 더 생산성 높은 결과물을 만들어내는 데 투입하려고 한다.

전기자동차 제조업체인 테슬라와 민간 항공우주업체 스페이스 X의 CEO인 일론 머스크는 하루 24시간을 5분 단위로 쪼개 사용한다고 한다. 그는 매주 업무시간이 100시간을 넘는다고 하는데 이는 하루에 14시간 가까이 일하는 셈이다. 그 와중에 다섯 아이들의 육아도 소홀히 하지 않는데 이 모든 일들을 해내기 위해 그는 철저하게 자신의 시간을 관리한다. 영국 버진 그룹의 회장인 리처드 브랜슨과 빌 게이츠도 시간을 1분 단위로 쪼개어 관리함으로써 헛되이 새 나가는 시간이 없도록 주의를 기울인다고 한다. 제프 베조스나 마크 저커버그나 알파벳 회장이었던 에릭 슈밋 모두 마찬가지다. 비록 이름을 거명하지는 않았지만 우리가 알고 있는 세계의 유명한 CEO들은 모두 철저하게 시간을 관리한다. 그들은 건강을 위해 충분한 잠을 자면서도 운동을 소홀히 하지 않으며 독서에도 일정 시간을 투자한다. 가족들과 보내는 시간도 그들에게는 소중하다. 이 모든 일들을 무리 없이 해내기 위해서 그들은 시간을 철저하게 관리하지 않으면 안 된다는 것을 잘 알고 있다.

이들이 시간을 철저하게 관리하기 위해 활용하는 몇 가지 방법이 있는데 가장 먼저 하는 것은 해야 할 일을 스케줄표로 시각화하는 것이다. 그들은 시행착오를 거쳐 자신만의 독특한 스케줄 관리 체계를 갖추고 있는데 마이크로소프트사의 전 CEO

였던 스티브 발머는 1년치 스케줄을 직접 엑셀표에 정리했다고 한다. 1년은 물론 월간, 주간, 일간 스케줄까지 꼼꼼하게 관리함으로써 업무의 흐름을 직관적으로 알아볼 수 있게 했다는 것이다. 인텔의 CTO를 역임한 후 가상운영체계를 구동 가능하게 해주는 프로그램 개발사 VM웨어의 CEO가 된 패트릭 겔싱어는 자신만의 기준으로 스케줄표에 색을 입힘으로써 그 일이 어떤 업무인지 바로 알아보고 대응할 수 있도록 관리했다고 한다. 업무 내용을 파악하는 시간조차도 아낄 정도로 철저하게 시간을 관리한 것이다.

그들은 또 일을 할 때마다 체크리스트를 만들어 활용함으로써 불필요한 동선이 발생하지 않도록 자신의 일과를 조정하였다. 해야 할 일에 따라 동선을 바꿔 가급적이면 시간을 낭비하지 않고 해야 할 일들을 수행할 수 있도록 한 것이다. 나아가 그들은 일상을 루틴화한다. 무언가가 루틴화되면 큰 힘을 들이지 않고서도 습관적으로 행동을 할 수 있다. 아침에는 일정한 시간에 일어나고 일정한 시간에 운동을 하며, 출근을 하면 일정한 시간에 신문을 보고 정해진 패턴대로 업무를 수행한 후, 저녁에는 정해진 시간에 퇴근을 해서 정해진 시간에 저녁을 먹고 책을 읽은 후 정해진 시간에 잠을 자는 식이다. 물론 빌 게이츠는 필요한 경우 36시간씩 잠을 자지 않고 일에 매달리기도 하고, 마크 저커버그와 같은 사람들은 다음날 8시까지 밤샘 작업을 하는 경우도 있다고 하는데 이는 예외적인 경우로 평소에는 가급적 삶을 루틴하게 함으로써 비효율적인 요소를 제거하려고 한다.

자신의 업무 스타일에 따라 오전에 해야 할 일과 오후에 할 일을 구분하여 체크리스트를 작성하는 사람들도 많다. 그들은 시간의 중요성을 잘 알다 보니 가급적이면 모든 일을 계획대로 실행하려고 하고 규칙적으로 생활하려고 하며 불필요하게 시간을 낭비하고 싶어 하지 않는다. 그들이 밤늦게까지 술자리에 어울리는 것을 싫어하는 이유도 이런 것 때문이다. 술자리에서 허투루 보내 버리는 시간은 완전히 소모적인 시간이며 아무런 부가가치도 만들어내지 못한다. 그 시간에 자신에게 도움이 될 수 있는 일을 한다면 더욱 큰 가치를 만들어낼 수 있다는 것을 알기 때문에 그들은 무의미하게 시간을 보내는 자리에 가급적 참여하지 않으려고 한다.

에이펙스들이 시간을 아껴 쓰기 위해 이용하는 또 하나의 시간관리 방법은 일의 우선순위를 정하는 것이다. 에이펙스는 《성공하는 사람들의 7가지 습관》의 저자인 스티븐 코비의 가르침이 없었더라도 자신에게 중요한 일이 무엇이며, 무엇을 더 먼저 해야 하는지, 무엇에 더 가치를 두어야 하는지 알고 있다. 그리고 자신에게 중요한 일, 반드시 필요한 일, 부가가치가 높은 일부터 하려고 한다. 일본의 제과업체인 가루비(Calbee)의 마쓰모토 아키라 회장은 월초마다 X축 위에 업무의 중요도를, Y축 위에 업무의 긴급도를 나타낸 그래프 위에 자신의 업무를 대입한 후 업무 우선순위를 정리했다고 한다. 우선순위가 높은 업무도 가급적이면 2~3개 정도로 줄임으로써 심리적 부담과 함께 의사결정의 피로를 줄이려고 노력했다. 에이펙스들이 우선순위를 정할 때 신경 쓰는 것 중 하나가 긴급한 일과 중요한 일을 구분하는 것이다. 긴급한 일은 방어적이고 조급하고 부정적인 심리 상태를 만들기 쉽기 때문이다. 이렇게 되면 시야가 좁아지고 잘못된 일 처리를 할 수 있다. 중요한 일에 집중하게 되면 침착하고 합리적인 마음가짐을 가질 수 있어 의사결정의 질이 높아질 수 있다.

우선순위와 관련하여 워렌 버핏이 자신의 전용기 조종사인 플랜트와 나눈 이야기가 유명하다. 어느 날, 워렌 버핏이 플랜트에게 가장 중요한 인생의 목표 25가지를 적어보라고 했다. 플랜트가 고민 끝에 25개의 목록을 적어 보여주자 워렌 버핏은 다시 그중 가장 중요한 5가지에 동그라미를 쳐보라고 했다.

플랜트는 워렌 버핏의 의도를 알겠다는 듯 이렇게 말했다.

"가장 중요한 5가지 목표에 집중하되 나머지 20개의 목표에 대해서도 틈나는 대로 노력을 기울이겠습니다."

그러자 워렌 버핏이 이렇게 대답했다고 한다.

"지금 동그라미 친 5가지 목표 외에 나머지 20가지의 목표들은 어떻게든 버리고 피해야 할 것이네."

이처럼 에이펙스는 자신이 해야 할 일에 대해 명확한 우선순위를 정하는 원칙을 가지고 있다. 무조건 돈이 된다고 해서 그 일을 하는 것도 아니고, 무조건 돈이 든다고 해서 그 일을 피하는 것도 아니다. 들어가는 시간과 시간당 만들어낼 수 있는 부가가치가 들이는 비용보다 크다고 여기면 그들은 과감하게 돈으로 시간을 산다.

아쉽게도 고퍼들은 시간을 잘 관리하지 못한다. 시간은 무한한 자원이라고 여기기에 시간관리의 중요성을 느끼지 못하고 펑펑 써 대거나 시간관리의 필요성을 잘 느끼지 못한다. 시간의 중요성을 깨닫더라도 시간을 관리할 수 있는 요령을 모르는 경우도 많다. 여기에는 안타까운 배경이 있다. 에이펙스의 경우 자신의 사업을 하는 사람들이 많고 그가 들인 노력만큼 돈을 벌 수 있다. 투입한 시간과 벌어들이는 돈이 비례관계를 갖는 것이다. 그러기에 앞서 살펴본 것과 같이 시간관리에 철두철미하다. 하지만 고퍼의 경우 직장인들이 많고 시간당 창출해내는 가치가 변하지 않는 직종에 종사하는 사람들이 많다 보니 시간을 타이트하게 관리해야 할 필요성을 느끼지 못하는 것이다. 직장인들의 경우 어차피 4시간을 일하나 12시간을 일하나 회사로부터 받는 돈은 일정하게 고정되어 있으므로 '시간은 곧 돈'이라는 개념이 성립되기 어렵다. 들이는 시간에 비례하여 벌어들이는 돈이 증가하는 관계가 분명하게 드러난다면 시간을 아껴 쓰고자 하겠지만 그렇지 않으니 굳이 시간을 중요하게 생각할 필요가 없는 것이다. 부가가치 낮은 일에 종사하는 사람들 역시 마찬가지다. 시급 1만 원을 받는 사람이 10분, 20분을 아낀다고 해서 떼돈을 버는 것도 아니니 차라리 몸이나 편하자는 마음으로 시간관리에 소홀하게 되는 것이다. 하지만 분명한 건 시간을 어떻게 활용하느냐가 고퍼로 평생을 사느냐 에이펙스가 되느냐를 가르는 기준이 될 수 있다는 사실이다.

시간을 돈으로 환산하는 경제적 개념 갖추기

또 하나, 고퍼들이 시간을 아껴 쓰지 못하는 이유는 시간에 대한 경제적 관념이 별로 없거나 희박하기 때문이다. 의류사업으로 큰돈을 번 L 씨는 내가 이야기를 나눈 사람 중 가장 상대하기 까다로운 사람이었다. 그 이유는 그가 나와 이야기 나누는 것을 그리 좋아하지 않았기 때문이다. 그는 나와 대화를 나누는 시간이 자신에겐 별로 도움이 되지 않는다고 생각했던 것 같다. 그가 나와 대화를 나눌 때마다 가장 많이 했던 소리가 "내가 한 시간이면 얼마를 버는데…"라는 말이었다. 그만큼 그는 모든 일을 돈으로 환산하는 습관이 있었다. '무슨 일을 하면 한 시간에 얼마를 벌 수 있고, 무슨 일을 하면 얼마를 손해 보고….' 나와 이야기를 나누는 시간에도 항상 그 시간의 가치를 계산하고 있었던 것이다. 그래서 그와 대화를 나눌 때는 늘 사전에 준비를 철저히 해야 했는데 내 입장에서는 짜증스럽기도 했지만, L 씨 입장에서는 시간에 대한 경제적 관념이 철저하게 박혀 있는 것이라 할 수 있다. L 씨만큼은 아니더라도 내가 만나 본 부자들의 대부분은 시간은 곧 돈이라는 철학을 확고하게 가지고 있었다. 그들 스스로도 시간에 대한 경제적 관념 없이는 돈을 벌기 힘들다고 강조하곤 했다.

코로나가 한창이던 2020년, 나는 10여 년 넘게 살던 집을 팔고 새로운 집으로 이사를 하게 되었다. 이사를 하면서 보니 비용이 꽤 많이 들었다. 부동산 중개사무실에 지불해야 하는 수수료부터 시작해서 취득세, 등록세 등 각종 세금이며 수리까진 아니더라도 장판과 도배 등에 들어가는 돈까지, 생각보다 많은 돈이 들었다. 그중 등기비용에도 적지 않은 돈이 들어갔다. 그때 내 머릿속에 떠오른 생각이 법무사를 통하지 않고 직접 등기를 하는 것이었다. 이른바 셀프등기다. 셀프등기를 하게 되면 실수를 하지나 않을까 다소 신경이 쓰이기는 하지만 세금만 내면 되므로 법무사에게 지불할 큰 비용을 절약할 수 있게 된다. 마침 여윳돈이 많지 않은 상황이었기에 나 역시 셀프등기를 하겠다고 생각하고 아낄 수 있는 비용에 대해 흐뭇해하다가 나중에 소스라치게 놀라고 말았다. 비록 비용은 아낄 수 있었지만 그만큼 시간을 들이지 않으면 안 되었고, 그 시간 동안은 가치를 만들어내는 일을 할 수 없었기 때문에, 따지고 보면 결코 돈이 절약되는 게 아니었다는 것을 깨달았기 때문이다.

대다수의 사람들이 그렇다. 고퍼들은 자신의 노력을 들여 비용을 절약할 수 있는 일이라면 가급적 직접 품을 들여 해결하려고 한다. 간혹 낡은 집에 페인트칠을 하거나 도배를 할 때도 전문가를 고용하지 않고 직접 해결하는 사람들도 있다. 그들은 자신이 무언가를 직접 함으로써 아낄 수 있는 비용이 얼마나 되는지에만 초점을 맞춘다. 그건 눈으로 보이기 때문이다. 하지만 무언가를 직접 하기 위해서는 시간을 들이지 않으면 안 되고, 그 시간 동안에는 가치 있는 생산적인 일을 할 수 없기 때문에 돈을 쓰는 것과 다를 바 없다는 생각을 하지 못한다. 예를 들어 100만 원짜리 물건을 90만 원에 살 수 있다면 기꺼이 발품을 팔려고 한다. 빅세일이 시작되면 명품을 파는 백화점 앞에는 이른 아침부터 사람들이 줄을 선다. 한 푼이라도 비용을 아껴보려는 노력이지만 한편으로는 그만큼 시간을 들이지 않으면 안 된다. 이는 경제적 손실임에도 불구하고 눈에 보이지 않기 때문에 그것을 잘 깨닫지 못한다.

아는 사람 중에 유명인사가 있다. 이 사람은 방송에도 꽤 자주 모습을 보이고 있으며 책을 쓰고 강의를 해서 많은 부가가치를 생산하고 있다. 그의 연간 수입은 약 3억 7,000만 원 정도 되는데 이를 시간당 수입으로 환산하면 약 20만 원 정도 된다. 하루 8시간씩 230일을 일한다고 가정했을 때 말이다. 꽤 많은 돈이다. 그런데 아쉽게도 이 사람은 혼자 살기 때문에 설거지나 빨래, 청소와 같은 집안일도 하지 않으면 안 된다. 해본 사람은 알겠지만 요리나 설거지, 청소, 빨래와 같은 집안일을 하는 데는 적지 않은 시간이 소모된다. 말처럼 설렁설렁할 수 있는 일이 아니다. 하루 세끼 밥을 차리고 치우고 하노라면 적어도 두 시간 정도는 허공으로 날아간다.

고퍼들은 이러한 상황에서 돈을 아끼고 절약하려면 그런 허드렛일을 직접 해야 한다고 생각한다. 하지만 에이펙스들의 생각은 완전히 다르다. 그 저명인사의 경우, 한 시간을 아끼면 20만 원의 부가가치를 창출할 수 있음을 안다. 그래서 그는 요리나 설거지나 청소, 빨래 등에 시간을 투자하지 않는다. 그런 일에 두 시간을 투입하면 40만 원의 부가가치가 사라지기 때문이다. 대신 그는 돈을 써서 사람을 고용하고 그 사람으로 하여금 일을 하게 만든다. 사람을 고용하면 그런 일을 하는데 10만 원 정도면 충분하다. 대신 그는 그렇게 절약한 시간을 부가가치를 만들어내는 데 투입하여 40만 원을 만들어내고 결과적으로 30만 원의 이득을 본다. 단지 힘들고 귀찮은 허드렛일을 하기 싫어서가 아니라 시간을 현명하게 사용함으로써 더욱 큰 부를 만들어낼 수 있기 때문에 과감히 그런 일을 다른 사람에게 맡기는 것이다.

시간이 돈이라는 말은 살면서 귀가 따갑게 듣지만 실상 고퍼들과 에이펙스는 그 말에 대한 체감 정도가 다르다. 에이펙스는 시간에 대한 경제적 개념이 확고하게 박혀 있다. 시간이 어떻게 돈으로 바뀌는지 변환의 메커니즘을 정확히 알고 있고, 그래서 그들은 자신이 시간을 낭비하면 그만큼 돈이 낭비된다는 개념을 가지고 있다. 만일 누군가가 1년에 10억 원의 돈을 번다면 일 년에 230일, 하루 8시간을 일한다고 할 때 그 사람의 시간당 부가가치는 54만 3,000원꼴이 된다. 하루에 430만 원이 넘는 큰돈을 버는 셈이다. 이런 사람이 등기비용 몇십만 원을 아끼기 위해 반나절을 소모하거나 100만 원짜리 물건을 90만 원에 사기 위해 길게 줄을 설 이유가 없다. 차라리 그런 돈은 무시하고 그 시간에 자신이 할 수 있는 일을 하는 것이 더욱 큰 부가가치를 만들어낸다는 것을 알기 때문이다. 그래서 그들은 늘 시간당 가치를 따져 무언가를 할 것인가 말 것인가 행동의 기준으로 삼는다. 앞에서 언급했던 L 씨나 저명인사처럼 말이다.

가치를 높이는 일에 시간을 투자하라

돈을 벌기 위해서는 무엇보다 먼저 시간에 대한 중요성을 깨달아야 한다. 시간의 중요성이라는 것은 시간과 돈의 변환 메커니즘, 즉 시간의 경제적 관념에 대해 이해하고 항상 그것을 염두에 두고 행동해야 한다는 말이다. 자신이 만들어낼 수 있는 시간당 가치가 얼마나 되는지 알아야 하며 무슨 일을 하고자 할 때는 자신이 시간당 창출해 낼 수 있는 가치를 기준점으로 삼아야 한다. 그 기준보다 높은 가치를 만들어낼 수 있는 일이라면 당연히 투자를 해야 하고 그렇지 않다면 해서는 안 된다. 만일 자신이 하는 일을 통해 한 시간에 5만 원의 가치를 만들어낼 수 있는데 부동산경매로 1,000만 원을 벌 수 있다고 해보자. 그런데 부동산경매로 수익을 내려면 1,000만 원을 5만 원으로 나눈 숫자, 즉 200시간 이하로 시간을 투자해야만 의미가 있게 된다. 200시간이 넘어가면 부동산경매를 하는 것보다는 원래의 자기 일을 하는 것이 더 생산적이다. 머릿속에서 항상 이 계산이 자동적으로 이루어지도록 해야 한다. 그래서 무언가를 해야 할지 말아야 할지 망설여질 때는 이 계산기가 알려주는 결괏값에 따라 움직여야 한다. 그게 부자가 되기 위해 첫 번째로 해야 할 일이다.

두 번째로 해야 할 일은 스스로 만들어낼 수 있는 경제적 가치를 높이는 일이다. 예를 들어 시간당 만들어낼 수 있는 가치가 아르바이트를 해서 벌어들일 수 있는 최저임금 수준이라면 1만 원이라도 아끼기 위해 기꺼이 한 시간을 투자할 수밖에 없다. 그래도 몇 푼의 이득이 생기는 셈이니 말이다. 하지만 만일 시간당 2만 원의 부가가치를 만들어낼 수 있다면 1만 원을 절약하기 위해 한 시간을 낭비할 필요는 없다. 그러나 안타깝게도 시간당 들이는 비용 이상으로 가치를 만들어낼 수 있는 역량이 없다면 들어가는 비용을 줄이는 쪽으로 선택을 하지 않을 수 없다. 가난한 사람들이 아무리 고생하고 노력해도 부자가 되지 못하는 이유 중 하나가 바로 이것이다. 시간당 만들어내는 부가가치가 시간을 소비해서 절약할 수 있는 돈보다 적거나 별 차이가 나지 않는다면 그들이 선택할 수 있는 방법은 '몸으로 때우는' 것뿐이다. 적은 돈이라도 아끼기 위해 스스로 움직이지 않으면 안 되는데 그렇게 몸으로 때우는 시간이 많아지면 당연히 삶은 고달파지고 피곤해질 수밖에 없다. 그러니 매일 똑같은 가치가 나오는 일에 매달리기보다는 시간이 지나면서 가치가 올라갈 수 있는 일을 찾아야 한다.

연예인이나 유명인들은 '몸값'이라는 것이 있다. 무명일 때는 이 몸값이 그다지 높지 않지만 이름이 알려지면 알려질수록 몸값은 천정부지로 치솟는다. 모 트로트 가수가 유명해지고 난 후 받는 출연료가 그 이전에 받던 출연료에 비해 수백 배나 된다고 한다. 몸값이 올라가면 일은 적게 하면서도 많은 돈을 벌 수 있다. '몸으로 때우는' 일이 줄어드니 삶이 고달프고 피곤할 일도 없다. 게다가 몸값이 올라가면 넉넉한 수입이 생기므로 무엇을 먼저 할 것인지 고를 수 있는 여유가 생긴다. 몸값이 낮을 때는 닥치는 대로 일을 해야 했지만 몸값이 높아지면 같은 시간을 들여 더 많은 돈을 벌 수 있는 일을 선택할 수 있는 것이다. 이 몸값에 해당하는 것이 자신이 만들어내는 가치이다. 돈을 버는 방법은 여러 가지가 있을 수 있지만 동일한 시간을 투자해야 한다면 단위시간당 만들어낼 수 있는 가치가 큰 일을 찾아서 하는 것이 좋다. 그러니 스스로 노력을 통해 자기 몸값을 높이려는 노력을 해야 한다.

요즘 직장인들 사이에서 'N잡'이라는 것이 유행하고 있는 듯하다. 직장을 다니면서 퇴근 후에는 음식 배달을 하고, 다시 그 후에는 인터넷 쇼핑몰을 하고, 주말에는 다양한 아르바이트를 하는 등 복수의 직업을 가지고 있는 것을 말한다. 월급만으로는 빠듯하기 때문에 N잡을 하는 젊은 사람들이 늘어나고 있다. 하지만 N잡의 단점은 시간을 잡아먹으면서도 시간이 지나도 일을 통해 만들어낼 수 있는 가치는 올라가지 않는다는 것이다. 비록 여러 가지 일을 하면서 돈은 조금 더 모을 수 있겠지만 그만큼 자신의 시간이 축나는 것이다.

부자가 되기 위해서는 스스로의 가치를 높일 수 있는 노력을 해야 하는데 N잡을 하면서 축나는 시간으로 인해 가치를 높이는 노력에 투자할 시간은 오히려 줄어들 수밖에 없다. 그리고 시간이 지나면 지날수록 삶은 더욱 팍팍해질 수밖에 없다. 무언가 자신이 구상하고 있는 사업을 시작할 수 있는 종잣돈을 마련하거나 자신의 가치를 높이기 위한 공부에 투자할 돈을 마련하기 위해서라면 모르겠지만, 가치를 만들어내지 못하는 N잡을 오래해서는 안 된다. 혹시라도 무리하게 몸을 혹사해서 건강이 나빠지기라도 하면 오히려 더 큰돈이 들 수도 있다.

한 푼 두 푼 허리띠 졸라매고 돈을 모으는 것과 자기 자신의 가치를 높이는 데 투자하는 것은 시간이 지날수록 차이가 벌어진다. 한 푼 두 푼 모으는 것은 시간이 지남에 따라 기울기가 아주 낮은 직선적 부의 축적이 이루어질 뿐이지만, 자신의 가치를 높이는 것에 투자하면 시간이 지나면서 역량이 축적되고 그것이 임계점을 돌파하게 되면 순식간에 거대한 부를 창출해낼 수 있다. 그래서 틈틈이 시간을 아껴 부가가치를 높이는 일에 투자해야 한다.

공부를 해야 하는 이유도 바로 그 때문이다. 지금 당장은 가치를 만들어낼 수 있는 일이 없다고 해도 공부하다 보면 그런 일을 찾을 수 있게 된다. 그러다 어느 순간엔가는 가치를 만들어낼 수 있는 수준에 오를 수 있다. 그것으로 더 큰 부를 만들어내야 한다. 시간을 들여 여러 가지 일을 전전하며 푼돈을 모으는 것보다는 조금 더 부가가치를 높일 수 있는 일을 찾아 그것에 집중하는 것이 보다 빨리 부의 피라미드 정상에 오르는 길이다.

에이펙스 스피릿 13
시간은 곧 돈이고, 돈은 곧 시간임을 안다

사람들은 돈을 쓰는 것에 대해서는 무척 아까워한다. 자신이 시간을 들여 비용을 절약할 수 있다면 기꺼이 발품을 팔려고 한다. 하지만 자신이 들인 시간 동안 만들어낼 수 있는 경제적 가치보다 발품을 팔아 절약한 비용이 적다면 밑지는 거래를 한 셈이다. 부자가 되려면 이렇게 손해 보는 거래를 해서는 안 되며 그러자면 시간에 대한 경제적 개념이 확고하게 자리 잡아야 한다.

14

부의 크기는 인내력의 크기가 좌우한다

부자가 되기 위한 으뜸 성공요소, 인내력

대전과 세종 지역의 기업인 모임에서 만난 한 부자는 "가난한 집에서 흙수저로 태어나 성공하고 부자의 자리에 오르기 위해 필요한 요소가 무엇이 있겠느냐?"는 나의 질문에 대해 한 마디로 '인절미'가 필요하다고 잘라 말했다. 내가 무슨 말인지 몰라 어리둥절한 표정을 짓고 있을 때 그가 이렇게 얘기했다. 여러 가지 요소가 있겠지만 자신이 생각하기에 가장 중요한 것은 바로 인내력과 절박함, 그리고 미쳤다는 소리를 들을 정도로 강력한 실행력이라고. 한 마디로 절박한 심정으로 인내력을 가지고 미친 듯이 실행해 나가다 보면 부자가 될 거라고 한 것이다.

그러면서 '부자=f(인내력, 절박함, 미친 실행력)'라는 공식을 그려줬다. 성공의 함수는 인내력, 절박함, 미친 실행력으로 정해진다는 것인데 '인절미'는 그 세 가지 요소의 앞글자를 딴 것이다. 물론 이 외에 다른 요소들도 필요하겠지만 적어도 이 세 가지 요소만 갖추고 있어도 부자로 가는 길에 올라탈 수 있다고 강조하였다. 그중에서도 가장 힘주어 강조한 것이 인내력인데, 아무것도 없는 허허벌판에서 시작해 성공이라는 큰 건물을 쌓아 올릴 때까지는 꽤 오랜 시간이 필요하고 험난한 과정을 거쳐야 하므로 그 시간 동안을 꾹 참고 견뎌내지 않으면 안 된다는 것이다. 이후 만난 대부분의 부자들이 하는 말들을 종합해 보면 뉘앙스는 조금씩 달랐지만 부자에 이르기 위해 반드시 필요한 요소가 인내력임을 알 수 있었다.

그들이 말하는 인내력은 단순히 인내심을 의미하지 않는다. 인내심 이상의 정신역량을 일컫는다. 무언가 결과를 얻을 때까지 포기하지 않고 참고 견뎌낼 수 있는 강인한 힘을 말한다. 어려운 상황에 처했을 때 굴하지 않고 그것을 이겨낼 수 있는 힘, 앞이 보이지 않는 안개 속 같은 애매모호한 현실에서도 나아갈 수 있는 길을 찾으려고 하는 힘, 결과가 우려되는 상황에서도 초조하고 불안해하지 않으며 의연하게 버텨낼 수 있는 힘, 그런 것들이 인내력이다. 단순히 하고 싶은 것을 꾹 참고 견디는 마음가짐이 아니라 꿈을 이루려는 마음가짐이 실제 행동으로 끝까지 연결되는 종합적인 정신역량을 일컫는다.

여기서 말하는 인내력이란 흔히 알고 있는 인내심을 나타내는 'patience'라는 단어 외에 'endurance'라는 단어의 뉘앙스도 포함된다. 이는 '무언가를 끝까지 견뎌내는 힘' 정도의 뉘앙스를 가지고 있는데 기계의 내구성을 나타낼 때 이런 단어를 많이 쓴다. 기계가 설계된 성능을 발휘하기 위해서는 일정한 시간 동안은 고장 나거나 망가지지 않고 견뎌낼 수 있어야 한다. 여기에 한 가지 단어를 더 덧붙일 수 있다. 바로 'persistence'라는 단어이다. 'persistence'는 '무언가를 중단하지 않고 끝까지 밀고 나가는 힘'을 말한다. 지구력의 뉘앙스로 해석하면 될 듯 싶다. 예를 들어 마라톤 선수들이 42.195km의 긴 거리를 지치지 않고 완주할 수 있는 힘을 말한다.

이처럼 인내력은 'patience', 'endurance', 'persistence'의 모든 뉘앙스를 포함하는 것이라 할 수 있다. 힘들고 어려운 상황이 닥쳤거나 더 이상 참을성을 발휘하기 어려울 때 그것이 끝날 때까지 참고 기다릴 줄 아는 인내심, 그사이에 수많은 시련이 찾아와도 좌절하거나 무너지지 않고 버텨낼 수 있는 내구력, 그리고 한 번 다짐한 것에 대해 처음부터 끝까지 뜻을 굽히지 않고 이어 나갈 수 있는 지구력 등이 복합된 개념이 인내력인 것이다. 이처럼 다양한 힘이 복합되어 있는 개념이다 보니 인내력을 발휘한다는 것이 생각처럼 쉽지 않은 것이다.

마시멜로 실험에 대해서는 모르는 사람이 없을 것이다. 1966년에 미국 스탠포드 대학의 심리학자인 월터 미셸 박사가 주도

한 실험으로, 눈앞에 보이는 마시멜로를 먹지 않고 끝까지 참은 아이들은 20년이 지나 성인이 된 후에도 눈앞의 유혹을 떨쳐버리지 못한 아이들에 비해 훨씬 성공한 모습을 보였다는 것이다. 인내력이 뛰어난 사람들이 그렇지 못한 사람들에 비해 훨씬 성공하고 부를 누릴 가능성이 높다는 의미다. 이 실험 결과에 대해서는 논란이 있기도 하다. 2018년에 뉴욕대의 타일러 와츠 교수팀이 이를 반박하는 실험 결과를 발표했는데 인내력보다는 주위 환경이 성공이나 부에 더욱 큰 영향을 미친다는 것이다. 단순히 인내력이 성공하기 위한 필요충분조건이라고 말하기 어렵다는 의미다. 그 말도 일리가 있어 보인다. 하지만 여전히 내가 만나 본 부자들은 인내력을 중요한 성공 요인으로 꼽길 주저하지 않았다. 그들 스스로가 인내력이 부자의 자리에 오르는 필수 요소 중 하나라는 것을 몸소 증명해 보인 사람들이기에 인내력 없이 부자가 될 수 있다고 말하는 사람은 단 한 사람도 없었다.

부자가 되는 방법을 알려주는 책을 보면 많이 나오는 얘기 중 하나가 투자에 관한 것인데 그중에서도 가장 많이 언급되는 것이 주식이다. 부자가 된 사람 가운데 상당수가 주식투자를 경험했다. 그런데 그들 모두 주식투자를 통해 부를 창출하는 방법은 단기적인 투자가 아니라 장기적인 관점에서 투자하는 것이라고 조언한다. 짧은 시간에 부를 얻으려고 하기보다는 긴 호흡으로 멀리 내다보고 투자하라고 조언한다. 그 대표적인 사례가 너무나도 잘 알려져 있는 워렌 버핏이다. 그의 투자 원칙은 철저하게 장기투자이다. 그에게 가장 바람직한 투자 기간을 묻자 '영원히(forever)'라고 답했다고 한다. 고퍼들처럼 눈앞의 짧은 이익만 내다보고 단타매매를 일삼지 않는다. 심지어는 몇십 년을 보유하고 있는 종목도 있을 정도이니 웬만한 인내력이 아니고서는 불가능한 일이다.

주식투자뿐 아니다. 모든 실물경기는 부침이 있기 때문에 잘 나가다가도 추락하는 경우가 있는가 하면 추락하다가도 다시 상승세로 돌아서는 경우가 많다. 외환위기로 인해 고꾸라졌다가 다시 일어서고, 금융위기로 주저앉았다가 다시 일어서고, 여러 가지 단기적 요인으로 인해 내리막을 걷다가도 시간이 지나면 다시 오르막으로 올라서곤 했다. 이렇듯 플럭추에이션(fluctuation)이 있는 것이 실물경기의 특징이지만 긴 호흡으로 보면 모든 경기는 우상향을 해왔다. 과거 몇십 년을 놓고 보면 주식도 부동산도 모두 상승세를 기록했다. 불안하고 초조한 마음에 길게 기다리지 못하고 단타매매를 거듭하다 보면 상승장에 주식을 매수했다가 하락장에 매도함으로써 큰 손실을 보는 경우가 생긴다. 서둘러 결과를 얻고 싶은 마음을 꾹꾹 눌러 담으며 참고 기다릴 줄 아는 사람들은 맛있는 열매를 얻을 수 있지만 그렇지 못한 사람들은 어김없이 큰 피해를 입고 물러날 수밖에 없다. 그러니 주식이든 부동산이든 무엇엔가 투자하기 위해서는 꼭 필요한 역량 중 하나가 바로 인내력이다.

자기통제력과 만족지연

마시멜로 실험이나 부자들의 투자 조언은 모두 인내력이 성공하고 부를 축적하는 데 있어 필요조건 중 하나라는 것을 잘 알려주고 있다. 할아버지나 아버지가 대단한 재력가가 아닌 이상 인내력 없이는 성공할 수도 없고 부의 피라미드 정상에 오를 수도 없다는 얘기다. 내가 듣고 있는 강의에서 선생님이 가장 많이 하는 말은 "때가 될 때까지 기다려라"이다. 서두르지 말고 탄탄한 실력이 쌓일 때까지 내공을 다지라는 말을 귀가 아프도록 한다. 하지만 대부분의 고퍼들은 인내력을 발휘하는 데 어려움을 겪는다. 서둘러 부자가 되고 싶은 조급함과 욕망이 인내력을 가로막기 때문이다. 하루라도 빨리 지긋지긋한 돈 걱정에서 벗어나고 싶은데 찔끔찔끔 벌어서는 언제 가난에서 벗어날지 알 수 없으므로 욕심을 내는 것이다. 부자는 적은 돈을 소중히 여기지만 가난한 사람은 적은 돈에 만족하지 못하는 이유도 인내력이 부족한 데에 있다.

어디 돈 버는 일뿐이랴. 고퍼들은 매사에 인내력을 발휘하는 데 어려움을 겪는다. 살을 빼기 위해 다이어트를 결심했다가도 맛있는 치킨 앞에서 마음이 와르르 무너져버린다. 다시는 쓸데없는 물건을 충동구매 하지 않겠다고 다짐했다가도 멋진 옷이나 명품 가방을 보면 지름신의 유혹을 견뎌내지 못한다. 하루도 공부를 게을리하지 않고 자기계발에 매진하겠다고 굳게 마음먹었다가도 피곤하고 지치면 바로 자리에 눕고 만다. 아침에 일찍 일어나 아침형 인간이 되겠다고 마음먹었다가도 며칠 지나기도 전에 따뜻한 잠자리의 유혹에 마음이 무너져 내리고 만다.

미래의 큰 성취를 위해서는 현재의 작은 성취나 욕구를 뒤로 미룰 줄 아는 힘을 길러야 한다. 이를 '만족지연(gratification delay)'이라고 한다. 하지만 만족지연 능력을 기르려면 본능적인 욕구와 싸워야 하기 때문에 이겨 내기가 쉽지 않다. 무언가를 굳게 마음먹었다가도 늘 눈앞의 유혹에 무릎을 꿇고 마는 이유도 여기에 있다. 하지만 사소한 일에서의 인내력 부족은 큰일 앞에서도 인내력을 부족하게 만든다. 습관적으로 형성된 신경회로는 인내력을 발휘하기 어렵게 만들고, 평소 없던 인내력이 큰일을 앞두고 있다고 해서 생겨나는 것이 아니기 때문이다.

부의 피라미드 정상에 선 사람들은 만족지연을 자유자재로 활용할 수 있는 능력이 있다. 당장 눈앞에 보이는 열매가 달콤해 보이지만 조금 더 멀리 내다보고 기다리면 더욱 값진 열매를 얻을 수 있다는 것을 안다. 만족지연을 거듭하다 보면 기다림 후에 원하는 것을 얻을 때의 쾌감을 즐길 줄 안다. 그 말은 곧 자기통제력이 뛰어나다는 것을 나타낸다. 인내력이 주위의 유혹에 흔들리지 않고 자기 의지대로 행동할 수 있는 통제력을 부여하고, 그러한 힘이 그들을 에이펙스의 자리에 올려놓은 원동력 중 하나인 것이다.

아쉽게도 고퍼들은 부자가 되고 싶어 하면서도 한편으로는 편하게 쉬고, 배부르게 먹고, 피곤하지 않게 자고, 빡빡하지 않게 인생을 즐기며 살고 싶어 한다. 늘 말로는 부자가 되고 싶다고 하면서도 정작 힘든 과정은 거치고 싶어 하지 않는다. 과정은 생각하지 못하고 결과만 원한다. 가시밭길은 피하고 잔디가 깔린 평평한 길만 걷고 싶어 한다. 한번 지나가면 다시는 오지 않을 인생이라 여기고 현재의 안락과 즐거움을 추구한다. 하지만 이렇게 할 것 다 하고 즐길 것 다 즐기면서 인생도 편하게 살 수 있는 방법은 없다. 금수저나 다이아몬드수저가 아니고서야 말이다. 현재의 즐거움을 위해 미래를 희생하지 말고 미래의 즐거움을 위해 현재를 희생할 수 있어야 한다. 비록 지금은 힘들고 고단해도 꾹 참고 견뎌낼 줄 알아야 한다. 부라는 결과를 만들어내기 위해서는 반드시 거쳐야 할 과정이 있음을 잊어서는 안 된다.

A 씨는 6년 전쯤 5급 공무원의 자리에 있다가 뜻한 바 있어 명예퇴직을 하고 친구가 하는 사업에 모든 퇴직금을 털어 넣었다고 한다. 하지만 인생이 뜻대로 되는 일은 그리 많지 않듯, A 씨 역시 투자한 돈을 모두 날리고 하루아침에 빈털터리 신세가 되고 말았다. 그로 인해 가족들과도 아픈 이별을 겪어야 했고 한동안 고시원에서 혼자 살아야만 했다. 직장도 잃고, 하루아침에 가진 재산을 모두 잃고, 사랑하는 가족들과도 헤어졌으니 그가 겪었던 고통은 견디기 힘들 정도로 심했을 것이다. 그의 말에 따르면 삶의 낙도 희망도 찾을 수 없는 나날이었

다고 한다. 죽고 싶다는 생각도 많이 했지만 반드시 스스로 일어서겠다는 의지를 가지고 3년이라는 오랜 시간을 꾹 참고 버텼다.

그동안 그는 희망을 잃지 않고 돈을 벌기 위한 공부를 하면서 꾹 참고 버텼다. 하루에도 몇 번씩 절망과 희망 사이를 오고 갔지만 부자가 되기 위해 이를 악물고 버티었다. 그리고 3년이 지난 어느 날 적은 종잣돈을 이용해서 거짓말처럼 돈을 벌기 시작했고 지금은 30억대 부자가 되어 있다. 30억이라면 슈퍼리치라고 할 수 없는 돈이지만 고시원에서 달랑 맨몸으로 시작한 것치고는 대단한 성공이 아닐 수 없다. 몇 줄 안 되는 짧은 글로 그가 견뎌야 했을 고통의 시간을 설명했지만 그 3년을 참아낸다는 것이 보통의 인내력으로 이룰 수 있는 일은 아니다. 그런 인내력이 있었기에 그는 맨땅에서 다시 부자의 자리에 올라서는 기적을 이루어 낼 수 있었던 것이다. 그가 하는 사업은 이미 탄력이 붙었기에 시간이 지나면 조만간 에이펙스의 자리에 오를 것으로 보인다. 만일 그가 삶의 낙도 희망도 없다고 포기해 버렸다면 지금의 그 자리에 오를 수 없었을 것이다. 하지만 그 힘들고 고통스러운 시간을 꾹 참고 견뎌냈기에 에이펙스의 자리에 오를 것이라는 기대를 할 수 있다.

쉽사리 솥뚜껑을 열지 말라

요즘은 아이돌 그룹의 전성시대라 할 만큼 아이돌 그룹들이 참 많다. 그중 하나인 BTS는 세계적인 그룹이 되었고 한국의 역사에서 최초로 빌보드 차트 1위에 오르는 기염을 토하기도 했다. 이들을 비롯하여 한류 바람을 타고 세계에서 인기를 드높이는 아이돌 그룹들이 많아졌고 그 덕분인지 아이돌을 꿈꾸는 어린아이들도 많아졌다. 하지만 겉으로 보이는 화려한 모습과는 다르게 성공한 아이돌 그룹이 되기 위해서는 무척이나 힘들고 고통스러운 시간을 거쳐야 한다. 짧게는 2~3년에서 길게는 5년 가까운 시간까지 견뎌야 한다. 우리가 잘 아는 누군가는 한 방송 프로그램에 나와 데뷔하기까지 무려 10년 가까운 세월이 걸렸다고 했다. 그 긴 기간 동안 연습생이라는 신분으로 외부인들과의 접촉도 최소화되고, 스마트폰도 마음껏 쓰지 못하고, 몸매 관리를 위해 먹을 것을 조절해가며 오로지 안무와 노래를 익히는 훈련을 한다. 반복하고 반복하고 또 반복하며 의식하지 않아도 몸이 저절로 반응할 수 있을 때까지 연습을 거듭하는 것이다.

힘겨운 연습생 시절을 끝내고 데뷔한다고 해서 고통의 시간이 완전히 끝나는 것은 아니다. 데뷔하고 나서도 한동안은 연습생 시절과 다를 바 없이 생활해야 한다. 빡빡하게 짜인 살인적인 스케줄을 견디며 바쁘게 뛰어다녀야 하고, 피 끓는 나이임에도 불구하고 이성과의 교제도 할 수 없다. 살이 찌면 안 되므로 먹는 것 하나까지도 마음대로 할 수 없고 모든 사생활을 통제받아야만 한다. 인기 가수로 자리 잡은 아이돌 그룹의 모습은 화려하기 그지없지만 그 자리에 오르기까지는 피눈물 나는 노력이 있지 않으면 안 된다. 연습생들 중에는 간혹 그 혹독한 시간을 견디지 못해 그만두는 사람들도 있다. 그들의 결과는 극명하게 갈린다. 혹독한 시련의 시기를 견딘 사람들은 한류 열풍을 타고 세계인들로부터 사랑을 받으며 부와 명예를 누리지만 그 시기를 견디지 못하고 이탈한 사람들은 온갖 힘든 일을 전전하며 어렵게 살아간다. 어려운 시간을 견뎌내지 못한 자신의 잘못을 책망하면서 말이다. 인내력이 있는 삶과 그렇지 않은 삶은 이렇게 대조적으로 달라질 수 있다.

에이펙스는, 현재는 쳐다보기 힘들 정도로 큰 부자지만 처음부터 그 자리에 있었던 것은 아니다. 그들도 다른 사람들과 마찬가지로 온갖 어려움과 역경을 거쳐 그 자리에 올랐다. 때로는 길이 없을 때도 있고 때로는 견디기 힘든 고통이 찾아올 때도 있었다. 비교적 앞날을 예측할 수 있는 삶을 사는 고퍼들에 비해 주로 사업을 하는 에이펙스의 삶은 앞날이 불투명한 경우도 많다. 잘못된 의사결정 하나로 인해 그동안 어렵게 번 돈을 모두 까먹는 경우도 있다. 그들도 사람인지라 가끔은 밥이 익기도 전에 솥뚜껑을 열고 싶어 하기도 한다.

하지만 진짜 큰 부자가 된 사람들은 목표한 바를 이루기 위해 아무리 주위에 유혹이 있어도 쉽사리 뚜껑을 열지 않는다. 힘들고 어려운 상황에서도 그 어려움이 지나가고 나면 즐거운 날이 온다는 걸 알고 있기에 쉽게 좌절하거나 포기하지 않고 그 상황을 이겨내려고 한다. 앞이 보이지 않는 불확실한 상황에서도 그들은 쉽게 포기하는 법이 없다. 포기하고 주저앉고 싶을 때 거기에서 몇 발짝 더 나아가는 것이 성공의 지름길임을 그들은 잘 알고 있다. 그래서 그들은 성공의 원동력으로 무엇보다 인내력을 꼽곤 한다. 강철왕이라고 불렸던 카네기는 승부를 가리는 데 있어 가장 중요한 것이 인내라고 했다. 인내력이 있어야만 고퍼의 신세를 벗어나 에이펙스로 가는 길에 올라설 수 있다는 것이다.

인내력을 발휘하기 위해서는 쉽게 달아오르고 쉽게 식어버려서는 안 된다. 한국인을 비하하는 사람들은 흔히 민족성이 냄비 같다는 말을 한다. 얇은 냄비는 바닥이 얇고 열전도율이 높다 보니 단기간에 쉽게 끓어오르지만 식는 것도 순식간이다. 불에서 내려놓기만 하면 어느 사이 주위에 열을 빼앗긴 채 차갑게 식고 만다. 고퍼들은 마치 얇은 냄비와 같다. 무엇을 하든 쉽게 달아오르고 쉽게 지친다. 서둘러 결과를 얻고 싶은데 결과가 쉽게 나오지 않으니 마음이 지치고 마는 것이다. 직장생활도 마찬가지인지라 쉽게 지치고 쉽게 마음이 떠난다. 입사할 때 뼈를 묻겠다는 호언장담도 몇 개월만 지나면 눈 녹듯 사라진다. 그리고 무엇을 하든 제풀에 지쳐 쉽게 떨어져 나가고 만다. 조금만 더 참으면 큰돈을 벌 수 있는데 그 시간을 기다리지 못해 늘 손해를 보곤 한다.

반면에 에이펙스는 무쇠솥과 같다. 무쇠솥은 얇은 냄비에 비할 수 없이 두껍다 보니 달아오르는 데 꽤 오랜 시간이 걸린다. 하지만 한 번 달아오르면 쉽게 식지도 않는다. 무쇠솥 내부에 온기를 그대로 간직하고 있다. 양은 냄비가 채 5분도 지나지 않아 차갑게 식는 데 반해 무쇠솥은 하루가 지나도 그 열기를 고스란히 간직하고 있다. 에이펙스 중에는 탁월하고 비범한 재능을 가진 사람도 있지만 그렇지 않은 사람도 있다. 내가 만나본 부자들의 대다수는 뛰어난 학력이나 학벌, 재능도 없이 부를 일궈낸 사람들이었다. 그럼에도 불구하고 그들이 에이펙스의 자리에 오르게 된 데는 모자란 재능을 인내력으로 보완했기 때문이다. 《그릿》의 저자인 엔젤라 더크워스는 분야에 상관없이 대단히 성공하고 부를 이룬 사람들은 열정과 결합된 끈기가 있었다고 한다. 이를 다른 말로 표현하면 인내력이라고 할 것이다.

말은 쉽지만 인내력을 발휘하는 것은 보통 어려운 일이 아니다. 누구나 인내력을 발휘할 수 있었다면 누구나 성공을 하고 누구나 부자가 되었을 것이지만 그렇지 않은 걸 보면 말이다. 하지만 인내력은 성공과 부로 가기 위해 반드시 거쳐야 할 관문 중 하나다. 인내력 없이는 성공도 부도 이룰 수 없다. 해마다 봄이 되면 주위의 온갖 나무들이 갖가지 꽃을 피워내지만 봄꽃이 가장 화려하게 피는 시기는 온화한 겨울을 보내고 난 후가 아니다. 혹독한 겨울을 보내고 난 후에 꽃은 가장 화려하게 피어난다. 큰 부자로 가는 길이 항상 순탄한 것만은 아니다.

온갖 장애물과 가시밭길이 도사리고 있다. 하지만 눈 앞에 펼쳐지는 그 시련을 묵묵히 참아내고 견뎌낼 수 있는 사람들만이 부의 정상에 오를 수 있다. 처칠은 퇴임 후 옥스퍼드 대학의 졸업축사에서 '포기하지 말라(Never give up)'라는 말을 수차례나 강조했다고 한다. 그만두고 싶을 때, 두 손 두 발 다 들고 물러나고 싶을 때, 앞이 보이지 않아 절망스러울 때 몇 발자국만 더 앞으로 갈 수 있는 인내력을 길러보라. 분명 부자가 되는 길에 가까워질 것이다.

> **에이펙스 스피릿 14**
>
> **부의 크기는 인내력의 크기가 좌우한다**
>
> 부를 축적하는 일은 하루아침에 이루어질 수 없다. 오랜 기간 힘들고 고통스러운 과정을 거쳐야만 손에 쥘 수 있는 것이 부이다. 그 시간을 참고 견디지 못하면 원하는 결과를 얻기 어렵다. 현재의 만족을 미래의 즐거움을 위해 희생할 줄 아는 자기통제력이 필요하다.

15

큰 물고기를 잡기 위해 비싼 미끼를 쓴다

인풋 없이 얻어지는 아웃풋은 없다

나와 꽤 가까운 사이인 한 부자는 자산이 약 120억 원 정도 된다. 가끔 그를 만나 "오천만 원만 땡겨줘요"라고 농담을 하면 정색을 하고 바라본다. 실제 돈이 필요해서 한 말이 아니고 오래전에 개그 프로그램에서 유행하던 이야기를 농담처럼 한 것뿐인데 그 사람은 늘 그렇게 반응을 한다. 그럴 때면 정이 뚝뚝 떨어지기도 한다. 그뿐이 아니다. 그와 만나면 칼국수나 감자탕 정도로 저녁을 때우는 경우가 많다. 커피도 비싼 곳은 가지 않는다. 스타벅스 대신 이디야 커피를 주로 마신다. 그나마 자리에 앉아 이야기를 나누어야 하니 그 정도지, 만일 그렇지 않았다면 1,200원짜리 편의점 커피로 때웠을지도 모른다. 자린고비 같은 그의 행동에 가끔 짜증이 나기도 하지만 그는 이천만 원 가까이 들어가는 최고경영자 과정을 듣기도 했고 한 시간에 백만 원을 훌쩍 넘는 주식투자나 부동산투자 강의를 듣곤 한다. 겨우 2~3만 원의 음식값을 아끼는 사람이 수백만 원 혹은 수천만 원짜리 강의에는 돈을 아끼지 않는다. 그런 모습을 보면 '나의 가치가 그것밖에 안 되나?' 하는 회의가 들기도 하고 한편으로는 그의 씀씀이가 이해가 되지 않기도 했다.

에이펙스 스피릿을 가진 사람과 그렇지 않은 사람들 간에는 돈을 쓰는 방식에 있어서도 큰 차이가 난다. 고퍼들부터 살펴보기로 하자. 고퍼들은 두 부류로 나뉜다. 한 부류는 입을 것 안 입고, 먹을 것 안 먹고, 사고 싶은 것 안 사며 허리띠 졸라매고 죽어라 돈을 모으는 사람들이다. 이들은 최소의 비용만 들여 생활하며 여윳돈은 모두 저축한다. 돈을 모으는 것이 우선이다 보니 늘 빠듯한 생활비에 시달리며 돈이 없다고 징징거리며 산다.

또 다른 한 부류는 그래도 고생해서 번 돈인데 여유 있는 만큼은 쓰자는 사람들이다. 이들의 경우 자기만족을 위해 아낌없이 투자하는 경향이 있다. 비싼 명품 가방, 고급 옷이나 신발, 고급 차, 고급 음식 등 자기 자신이 돈을 벌기 위해 고생을 하고 있으므로 스스로를 위로하고 보상하려고 한다. '돈 버느라 다니기 싫은 직장 다니면서 고생했으니까 충분히 그럴 자격이 있어' 하며 자신을 위로하는 것이다. 때로는 그것이 몇 달 치

월급을 아끼고 아껴야만 가능한 물건이라도 돈을 쓸 때는 주저하지 않는다. 집은 없어도 외제 차를 타기도 한다. 그런 소비를 통해 그들은 삶의 즐거움을 느낀다. 이들이 쓰는 돈은 주로 소모성 비용이다. 갈수록 가치가 떨어지는 물건이나, 한 번 소비하면 그대로 흔적 없이 사라지는 것 말이다. 그래서 이들의 소비는 별로 생산적이지 않다.

죽어라 허리띠 졸라매며 아끼고 저축하는 사람들이나 자기 자신을 위해 아낌없이 투자하는 사람들이나 고퍼들에게는 공통점이 있다. 여윳돈이 남아 있을 때가 없다는 것이다. 그러다 보니 그들은 돈이 들어가야 하는 투자에 대해서는 인색하기 그지없다. 여기서 투자라고 하는 것은 자신의 가치를 끌어올리는 것, 혹은 돈을 벌 수 있는 기회를 잡을 수 있는 것에 돈을 들이는 것을 말한다. 고퍼들은 담뱃값으로 한 달에 14만 원 가까운 돈을 쓰거나, 수백만 원짜리 명품 가방을 덜컥 구입하면서도 10만 원짜리 교육에 대해서는 아까워한다. 주식투자, 부동산경매, 그 외 돈 버는 방법을 배울 수 있는 강의들은 꽤나 비싸다. 물론 과정에 따라 수강료가 천차만별이긴 하지만 어떤 강의는 월급이 많지 않은 사람이라면 절반을 뚝 떼어 바쳐야만 할 정도로 비싸기도 하다. 아끼고 아끼며 자린고비처럼 사는 사람들이나, "인생 뭐 있어?"를 외치며 쓰는 게 남는 거라 여기는 사람들이나, 고퍼는 이렇게 가치를 높일 수 있는 곳에 돈 쓰는 것을 무척 인색해 한다.

가진 재능을 활용하기 위해 난 책 쓰기 코칭을 하고 있다. 석 달 가까이 시간이 걸리는 데다 다수를 상대로 한 일방적 강의가 아니라 예비저자의 상황을 고려한 1:1 형태의 맞춤 코칭이다 보니 코칭비가 비싼 편이다. 책 쓰기 코칭을 한다고 홍보를 하자 많은 사람들로부터 문의가 들어왔다. 하지만 제일 먼저 묻는 건 비용이다. 그리고 비용을 알려주면 입을 쩍 벌리며 고개를 절레절레 흔든다. 출판사 투고까지 책임지고 이끌어 주겠다고 해도 고개를 가로젓는다. 생각해보면 참 안타깝다. 그래도 책 쓰기 코칭에 관심을 가지고 문의를 할 정도면 책을 쓰고 싶다는 소망이 있을 텐데 그런 사람들이 돈이 아까워서 투자를 못 하고 책 쓰기를 미룬다는 것이 답답하게 여겨지기도 한다.

고퍼와는 달리 에이펙스는 가치가 떨어지는 물건에 대한 투자나 소모적 소비는 가급적 꺼린다. 물론 그들 중에도 좋은 집, 좋은 차, 좋은 옷을 사는 사람들이 있긴 하지만 상당수의 사람들은 불필요한 소비를 줄이려고 노력한다. 어마어마한 거부 중 한 사람인 알리바바의 마윈 회장은 자신이 설립한 후판 창업학교(Hupan University)에서 강의할 때 낡은 부셰를 신고 나와 큰 화제가 되었다. 부셰는 헝겊으로 만든 중국의 전통 신을 말한다. 페이스북의 창업자인 마크 저커버그는 사무실과 가까운 곳에 집을 얻어 놓고 걷거나 자전거를 이용해 출퇴근한다고 한다. SPA 브랜드 '자라(ZARA)'를 설립한 인디텍스 그룹의 오르테가 회장은 전 세계에서 가장 돈이 많은 사람 중 하나임에도 불구하고 유사한 패션 아이템을 반복해서 입으며 구내식당에서 5달러짜리 점심을 사 먹는다고 한다. 또 미국 케이블 TV 방송사인 디시 네트워크(Dish Network)의 회장인 찰리 에르겐은 매일 샌드위치를 싸 가지고 다니며 여행을 할 때는 동료들과 호텔방을 함께 쓴다고 한다. 델(Dell)의 창업자인 마이클 델은 무려 23조 원에 달하는 자산을 소유하고 있음에도 불구하고 이미 단종된 차량인 허머(Hummer) H2를 타고 다니며, 페이스북의 공동창업자인 더스틴 모스코비치는 매일 자전거로 출퇴근한다. 《존 리의 부자되기 습관》을 쓴 한국의 존 리 역시 자가용을 굴리지 않고 대중교통을 이용하여 출퇴근하는 것으로 알려져 있다.

하지만 그들이 돈을 아껴 쓴다고 해서 절대 자린고비는 아니다. 그들이 고퍼와 근본적으로 다른 점은 '쓸 데 쓰고 안 써야 할 곳에는 안 쓴다'는 것이다. 그들은 비록 일상적인 생활에 들어가는 소소한 비용은 아끼지만 투자에는 절대 인색하지 않다. 무언가 가치를 만들어낼 수 있는 것이라면 돈을 아끼지 않고 기꺼이 투자하려고 한다. 그것이 교육이 되었든, 사람을 만나는 일이 되었든, 아니면 직접적인 투자가 되었든 말이다.

에이펙스가 투자에 들어가는 돈을 아까워하지 않는 것은 투자에 대한 생각이 고퍼들과 다르기 때문이다. 그들은 돈을 벌기 위해서는 반드시 투자가 필요하다고 여긴다. 마치 물건을 만들어내는 기계처럼 말이다. 기계가 제품을 만들어내기 위해서는 무언가가 투입되어야 한다. 사과잼을 만들려면 사과와 설탕과 연료가 들어가야 하고, TV를 하나 만들어내기 위해서는 LCD 패널과 반도체, PCB 등 여러 가지 부품이 들어가야만 한다. 아무것도 투입하지 않고서는 그 무엇도 만들 수 없다.

에이펙스는 이러한 시스템의 기본 법칙을 잘 알고 있다. 그래서 투자하는 것이 없으면 건질 수 있는 게 없다는 것을 잘 안다. 그리고 투자의 질이 높으면 높을수록 더 좋은 가치를 뽑아낼 수 있다는 것도 안다. 그러기에 그들은 투자를 당연한 것으로 여기며 아까워하지 않는다. 비록 수백만 원이 되고 수천만 원이 되어도 그런 것을 통해 자신의 가치를 높일 수 있거나 돈을 만들어낼 수 있는 기회를 잡을 수 있다고 생각되면 망설이지 않고 투자한다. 가격이 비싼 명품 상의에 가면 돈 없는 사람보다 돈 있는 사람이 더 많은데 그 이유는 돈이 있고 없고의 차이 때문이 아니라 투자에 대한 생각의 차이가 있기 때문이다.

투자의 두려움을 수익으로 상쇄하라

에이펙스는 무언가에 투자를 하면 반드시 투자한 것 이상으로 뽑아낼 수 있다고 믿는다. 그리고 실제로 투자한 것을 통해 무언가를 뽑아내려 애쓴다. 100만 원짜리 강의를 들으면 그 강의를 통해 100만 원 이상의 가치를 뽑아낸다. 500만 원을 들여 주식투자 강의를 들으면 그 강의에서 배운 내용을 활용해 500만 원 이상의 가치를 건져내려고 한다. 만일 500만 원을 투자해서 500만 원의 이익을 얻었다면 비록 시간상으로 손실은 있을 수 있지만 금전적으로는 적어도 손해 본 것은 아니지 않을까? 게다가 이번이 아니면 다음 기회에 또 배운 것을 활용할 수 있으니 투자하는 돈이 아깝지 않을 수 있다. 1,000만 원을 들여 부동산경매 노하우를 배운다면 부동산투자를 통해 1,000만 원 이상의 가치를 뽑아내려고 한다. 책 쓰기 강의를 듣는다면 비록 자신에게 부담이 되는 금액이라고 해도 과감하게 투자한다. 그리고 책을 써서 브랜드가치를 높이고 인세나 강연, 동영상 촬영, 방송 활동 등으로 수익을 창출함으로써 투자한 금액 이상의 수익을 올리려고 한다.

아무것도 투입하지 않고서 사과잼이 나오고 TV가 만들어져 나오길 기대해서는 안 된다. 물고기를 잡으려면 반드시 미끼가 있어야 하지만 안타깝게도 고퍼들이 하는 행동은 빈 낚싯대를 드리우고 물고기가 알아서 물어 주기를 바라는 것과 크게 다를 바 없다. 여윳돈이 없다 보니 투자를 아까워하고 투자를 꺼린다. 그러면서 부자가 되기를 기대하는 건 어불성설이다. 세상에 공짜로 얻어지는 것은 없다. 땅을 파서 돈이 나올 리 없지만, 땅을 파서 돈을 얻으려면 적어도 땅을 팔 수 있는 도구에는 투자를 해야 한다. 고퍼들은 투자는 하지 않고 아웃풋만 가지고 싶어 한다. 로또는 사지 않으면서 로또에 당첨되길 바라는 것과 다를 바 없다. 결국 고퍼는 가치를 올리는 데 투자하는 것을 아까워하고 이 때문에 부자로 가는 길이 멀어지지만, 에이펙스는 가치를 올리는 데 투자하는 것을 아깝게 여기지 않고 적극적으로 투자를 하니 더욱 많은 돈을 모으게 되는 것이다. 이것이 부자와 부자가 아닌 사람들의 투자를 대하는 방식의 차이다. "빈익빈 부익부"라는 말이 나오는 이유도 바로 이 때문인지 모른다.

"난 아닌데요" 하며 고개를 가로젓는 사람들도 있을지 모른다. 이들은 자신이 명품과 거리가 멀고, 투자를 하지 않는 것은 투자에 따른 위험이 크기 때문이라고 주장한다. 하지만 이들이 투자를 망설이는 진짜 이유는 투자한 것을 회수하는 것에 대한 두려움 때문이다. 만약 100만 원을 투자했을 때 100%의 확률로 200만 원을 벌 수 있는 사업이 있다고 하면 그 누구도 투자를 망설일 사람은 없을 것이다. 1,000만 원을 투자하여 100%의 확률로 1억을 벌 수 있는 사업이 있다고 하면 사채를 써서라도 달려들 것이다. 하지만 주식투자도, 부동산경매도, 다른 투자도 확실히 보장할 수 있는 건 아무것도 없다. 주식을 해서 그나마 가지고 있는 것을 모두 잃고 쪽박을 찰 수도 있고, 부동산경매로 집을 낙찰받았다가 골치 아픈 상황에 걸려 인생이 피곤해질 수도 있다. 책 쓰기에 몇백만 원을 투자했다가 책도 못 내고 돈만 날릴 수도 있다. 모든 투자는 리스크가 있기 마련이니 투자에 대해 두려움을 갖는 것은 당연한 얘기다. 하지만 이런 식으로 생각을 하면 그 어느 것에도 투자할 수 없다.

일반적으로 사람들에게는 '손실회피(loss aversion) 심리'가 있다. 행동경제학자인 아모스 트버스키와 대니얼 카너먼에 의하면 사람들은 얻을 수 있는 가치보다 잃을 수 있는 것의 가치를 더 심각하게 평가하는 경향이 있다고 한다. 예를 들어 10만 원을 벌었을 때의 행복감보다 10만 원을 잃어버렸을 때의 상실감이 더 크다는 것이다. 경우에 따라서는 이러한 심리가 2배까지 차이가 난다고도 한다. 만일 동전을 던져서 앞면이 나올 경우 15만 원을 받고, 뒷면이 나올 경우 10만 원을 내야 하는 게임이 있다고 하면 이 게임을 통해 얻을 수 있는 수익의 확률적 기대치는 2만 5,000원이 된다(50%의 확률로 15만 원을 벌 수 있으니 이때의 기대수익은 7만 5,000원이 되고, 50%의 확률로 10만 원을 잃을 수 있으니 이때의 기대손실은 5만 원이 되기 때문이다). 그렇다면 손해 볼 것이 없는 데도 대다수의 사람들은 이 게임을 하고 싶어 하지 않는다. 뒷면이 나와 10만 원을 전부 잃게 될지도 모른다는 불안감이 작용하기 때문이다.

사람들에게는 손실을 피하고 싶은 성향이 있는데 이러한 성향이 두려움을 만들어내고 투자로부터 멀어지게 만드는 요인이 된다. 아무것도 투자하지 않으면 적어도 잃지는 않을 것이니 말이다. 돈을 더 벌지는 못해도 가진 돈을 잃지나 말아야겠다는 '현상유지편향(status quo bias)'이 나타나는 이유도 여기에 있다.

그래도 어찌 마음을 먹고 투자를 하는 경우에도 문제가 생긴다. "싼 게 비지떡"이라는 말이 있는 것처럼 금액(투자비)이 낮게 책정된 것에는 그만한 이유가 있다. 비싼 강의는 그만큼 높은 수익을 보장하지만 싼 강의는 그렇지 못하다. 획일적이고 단정적으로 말할 수는 없지만 대체로 그렇다. 가르치는 사람이 자신의 노하우를 그대로 실천하기만 하면 큰 수익을 올릴 수 있다고 자신할 수 있으면 자신의 강의에 낮은 금액을 책정할 이유가 없다. 하지만 될 수도 있고 안 될 수도 있다고 생각하면 자신의 강의에 높은 금액을 책정할 수 없다. 고퍼들은 자금의 여유가 없다 보니 투자를 하려고 해도 이런 곳만 기웃거린다. 여전히 두려움은 있지만 큰돈을 날리는 것보다는 나을 수 있으니 말이다.

하지만 '리스크'와 '리턴'은 양면거울과 같아서 한쪽만 보면 다른 한쪽은 보이지 않는다. 고퍼들은 리스크만 바라본다. 다른 면은 바라보지 못하고 오로지 한쪽 면만 바라보는 것이다. '아 이거 어쩌지, 돈이 너무 많이 드는데. 해야 돼, 말아야 돼?' 하며 발만 동동 구르거나 '투자했다가 본전도 못 건지면 어쩌지?' 하며 망설이다가 그만두고 만다. 결국 투입하는 것이 없으니 투자를 통해 건져낼 것도 없다. 시간이 지나고 고생은 고생대로 함에도 불구하고 나아지는 것이 별로 없다. 빈 낚싯대를 드리우면 빈 낚싯대만 건져 올릴 뿐이다. 강태공처럼 하루아침에 재상으로 등용되고 스타의 자리에 오르는 사람도 있지만, 이는 극소수에 불과하다. 리스크에는 반드시 리턴도 있기 마련이다. 리턴 없이 리스크만 있는 경우도 거의 없고, 리스크

없이 리턴만 있는 경우도 드물다. 리스크와 리턴은 반드시 짝을 이루어 다닌다. 그러므로 무언가 리턴을 얻기 위해서는 리스크를 감수하지 않으면 안 된다. 하이 리스크(high risk)일수록 리턴 역시 높다(high return).

성공에는 반드시 투자가 필요하다는 것을 에이펙스는 안다. 그리고 그 투자에는 리스크가 있다는 것도 누구보다 잘 안다. 하지만 에이펙스는 투자에 대한 두려움을 회수에 대한 확신으로 보상한다. 비록 리스크가 있더라도 그 리스크를 이겨내고 투자한 돈을 회수하는 쪽에 초점을 맞춘다. 자신에게 필요한 것을 얻기 위해 과감히 투자하되 반드시 투자한 것을 건지려 노력한다. 에이펙스라고 해서 리스크가 줄어드는 것도 아니고 두려움이 없는 것도 아니지만 적어도 자신의 가치를 높이기 위한 투자는 그만큼의 값어치를 한다고 여긴다.

자신의 가치 향상에도 적극 투자하라

투자가 꼭 교육에만 해당되는 것은 아니다. 자기 스스로에 대한 홍보와 마케팅을 통해 브랜드가치를 높이고 부를 만들어내는 기회를 잡는 것도 중요하다. 〈트루맛쇼〉라는 다큐멘터리 프로그램이 있다. 방송에 등장하는 소위 '맛집'이라고 하는 집들의 실체를 낱낱이 밝혀내는 고발 영화 중 하나다. 핵심 내용은, 돈만 있으면 아무리 맛없는 집, 말도 안 되는 메뉴를 가진 음식점도 방송의 힘에 의해 사람들이 몰려드는 맛집이 될 수 있다는 것이다. 실제로 이 다큐멘터리에서는 점포를 하나 얻은 후 세상에 존재하지 않는 메뉴를 만든다. 고민해서 만든 것도 아니고 프로그램 제작을 위해 별생각 없이 뚝딱 만들어낸 메뉴이다. 그리고 방송국에 일정 비용을 지불하고 맛집으로 소개해달라고 요청한다. 방송국에서는 식객 아르바이트를 동원해 맛집인 것처럼 포장을 하고 이후 프로그램을 본 사람들이 몰려든다. 방송에 보여지는 맛집이라는 것이 결국은 돈에 의해 만들어진 사기극에 불과하다는 내용이라 할 수 있다.

만일 독자 여러분이 음식점을 하고 있는데 맛이 지독하게 없어서인지 아니면 서비스 수준이 낮아서인지 도통 사람이 찾질 않는다고 생각해보자. 매일 파리만 날리고 있는 상황인데 방송국에서 연락이 와서 일정 금액을 투자하면 맛집으로 방송에 내보내 주겠다고 제안한다. 한 번 방송을 타면 사람들이 구름떼처럼 몰려들 것은 자명한 일이다. 여러분은 그 제안을 받아들일 것인가 말 것인가? 깊이 고민할 것도 없이 이런 경우는 사기라고 할 수 있다. 맛이 없거나 서비스가 형편없어 사람이 찾지 않는 식당을 맛집으로 포장함으로써 고객들의 귀중한 시간과 돈, 그리고 맛있는 음식을 먹을 수 있으리라는 기대감을 송두리째 앗아간 나쁜 행위이니 말이다.

그렇다면 이번에는 나름 어느 정도 맛도 갖추었고 서비스며 청결이며 모든 것이 나쁘지 않음에도 불구하고 단지 사람들에게 알려지지 않았다는 이유로 손님이 많이 찾아오지 않는 경우라 해보자. 역시 어떻게 해야 하나 고민하던 차에 방송국에서 맛집으로 출연시켜주겠으니 일정 대가를 달라고 요구해왔다면 어떻게 하는 것이 좋을까? 어떤 행동이 올바른 것인지 결론 내리기는 쉽지 않을 것이다. 그러나 양심의 여부를 떠나, 그것이 여러분이 하고 있는 음식점을 알릴 수 있는 좋은 기회이고, 한 단계 높은 곳에 오를 수 있는 성장의 디딤돌이 될 수 있다면 적어도 한 번쯤은 고민해 보는 게 맞지 않을까 싶다.

이번에는 맛집이 아니라 지금 독자 여러분이 하고 있는 일을 떠올려보자. 여러분이 하고 있는 일의 분야에서 여러분을 알릴 수 있는 기회가 있는데 돈을 좀 투자해야 한다면 그 제안에 응하겠는가 아니면 일언지하에 거절하겠는가? 윤리적이고 도덕적인 문제가 될 수 있겠지만 만약 그것이 거짓이 아니라면, 비록 돈을 들긴 하지만 자신을 널리 알릴 수 있고 가치를 높일 수 있는 일이라면 투자하는 것을 고려해볼 필요가 있다. 맛집도 아니면서 돈을 써서 맛집이라고 포장하는 것이나 실력도 없으면서 전문가처럼 포장하는 것은 해서는 안 되는 비양심적인 행동이지만, 자신이 하는 일에 책임질 수 있는 실력이 있다면 그런 곳에 투자하는 것을 굳이 망설일 필요가 없다. 기업에서 하는 홍보나 마케팅이라는 것이 결국엔 이와 같은 것이 아니겠는가? 내가 먼저 나서서 돈을 써서 홍보를 하고 마케팅을 하는 것이나 누군가가 먼저 제안을 해 오는 것이나 다를 건 없다.

세상은 투자한 만큼 건질 수 있는 곳이다. 투자 없이 건질 수 있는 것은 아무것도 없다. 비록 투자한 돈이나 노력, 시간 등을 되돌릴 수 없는 일이 생긴다 해도 투자 없이 아무것도 하지 않는 것보다는 낫다. "어떻게 하면 부자가 될 수 있느냐?"는 내 물음에 내가 만난 부자들의 반 이상이 "투자를 아까워하지 말라"고 조언했다. 그리고 그들이 덧붙인 말은 이거였다.

"투자하는 것이 아깝거나 두렵거든 그냥 죽어라 일하고 열심히 모아 평범하게 살아. 부자가 되겠다는 생각은 접어두고."

돈을 벌고 싶거든 돈을 벌 수 있는 기회, 그리고 자신의 가치를 높일 수 있는 분야에 대한 투자를 아끼지 말아야 한다.

에이펙스 스피릿 15

큰 물고기를 잡기 위해 비싼 미끼를 쓴다

투자 없이 성과를 기대할 수 있는 것은 세상에 아무것도 없다. 무언가를 얻기 위해서는 반드시 투입되어야 하는 것이 있게 마련인데 부라고 하는 것도 마찬가지다. 투자에 인색하지 않은 사람일수록 더 많은 부를 만들어낼 수 있다. 아낌없이 투자하고 그것을 통해 수익을 창출하려는 마음가짐이 필요하다.

16

목표 달성의 지름길은 정보 수집에 있다

사소한 정보 하나도 돈이 될 수 있다

인천에서 사업을 하는 B 씨의 주력사업은 미얀마에서 반가공된 가죽제품을 수입하여 한국에서 완제품을 위탁생산한 후 판매하는 것이다. 그가 만들어 파는 제품은 신발인데 수입한 반제품에 비해 그가 판매하는 완제품은 몇십 배의 가치를 가진다. 그러기에 그는 그 사업으로 공장 하나 없으면서도 '땅 짚고 헤엄치기'처럼 손쉽게 돈을 벌고 있다. 평범한 직장인이었던 그가 그 사업에 뛰어든 건 아주 우연한 기회 때문이었다. 고등학교 동창생 모임에서 코트라(KOTRA)에 근무하는 친구를 통해 미얀마의 바느질 기술이 뛰어나서 반가공된 가죽제품을 수입하는 사람들이 있다는 얘기를 지나치듯 듣게 되었고, 이후 조사를 통해 완제품을 만들어 팔면 막대한 수익을 올릴 수 있음을 알게 된 것이다.

오랜 기간 꼼꼼하게 자료조사를 거친 그는 회사를 그만두고 사업을 시작하여 지금은 수백억대의 자산가가 되었다. 그는 만일 그 정보를 듣지 못했거나 흘려들었더라면 아직도 노후를 걱정하며 살고 있을 것이라며, 돈이라는 것이 아주 작은 정보 하나로도 쉽게 벌 수 있는 것임을 절실하게 깨달았다고 했다. 정보가 돈이라는 말은 수도 없이 들었지만 실제로 그런 일이 일어날 수 있다는 걸 알고는 푼돈을 모아가며 허리띠 졸라매고 산 지난날이 허무하게까지 느껴졌다고도 했다.

또 다른 부자 P 씨는 돈과 관련된 정보는 사소한 것이라도 흘려버리지 않는다고 한다. 실제로 그에게는 아주 재미있는 특징이 있는데, 휴대폰으로 날아오는 스팸 문자 하나도 허투루 보고 넘기지 않는다는 것이다. 우리 같으면 짜증을 내며 받자마자 지울 만한 주식, 부동산, 각종 투자 관련 문자를 그는 바로 삭제하지 않고 꼼꼼히 살펴본다. 가끔은 문자를 보낸 곳에 전화를 걸어 궁금한 사항을 꼬치꼬치 캐묻기도 한다. 상대방이 제대로 답을 못하거나 예상한 내용과 다르면 그제서야 미련 없이 해당 문자를 지워버린다. 텔레마케팅에 대해서도 마찬가지다. 어찌나 꼬치꼬치 캐묻는지 오히려 전화를 한 상대방이 곤혹스러워하며 먼저 전화를 끊는 경우가 많다. 그의 행동에 대해 의아해하자 그는 자신도 대부분의 문자나 전화가 별 도움이 안 된다는 것을 알고 있지만 백에 하나 정도는 정말 도움이 되는 정보도 있다며 사금을 캐는 심정으로 그렇게 행동한다고 했다.

현대를 흔히 정보화 사회라고 부른다. 정보화 시대에 가장 중요한 능력은 두말할 것도 없이 자신에게 필요한 고급 정보를 남들보다 빨리 손에 넣고 그것을 활용하여 부가가치를 창출해 낼 수 있는 정보력일 것이다. 올바른 정보를 남들보다 앞서가진 사람은 큰돈을 벌고 성공의 자리에 오를 수 있지만 올바르지 못한 정보를 가졌거나 정보입수에 뒤처진 사람은 가진 돈을 잃고 인생을 힘들게 살 수밖에 없다. 그 단적인 예가 주식시장이다. 특정 기업이 '어닝 서프라이즈(earning surprise)'를 기록할 것이라는 정보를 누구보다 재빠르게 입수한 사람들은 그 주식을 사들여 큰돈을 벌지만 그러한 정보를 가지지 못한 사람은 '이 주식이 왜 오르는 거야?'라며 의아해하다가 투자할 기회를 놓친다. 그리고 벌 만큼 번 사람들이 시장에서 빠져나가려고 할 때쯤 그 주식을 사서 큰 손해를 보곤 한다. 이처럼 정보력은 부의 피라미드 정상에 오르기 위해 반드시 필요한 요소 중 하나다.

내가 마지막으로 근무했던 회사에서 있었던 일이다. 당시 그 회사에는 크고 작은 몇 개의 계열사가 있었는데 그중 한 계열사에서 신제품을 개발하는 일에 착수했다. 기존에 있던 재료와는 전혀 다른 재료를 써서 신개념의 단열재를 만드는 일이었다. 신사업에 착수할 당시만 해도 제품에 대한 아이디어만 가지고 있었을 뿐 기술 확보도 이루어지지 않은 상태였고 그 어떠한 형태의 사업계획도 갖추어 놓지 못했다. 당시 난 지주회사의 전략을 총괄하는 자리에 있었기에 그러한 사실을 잘 알고 있었고 그 사업의 성공 가능성이 아주 불투명하다는 것을 피부로 느끼고 있었다.

하지만 그 회사에서 신제품을 개발한다는 소문이 밖으로 흘러나가자 투자자들의 돈이 몰려들기 시작했다. 5,000원 안팎을 기록하던 해당 계열사의 주식은 순식간에 10배까지 치솟았고 그 회사의 제품 개발과 무관한 다른 계열사의 주식마저 덩달아 연일 상한가를 쳤다. 내부를 들여다보면 가능성이 5%도 안 될 정도로 한심하기 짝이 없는 상황이었음에도 불구하고 이미 주식시장은 과열될 대로 과열된 상태였다. 불 난 집에 기름을 붓듯 그룹의 IR팀에서는 더욱 주가를 높이기 위해 연일 증권사에 구애를 하기 시작했고 마침 소재가 필요했던 증권사에서도 핑크빛 전망을 내놓기 시작했다. 시간이 갈수록 소위 말하는 '묻지 마 투자'는 날이 갈수록 심해졌다.

그런데 그 와중에 아주 기가 막힌 일이 일어났다. 당시에 같은 이름을 가진 제약회사가 있었는데 이 회사의 주식도 연일 상한가를 기록한 것이다. 이름만 같을 뿐 그 제약회사와 내가 근무했던 그룹은 전혀 상관이 없었다. 단돈 1원도 지분투자가 이루어진 바 없었다. 그렇듯 어떤 연관 관계가 없음에도 불구하고 그 회사의 주식은 연일 상승세를 기록했다. 이름만 보고 같은 그룹의 계열사라고 판단했던 사람들이 무분별하게 그 회사의 주식에 투자한 것이다. 1,000원대를 오가던 그 회사의 주가는 어느새 1만 원 가까이 올라 있었다.

지금은 퇴사한 지 오래됐기에 자세한 사정을 알 수 없지만, 이 글을 쓰면서 신제품 개발을 추진했던 회사의 주식 가치를 살펴보니 한때 5만 원까지 치솟았던 주가는 1만 5,000원대로 주저앉아 있었다. 소문만 듣고 비싼 가격에 주식을 산 사람들은 막대한 손실을 입었을 것이 틀림없다. 당시 그 회사의 주식 가치는 상당히 낮은 상태였기에 자금조달이 쉽지 않았고 전략본부에서는 주식 가치를 끌어올리기 위해 무리할 정도로 기업 홍보에 열을 올리던 상태였다. 신사업에 필요한 핵심기술은 전혀 확보되지 않은 상태였고 사업화 전략조차 없었지만 투자자들은 그런 상황을 전혀 알지 못했다. 오로지 확인되지 않거나 부풀려진 소문만 믿고 가진 돈을 모두 투자한 사람들은 큰 피해를 입은 것이다.

지금도 이런 일은 수없이 벌어지고 있다. 변변한 사업 아이템도 갖추지 못한 회사의 상장 공모주 청약에 '묻지 마' 식으로 엄청난 자금이 몰리는 것을 보면 얼마나 정보에 눈먼 사람들이 많은지 알 수 있다. BTS의 소속사인 B사의 주식공모에 사람들이 구름처럼 몰려들었다가 불과 며칠 만에 반 토막이 나자 환불해달라는 요청이 쇄도했다는 기사를 보았다. 주식시장에서 환불이라니! 주식투자를 마치 마트에서 상품을 고르는 것처럼 개념 없이 생각하는 것 같아서 놀랍고 딱한 생각이 들었다. 하나의 사례일 뿐이지만 정보에 어두우면 이런 일이 벌어질 수 있다. 돈을 벌고 싶다는 의지는 있지만 올바른 정보를 갖지 못하면 급류에 놓인 징검다리를 눈을 가리고 건너는 것과 다를 바 없다. 운이 좋으면 건너편으로 안전하게 넘어갈 수 있겠지만 필경 발을 헛디디고 급류에 휘말려 들 가능성이 더 크다. 증권학회가 2013년에 발간한 자료에 의하면 투자자들의 거래행태 중에서 수익률 변화에 상대적으로 큰 영향을 미치는 것 중 하나가 정보력이라고 하는데, 이는 뒤집어 얘기하면 정보력이 약하면 약할수록 수익률을 높이기 어렵다는 말이기도 하다.

돈을 많이 벌고 성공한 사람들의 대부분은 정보를 입수하고 활용하는데 뛰어난 능력을 가지고 있다. 그들은 누구보다 질 좋은 정보를 빠르게 입수하기 위해 신경을 쓴다. 부의 피라미드 정상에 선 사람 치고 정보력이 약한 사람이 없다. 소문을 듣고 남들 뒤꽁무니를 따라다니다가 부의 피라미드 정상에 오른 사람은 한 사람도 없다. 에이펙스 스피릿을 가진 사람들은 돈이 정보로부터 만들어진다는 것을 잘 알고 있다. 그러기에 그들은 평소에 정보를 얻을 수 있는 자신만의 네트워크를 가지고 있으며 그것을 통해 정보를 수집하는 데 많은 노력을 기울인다. 고퍼들처럼 '묻지 마'식의 투자는 절대 하지 않으며, 어떤 사람들은 정보입수에 목숨을 걸다시피 하기도 한다.

고급정보는 달리기의 출발선을 앞당기는 것

벌써 10년도 더 된 오래전 일이지만 식자재를 유통하는 회사의 전략기획팀장으로 근무한 적이 있었다. 경력사원으로 새로 발령을 받고 회사 업무를 파악하기 위해 구매담당자들과 현장 실습을 나가야 했다. 사업의 특성상 경매가 열리는 시간에 맞추어 가락시장에 나가 경매 모습을 지켜보거나 식자재를 유통하는 대리점을 돌며 이야기를 나누는 정도였다. 하루는 오전 일찍 서울 외곽에 있는 거래처에 방문한 적이 있다. 9시쯤 약속된 거래처에 도착하여 잡담 비슷하게 비즈니스와 관련된 이야기들을 나누었다. 거래처 사람들은 30분쯤 이야기를 나누더니 오전 10시가 되자 식사하러 가자며 점포를 나섰다. 그렇게 이른 시간에 식사라니 의아했지만 그들을 따라나설 수밖에 없었다. 점포를 떠난 그들은 한 음식점에 틀어박혀 해가 질 때까지 술과 음식을 시켜 먹으며 화투를 쳤다. 월급쟁이 신세로는 감히 쳐다보지도 못할 정도로 큰 금액의 판돈이 오갔지만 그들은 눈 하나 깜짝하지 않고 마치 백 원짜리 동전을 넣고 하는 게임처럼 아무렇지도 않게 그 자리를 즐겼다.

너무 오래된 일이라 지금도 그런 일들이 일어나고 있는지는 알 수 없지만 당시의 상황이 내게는 적잖은 충격이었다. 소위 사업을 한다는 사람들이, 가게는 비워 둔 채 하루 종일 음식점에 틀어박혀 도박이나 일삼는 모습이 기가 막히다 못해 한심하게 여겨졌다. 늘 하루 24시간이 모자란 것처럼 아침부터 밤늦게까지 분주하게 뛰어다니던 직장인의 고달픈 모습만 보아왔던 내게 그들의 모습은 전혀 딴 세상에 사는 것처럼 보였다.

하지만 그건 나만의 착각이었다. 알고 보니 그들은 도박을 하는 것이 아니었다. 표면적으로는 도박이었지만 그들이 아침나절부터 해가 저물 때까지 골방에 틀어박혀 화투를 치는 데는 나름의 이유가 있었다. 그건 바로 그들의 사업에 필요한 정보를 얻어내기 위함이었다. 그들의 말에 의하면 그런 자리를 통해 누가 어떤 물건을 가지고 있는가 하는 정보를 얻어낸다고 했다. 그들이 주로 취급하던 식자재는 냉동 오징어나 동태와 같이 국내에서는 생산이 많지 않아 해외에서 수입할 수밖에 없는 냉동 수산물이었는데 누가, 언제, 어디에서, 어떤 물건을, 어떤 가격에, 얼마나 가지고 들어오는가 하는 정보들이 그런 자리에서 오간다는 것이었다. 돈이 될 만한 정보를 입수했다고 생각되면 망설이지 않고 바로 현장으로 내려가 물건을 확보한다는 것이다. 정보를 빨리 입수하면 입수할수록 좋은 물건을 확보할 가능성이 높아지고 그건 곧 그들에게는 큰돈이 되는 것이라 했다. 반면에 정보입수에 어두워 그런 정보를 가지지 못하면 좋은 물건을 확보할 수 없고 돈을 벌기도 어렵기에 좋든 싫든 그런 자리에 어울리며 정보를 입수하려고 했던 것이다.

그 사람들의 방법이 옳은 방법이 아닐 수 있다. 좀 더 투명하고 수긍할 수 있는 방식으로 정보를 얻지 않고 옳지 않은 방식을 통해 정보를 얻으려 한다는 건 분명 잘못된 행위지만, 그들이 돈을 만들어낼 수 있는 정보를 얻기 위해 필사적인 노력을 한다는 것에 대해서는 나쁘다고 평을 내리기 어려울 것 같다. 경쟁자들보다 일분일초라도 앞서 중요한 정보를 입수하려는 마음가짐은 어쩌면 부자가 되고 싶은 사람이라면 오히려 본받아야 할 것이 아닌가 여겨진다.

에이펙스의 대부분은 골프를 즐긴다. 에이펙스 중에 골프를 치지 않는 사람은 보질 못했다. 부의 피라미드 정상에 있는 사람들이 예외 없이 골프를 치는 데는 다 이유가 있다. 바로 정보를 얻기 위함이다. 그들이 즐기는 건 단순히 클럽을 휘둘러 땅에 떨어진 공을 맞히는 운동이 아니다. 그들은 골프 그 자체를 중요하게 여기는 것이 아니라 그 자리에서 오가는 정보를 더욱 소중하게 여긴다. 돈을 벌 수 있는 아이템, 사업에 도움이 될 만한 인허가 이야기, 사업의 어려움을 해결해줄 수 있는 사람들에 대한 이야기, 투자금 확보에 대한 이야기 등 값진 정보들이 그 자리에서 오간다. 그래서 에이펙스는 자신에게 필요한 정보를 입수할 수 있는 정보 획득 차원에서 골프를 즐기는 것이다. 냉동식품 유통업자들이 골방에 틀어박혀 도박을 즐기는 것이나 골프를 치는 것은 목적의 차원에서 보면 전혀 다르지 않다. 비록 드러내고 말할 수 있느냐 없느냐의 차이는 있을지

언정 말이다.

물론 고퍼들도 골프를 친다. 직장인들 치고 부장이나 임원의 자리에 올라 골프를 치지 않는 사람들은 거의 보질 못했다. 마치 직장생활을 하기 위해서는 필수적인 코스처럼 골프를 찾는다. 그러나 그들이 골프를 치는 이유는 에이펙스와는 다소 다르다. 고퍼들은 골프 그 자체를 즐기고 그 자리에서 오가는 작은 내기를 즐긴다. 그들은 가족들과 함께 시간을 보내야 한다는 부담에서 벗어나 골프장에서 사람들을 만나고 그들과 휴식을 취하는 것 자체를 즐긴다. 그들 사이에서도 정보가 오가기는 하지만 에이펙스가 주고받는 정보에 비해서는 그 수준이 훨씬 낮다. 골프를 치는 대상이 주로 같은 회사의 임직원들이다 보니 오가는 얘기가 다 '거기서 거기'다. 깊이 있는 정보보다는 단편적이거나 피상적인 정보들이 더 많이 오간다. 주로 어느 회사에 투자하면 전망이 있다는 식의 주식투자에 관한 이야기나 회사 내부의 정보들 말이다. 알면 도움이 되지만 모른다고 해서 크게 낭패될 것 없는 내용이 대부분이다. 어쩌면 사업에 도움이 될 정보를 얻을 수도 있겠지만 결정적인 힘을 발휘할 수 있는 정보들은 그리 많지 않다.

정보는 부자들에게 곧 돈이요 힘이다. 그래서 그들은 정보력을 키우기 위해 부단히 노력한다. 세계의 거의 모든 국가들이 자본주의 체제를 택하고 있는데, 자본주의의 폐해 중 하나는 정보의 편중 현상이다. 부유한 사람은 점점 부유해지고, 가난한 사람은 점점 가난해진다는 '마태 효과'처럼 정보 역시 가진 사람들은 많이 가지고 못 가진 사람들은 가지지 못한다. 정보의 쏠림 현상이 부의 쏠림 현상을 가져오고, 부의 쏠림 현상은 다시 정보의 쏠림 현상을 가져오면서 부자는 더욱 큰 부자가 되고 가난한 사람은 지독히 노력해도 가난을 벗어날 수 없다.

인간 세상은 결코 공정하지도 않고 공평하지도 않다. 인간 세상은 꽤나 이성적인 세상인 듯하지만 따지고 보면 동물의 세계와 다를 바 없다. 동물의 세계에서 힘 있는 수컷들이 자신이 가진 힘을 이용하여 먹을 것과 번식에 필요한 암컷들을 독점한다고 해서 비난할 사람은 누구도 없을 것이다. 그런 것처럼 인간 세상도 돈 있고 힘 있는 사람들이 돈 없고 힘없는 사람들을 누르고 온갖 부귀영화를 누리는 것이 당연한 일이다. 인정하고 싶지 않아도 이것을 인정해야 한다. 인정하지 못하면 본인만 힘들고 괴로울 뿐이다. 사회가 공정하고 공평하지 않음을 탓하기보다는 스스로의 노력을 통해 피라미드의 위로 올라가도록 노력해야 한다. 그러기 위해 반드시 필요한 것 중 하나가 정보임을 잊지 말아야 한다.

정보에 관심을 가져야 정보를 얻을 수 있다

에이펙스는 질 좋은 정보를 빠르게 입수하기 위해 자신만의 정보 네트워크를 구축하는 데 심혈을 기울인다. 골프는 그러한 노력의 하나일 뿐이다. 한발 더 나아가 그들은 자신이 입수한 정보가 옳은 것인지 잘못된 것인지 옥석을 가리기 위해 힘을 쏟는다. 아무리 정보를 빨리 입수한다고 해도 그 정보가 잘못된 것이라면 득보다는 실이 많을 수 있으므로 올바른 정보를 얻는 것이 중요하다는 것을 누구보다 잘 알고 있다. 그들이 사람들을 만나는 가장 큰 이유도 자신에게 필요한 올바른 정보를 남들보다 빠르게 얻기 위함이다.

고퍼들이 고급 정보를 얻기 위해 에이펙스들과 골프를 칠 수는 없다. 그런 기회는 찾아오지 않는다. 2019년에 워렌 버핏과 점심을 같이하는 자선행사가 54억 원에 낙찰되었다는 놀라운 소식을 들은 적이 있는데 그 이유도 그가 가진 고급 정보를 접할 수 있으리라는 기대 때문이었을 것이다. 54억이 없는 고퍼들 입장에서는 할 수 있는 수준에서 정보를 얻기 위해 열심히 노력해야 한다. 무엇보다 정보가 중요하다는 사실을 깨닫고 나름의 정보수집 네트워크를 구축해야 한다. 그리고 그 정보가 옳은 것인지 그릇된 것인지 판단할 수 있도록 크로스체크할 수 있는 장치를 마련해야 한다. 그저 누군가가 하는 얘기만 듣고 팔랑귀처럼 쉽게 움직여서는 안 된다.

정보를 제공하는 사람들과 접촉할 기회를 많이 만들려면 발품을 많이 팔아야 한다. 비싼 제품을 값싸게 사기 위해서가 아니라 돈 버는 데 필요한 정보를 얻기 위한 발품을 팔아야 부자가 될 수 있다. 무료강의는 물론이거니와 비록 돈이 들더라도 정보를 얻을 수 있는 강의라면 아끼지 않아야 한다. 들어가는 돈이 아까워 투자를 망설이면 얻을 수 있는 가치는 그다지 크지 않은 법이다. 자신에게 필요하고 가치 있는 정보라 여겨지면 합리적인 수준에서 비용을 들이는 것을 아까워하지 않아야 한다. 그리고 부지런히 움직여야 한다. 노력하지 않고 편함을 찾다 보면 이러한 정보들을 손에 넣을 수 있는 기회를 가질 수 없다. 게으르면 절대 부자가 될 수 없다. 부지런한 사람일수록 고급 정보를 얻을 가능성이 높아진다.

한 가지 조심해야 할 것은, 정보가 너무 많으면 오히려 정보를 소홀히 다루거나 제대로 된 판단을 내리지 못할 가능성이 높아진다는 점이다. 스튜어트 오스캠프라는 학자가 심리학자들을 대상으로 한 가지 실험을 했다. 조지프 키드라는 인물에 대해 4단계로 나누어 정보를 추가로 제공하며 학자들의 판단력을 측정한 것이다. 오스캠프는 첫 번째 단계에서는 기본적인 정보만 제공하였고, 두 번째 단계에서는 어린 시절에 관한 한 쪽 반 분량의 정보를 제공하였다. 세 번째 단계에서는 고등학교와 대학교 시절의 성장 배경에 관한 두 쪽 분량의 정보를 주었고, 마지막으로 네 번째 단계에서는 군대 시절과 전역 이후의 활동에 대한 상세한 기록을 건네주었다. 단계가 높아질수록 조지프 키드에 대해 더 많은 정보가 제공된 것이다. 이 실험에서 심리학자들은 단계마다 25개로 이루어진 질문에 답해야 했는데 정보가 늘어날수록 심리학자들은 자신의 판단이 옳다고 확신하는 경향이 극적으로 증가하였다고 한다. 하지만 실제 결과는 정보의 양과 상관없이 어느 단계에서나 30% 정도만 옳은 답을 했다. 이 실험 결과를 통해 우리는 정보를 수집하는 데 힘을 쏟는 것도 중요하지만 정보의 옥석을 가릴 수 있는 능력을 키우는 것도 중요함을 알 수 있다.

비록 고퍼들이 하루아침에 에이펙스들이 누리는 수준의 고급 정보를 얻기는 어렵지만 노력을 하다 보면 점차 나아질 수 있다. 무엇보다 먼저 해야 할 일은 돈이 될 수 있는 분야에 대한 공부를 시작하는 것이다. 가장 기본적으로 경제 공부가 필요하다. 돈이라는 것은 경제시스템 안에서 돌아가는 혈액 같은 것이기에 경제를 모르고서는 돈의 흐름을 파악할 수 없다. 돈의 흐름을 파악해야만 돈이 몰려다니는 곳을 찾아 투자를 할 수 있을 텐데 이를 모르면 누군가 말하는 '카더라' 식의 말만 믿고 까막눈 식의 투자밖에는 할 수 없다. 때로는 상투 꼭대기를 잡았다가 고생하며 애써 모은 종잣돈을 날릴 수도 있다.

에이펙스 대부분의 하루 일과는 경제신문을 살펴보는 것으로 시작한다. 사업을 하는 부자들의 사무실을 방문하면 늘 그들 책상에는 경제신문이 수북이 쌓여 있는 것을 볼 수 있다. 그들은 신문을 통해 경제의 판세가 돌아가는 것을 파악하고 그 안에서 돈이 어떻게 움직일지를 예측한다. 경제잡지를 읽는 것도 게을리하지 않는다. 월스트리트의 정세를 분석한 리포트를 받아 보기도 하고 일반 사람들이 접할 수 없는 고급 정보를 얻는 데 꽤 많은 돈과 시간을 들인다. 그러니 고퍼들도 최소한 몇 개의 경제신문이나 잡지 등을 보는 것은 필수다. 요즘은 세상이 좋아져서 종이신문 없이도 아침마다 빠르게 정보를 얻을 수 있으니 얼마나 다행스러운 세상에 사는 것인가.

하지만 무엇보다 가장 좋은 정보입수 방법은 사람을 많이 만나는 것이다. 정보의 생명력은 신속성이다. 아무리 올바른 정보라 해도 활자화된 정보는 사람의 입을 통해 전달되는 것보다는 느릴 수밖에 없다. 그리고 활자화된 정보라면 이미 알 만한 사람들은 다 알고 난 후라고 봐야 한다. 이미 정보로서의 가치가 크게 떨어진 상태인 것이다.

대체로 돈으로 연결될 수 있는 고급 정보들은 사람들의 입을 통해 은밀히 전달된다. 골프를 치거나 골방에서 화투를 치는 것도 다 사람을 만나기 위한 수단일 뿐이다. 사업가들이 만나는 자리에 가 보라. 얼마나 자신이 돈 되는 정보에 무심한지 알 수 있을 것이다. 그들이 아무렇지도 않게 툭 던지는 말 한마디, 농담 한마디에도 고급 정보가 꽤 많음을 알게 될 것이다. 앤디 그로브는 "가장 큰 정보는 가끔 무심코 주고받는 대화 속에 있다"고 말했다. 그러므로 사람을 폭넓게 많이 만나는 것이 중요하다. 그렇다고 아무나 만나서는 안 된다. 친분을 쌓기 위한 사교적인 모임과 정보입수를 목적으로 하는 모임은 구분할 필요가 있다. 필요하면 경영자 모임 같은 것에 참여해도 좋다. 그런 과정은 꽤 많은 돈이 들어가지만 경험을 쌓는 셈 치고 몇백만 원을 투자하는 것도 나쁘지는 않을 것이다.

미래 세상의 변화에 대해서도 귀를 기울여야 한다. 돈을 벌기 위해서는 돈을 쫓아다녀서는 안 되며 멀리 내다보고 돈이 지나갈 만한 길목에 덫을 놓고 기다려야 한다. 세상이 변화되면 그에 따라 늘 새로운 사업이 등장하게 마련이다. 코로나로 인해 가장 많은 수혜를 본 기업이 화상회의 장비 혹은 관련된 소프트웨어를 만드는 업체였다. 한 애플리케이션 분석업체는 화상회의 플랫폼 '줌'의 하루 다운로드 수가 231만 회를 기록했다고 보고했는데 이 수치는 코로나 초기의 약 5만 6,000회에 비해 40배나 증가한 수치라고 한다. 업무협업용 메신저인 '라인웍스' 또한 코로나 확산으로 기업들의 재택근무가 늘어나며 2020년 3월 말 화상회의 사용량이 3개월 만에 30배 가까이 늘었다고 한다. 만일 그러한 변화를 미리 내나볼 수 있고 그 기업에 투자했다면 아마도 큰돈을 벌 수 있었을 것이다.

당연히 미래 세상의 변화를 내다보고 나름대로 분석할 수 있는 역량을 키우는 것도 필요하다. 코로나가 언제쯤 종식될지 아무도 예상할 수 없지만 종식이 된다고 해도 그러한 질병은 조만간 다시 찾아올 것이다. 2000년 이후 그러한 팬데믹은 네 차례나 있었다. 신종플루, 사스, 메르스, 코로나 등이 평균 5년 주기로 찾아왔다. 그렇다면 코로나가 종식된 이후 5년 안에 새로운 질병이 찾아올 가능성은 아주 높다. 어쩌면 그 주기는 점점 짧아지고 강도도 높아질지 모른다. 그리고 그로 인한 파장은 코로나로 인한 것보다 훨씬 심각하고 세상의 변화도 클 것이다. 이를 내다보고 대비한다면 기회를 잡을 수도 있다. 그러므로 세상의 변화에 무심하기보다는 앞을 내다보고 예측하고 분석하는 능력을 키우는 것도 중요하다.

사람은 관심을 기울이는 만큼 정보를 얻게 되어 있다. 여러 사람들이 시끄럽게 떠드는 소리, 음악 소리 속에서도 누군가 내 이름을 언급하면 그것이 귀에 와서 쏙 박히는 '칵테일 파티 효과(cocktail party effect)'처럼 사람은 관심을 가지면 가질수록 많은 정보를 얻게 된다. 관심을 가지는 일에는 두뇌의 신경회로가 우선적으로 연결되기 때문이다. 그러므로 우선은 관심을 가지는 것이 필요하다. 돈이 될 수 있는 정보에 대한 관심을 가지고 자신만의 방식을 통해 그 관심을 채워 나가려 해야 한다. 상대를 알고 싸우면 승리할 가능성이 높아지는 것처럼 관심을 가지고 정보를 얻으려 노력하다 보면 그 속에서 돈이 될 수 있는 유용한 내용을 얻을 수 있다.

"

에이펙스 스피릿 16

목표 달성의 지름길은 정보 수집에 있다

고급 정보를 가지고 있는 것은 100미터 달리기를 하는데 50미터 앞에서 출발하는 것과 다를 바 없다. 현대사회에서 정보의 힘은 곧 돈이 된다. 사소한 정보 하나라도 큰돈이 될 수 있다. 평소 정보의 중요성을 인식하고 돈이 될 수 있는 정보 네트워크를 구축하고 정보의 질을 높이는 데 관심을 가지고 투자를 아끼지 말아야 한다.

"

17

물통을 채우는 파이프를 여러 개 만든다

다양한 파이프를 이용하여 물통을 채워라

가로, 세로, 높이가 각각 3m에 이르는 거대한 빈 통이 2개 있고 여기에 물을 가득 채운다고 해보자. 한쪽 통에는 하나의 파이프만 연결되어 있어 물을 채울 수 있는 방법은 그 파이프뿐이다. 다른 하나의 통에는 여러 개의 파이프가 연결되어 있어 동시에 다양한 곳에서 물이 흘러들어 온다. 어느 쪽 통에 물이 더 빨리 채워질지는 말하지 않아도 뻔히 알 수 있다. 에이펙스와 고퍼의 돈 버는 방식은 이와 크게 다를 바 없다. 에이펙스는 여러 개의 파이프를 이용하여 동시에 물통을 채운다. 반면에 고퍼는 하나의 파이프만 이용하여 물통을 채우려고 한다. 여기서 빈 통은 통장이요 파이프는 수입원, 파이프에서 흘러나오는 물은 소득이다.

고퍼들은 직업이 곧 수입의 원천이다. 직업과 수입이 거의 1:1로 매칭된다. 직업을 통해 벌어들이는 돈이 수입의 전부 혹은 대부분을 차지한다는 것이다. 그들 중 어떤 사람들은 주식투자를 해서 배당수익이 발생하거나, 금융자산을 가지고 있어 이자소득이 발생하기도 한다. 부동산투자로 돈을 벌거나 잘 알려진 국내외 쇼핑몰을 통해 전자상거래로 돈을 버는 사람들도 있다. 하지만 본업 이외에 이러한 일들을 통해 벌어들이는 수입은 지극히 한정적이다. 대다수의 사람들은 자신의 직업이 주요 수입원이 된다.

직업이 사라지면 수입도 사라질 수밖에 없는 구조이다 보니 직업을 잃게 되거나 몸이 아파 일을 할 수 없게 되면 경제적으로 심각한 상황에 처하게 된다. 리스크보다는 안정을 추구할 수밖에 없다 보니 굳이 위험을 무릅쓰고 도전할 생각을 하지 않는다. 그들이 직업을 잃지 않으면서도 돈을 더 많이 벌기 위해서는 부가적인 일을 늘리는 수밖에 없다.

학생, 직장인, 가정주부들이 배달 아르바이트를 하거나 여유시간을 쪼개 본업 외에 부업을 하는 경우가 늘어나고 있다. 일을 늘림으로써 수입을 늘리고자 하는 것인데 그 일을 할 수 없는 상황이 되면 더 이상 부가적인 수입도 얻을 수 없다.

고퍼들의 돈벌이는 점과 점을 이어 놓은 선과 같다. 즉 재능이라는 하나의 점과 직업이라는 또 다른 점이 직선처럼 연결되어 있다. 직업이 곧 수입이다 보니 자기가 가진 재능을 직접적으로 이용하여 돈벌이를 한다. 강사는 강의를 해서 돈을 벌고, 컨설팅을 할 수 있는 사람은 컨설팅으로 돈을 번다. 영업사원은 고객들에게 물건을 팔아 돈을 벌고, 육체노동자들은 힘겨운 노동을 해서 돈을 번다. 직업에 따라 벌어들이는 수입은 편차가 크겠지만 재능과 직업이 1:1로 매칭된다는 점은 크게 다르지 않다. 그러다 보니 자신이 가지고 있는 재능은 수입을 올리는 데 필요한 땔감이 된다. 다시 말해 재능이라는 땔감을 태워 돈으로 바꾸는 것이다. 그들에게는 '한 가지 재능=한 가지 직업=한 가지 수입'이라는 등식이 성립된다. 문제는 땔감, 즉 자신이 가진 재능이 떨어지거나 세상이 바뀌어 재능의 가치가 없어지면 수입도 기대하기 어렵게 된다는 셈이다. 재능이라는 땔감이 없으므로 더 이상 불을 땔 수 없고 얼어 죽을 수밖에 없다는 것이다.

최근까지만 해도 고속도로의 톨게이트에 요금을 징수하는 사람들이 있었지만 어느 순간부터 거짓말처럼 사라지고 있다. 그 외에도 내가 어린 시절 보았던 직업 중 흔적도 없이 사라진 것들이 꽤 많다. 옥스포드 대학교의 칼 프레이와 마이클 오스본 교수의 조사에 의하면 향후 20년 안에 없어질 직업으로 가능성이 90%가 넘는 것들이 텔레마케터, 회계사, 소매판매업자라고 한다. 그 외 전문작가라는 직업이 없어질 가능성이 80%를 넘으며 기계전문가, 비행기조종사 등도 50%를 넘는 가능성을 가지고 있다고 한다. 판사나 변호사, 의사, 요리사 등도 AI의 등장과 함께 사라질 위험에 처한 직업군에 속해 있고 자율주행자동차가 등장하면 세상의 모든 운전직에 종사하는 사람들은 직업을 잃게 될 것이다. 직업뿐만이 아니다. 음반을 팔던 레코드 가게가 사라진 지는 이미 오래 되었고 2000년대 초반에만 해도 전성기를 누리던 점포 중 지금은 사라져버린 곳이 많다. 통에 물을 채우던 파이프가 말라버려 더 이상 물이 흐르지 않는 것과 다를 바 없는 상황이다.

에이펙스는 고퍼들과 돈 버는 방법이 다르다. 고퍼들과 달리 물통을 채우는 파이프가 여러 개 있다. 자신이 가진 직업을 통해 벌어들이는 수입은 많은 파이프 중 하나에서 흘러드는 물줄기일 뿐, 이 외에 부동산이나 주식, 각종 투자 등을 통해 흘러드는 물줄기가 다양하게 존재한다. 어떤 사람은 그렇게 얻는 소득이 더 많은 경우도 있다. 사람의 앞날은 어찌 될지 아무도 모르는 일이니, 그들 역시 사업에 올인했다가 잘못될 경우 낭떠러지로 떨어질 수 있다는 것을 잘 안다. 2020년처럼 코로나로 인해 경기에 큰 타격을 받을 경우 사업소득만으로는 버티기 힘들어질 수 있다는 것을 안다. 그래서 사업으로 벌어들이는 소득이 없어져도 걱정 없이 살아남을 수 있도록 소득원을 다양화하는 것이다. 그들이 선호하는 투자 방식은 토지나 상가와 같은 부동산, 주식이나 펀드, 채권, 각종 귀금속 등 원자재, 외화, 그리고 벤처와 같이 다른 기업에 직간접적으로 투자하는 것이다. 만일을 대비하여 아주 약간의 현금을 예금 형태로 보유하고 있기도 하지만 대개는 다른 수단에 투자를 한다.

50대 중반인 I 씨의 경우 20대 초반부터 사업을 시작했는데, 사업 초기부터 수익의 50%를 떼어 주식과 부동산에 투자하고 있다. 국내주식에 투자한 건 아주 오래전부터이고 해외주식투자가 가능해지자 홍콩과 미국 등 해외주식에 투자함으로써 주식 가치의 상승으로 인해 벌어들이는 수익은 물론 배당으로 인해 벌어들이는 수익도 매년 적지 않다. 웬만한 기업 임원 수준의 연봉을 주식투자로부터 벌어들이고 있다. 뿐만 아니라 부동산투자에도 적극적이어서 지방의 토지나 임야, 상가를 꽤 많이 소유하고 있으며 이를 통해 벌어들이는 소득도 꽤 높다고 한다. 그 외 금과 같은 현물에 투자하기도 하고 달러와 같은 외환 투자도 병행하고 있다. 30여 년 가까이 걸쳐 파이프를 부지런히 늘린 까닭에 지금은 사업을 통해 얻는 소득을 능가할 정도로 큰돈을 벌어들이고 있다.

에이펙스 중에는 물통을 채우기 위해 파이프의 숫자를 늘리는 데 노력을 기울이는 사람도 있지만 파이프의 굵기를 키우는 데 치중하는 사람들도 있다. 동일한 파이프라 해도 그 굵기가 커지면 단위시간당 흘러들어 올 수 있는 물의 양이 많아 더 짧은 시간에 물을 채울 수 있다. 이 방법은 주로 사업을 하지 않고 자신이 가진 역량을 활용하여 돈을 버는 에이펙스들이 주로 활용한다. 자신이 가진 재능을 한 가지 방법으로 활용하면 벌어들일 수 있는 수입은 제한적일 수밖에 없다. 게다가 미래에 벌어질지도 모르는 리스크를 헷징하기도 어렵다. 하지만 그것을 다양한 방법으로 활용하면 하나의 재능으로 보다 많은 수입을 만들어낼 수 있고 물줄기가 굵어지는 효과를 얻을 수 있다. 마치 금융기관에서 다양한 파생상품을 만들어내는 것처럼 자신의 재능을 하나의 수입으로 연결시키는 것이 아니라, 자신이 가진 재능으로 또 다른 수입을 만들어낼 수 있는 방법을 찾는 것이다. 재능을 더욱 분화시킴으로써 자신의 재능으로부터 더 많은 가지가 생겨나고 더 많은 열매가 맺도록 한다. 그래서 에이펙스의 돈벌이는 불꽃놀이에 비유할 수 있다.

투자전문가인 J 씨는 나의 큰애가 초등학교 1학년 때 여행카페를 통해 만난 사람이다. 그러니 벌써 그와 인연을 맺은 것도 20년이 다 돼 간다. 처음 만나 인사를 나눌 때 그는 마땅한 직업이 없이 집에서 주식투자를 한다고 했는데 당시만 해도 나는 주식 같은 것에 대해서는 관심도 없었기에 집에서 놀며 주식투자를 한다는 그를 얼마나 한심하게 봤는지 모른다. 하지만 그는 지금 주식투자의 전문가로 많은 사람들의 인정을 받고 있다. 단타매매 외에 장기적으로 투자한 주식들이 엄청나게 가치가 상승하였으며 나름대로 주식을 보는 눈이 있어 주위에 추전해 준 종목들이 좋은 결과를 나타낸 경우도 많았다. 그러자 입소문을 타고 그를 찾는 사람들이 많아지기 시작했으며 지금은 시간당 100만 원이 넘는 수강료를 받으며 강의를 하고 있다. 그가 강의를 통해 한 번에 벌어들이는 돈은 몇천만 원에 이른다. 그 외, 모 투자증권에 고문으로 컨설팅을 하고 있고 개인에 대한 투자 컨설팅을 진행 중이며 주식 정보를 유료로 판매하는 일도 하고 있다. 그렇게 해서 그가 연간 벌어들이는 수익만 해도 수억에 이른다. '주식투자의 노하우'라는 재능을 직접투자, 강의, 기관 컨설팅, 개인 컨설팅, 개인 자산운용, 유료 투자종목 추천 등 다양한 영역으로 확대하여 적용함으로써 하나의 파이프에서 나오는 물줄기가 폭포처럼 굵어지게 만든 것이다.

운명의 수레바퀴에 갇히지 말라

에이펙스는 또한 자신의 재능만 이용하여 돈을 벌기보다는 다른 사람들의 재능을 이용하여 돈을 벌려고 한다. 물론 그들도 처음에는 자신의 힘만으로 돈을 번 사람들이 많지만 돈이 모일수록 자신의 힘 이외에 다른 사람이 가진 재능을 활용하려고 한다. 지인 중에 국세청에서 공무원으로 근무하다 퇴임한 사람이 있다. 그는 6급으로 공직을 마쳤다. 대다수의 공무원들이 그 정도에서 물러나니 그리 높은 직급은 아니다. 하지만 이 사람은 재직 시부터 퇴임 후의 일을 내다보고 준비를 하기 시작했다. 세무사 사무실을 차리기로 하고 차근차근 필요한 것들을 준비했다. 결국 퇴직 후에 계획대로 세무사 사무실을 크게 차린 후 전직 국세청장 등을 고문으로 고용하여 사업을 확대해 나가고 있다. 관리의 경험이 없던 사람이 청장이라는 고위 공직 경험을 가진 사람을 이용하여 돈을 버는 것이다. 이 사람이 아직 에이펙스의 단계에 오른 것은 아니지만 그의 세무사 사무실은 날로 번창해 나가고 있어 조만간 에이펙스의 자리에 오르지 않을까 싶다.

이처럼 에이펙스는 자신의 재능만을 이용하여 돈을 벌지 않는다. 자신의 재능은 한정되어 있다는 것을 그들은 잘 안다. 한정된 재능으로 돈을 벌려면 무척 힘이 든다는 사실 또한 잘 안다. 그러기에 그들은 주야장천 자신의 재능만 땔감으로 사용하려고 하지 않는다. 자신의 재능은 불을 피워 올리기 위한 불씨 정도로만 활용하고 한 단계 위에서 재능 있는 사람들을 모으고 그들의 재능을 이용하여 돈을 번다. 알고 보면 회사라는 것은 다 그러한 시스템이다. 재능 있는 누군가를 이용하면 자신의 재능이 없어도 얼마든지 에이펙스의 단계에 오를 수 있다.

오큘러스VR은 가상현실 기기를 만드는 회사였다. 2012년에 법인을 설립한 지 2년 만에 페이스북에 약 2조 7,000억 원이라는 상상할 수 없는 큰돈을 받고 지분을 매각했다. 이 회사를 만든 사람은 팔머 럭키로 가상현실 기기의 프로토타입을 개발한 사람이다. 그가 만든 헤드셋은 너무나 완벽하고 훌륭했지만 그는 경영에 자신이 없었다. 혼자서는 결정을 내리기도 힘들고 무엇을 하든 시간이 오래 걸린다는 것도 잘 알고 있었다. 그래서 그는 브랜든 이라이브라는 뛰어난 CEO를 외부로부터 영입하였다. 오큘러스VR에 합류한 브랜든은 러시아 출신의 천재 프로그래머 마이클 안토노프와 비디오게임 개발자인 존 카맥을 기술책임자로 영입하였다. 그 결과 이 회사는 승승장구할 수 있었고 창업자인 팔머 럭키를 비롯하여 모든 사람들이 하루아침에 에이펙스의 자리에 오르게 되었다. 이 외에도 창업자가 외부로부터 재능 있는 CEO를 영입하는 사례는 부지기수로 많다. 자신이 할 수 없는 것을 자신 안에서 찾으려 하기보다는 외부에서 찾는 것이 훨씬 효율적이라는 것을 잘 알기 때문이다.

에이펙스와 고퍼는 '삶의 통제권을 가지고 있느냐 그렇지 못하느냐'에서도 차이가 난다. 안타깝게도 고퍼의 대부분을 차지하고 있는 직장인들의 삶은 스스로 통제하기 어렵다. 직장에 들어갈 때도 자신이 취업을 결정하는 것이 아니라 회사가 채용 여부를 결정한다. 내가 회사에 입사했던 1990년대만 해도 경기가 좋았기에 금성사와 삼성, 대우 등 여러 개의 회사를 놓고 가고 싶은 회사를 선택할 수 있었지만 지금과 같은 불경기, 그리고 앞으로도 계속 이어질 취업난에서는 자신이 가고 싶은 회사를 선택한다는 건 있을 수 없는 일이다. 그저 뽑아만 줘도 감지덕지할 뿐이다.

1년에 얼마나 벌 것인지, 즉 연봉도 스스로 결정하지 못한다. '협상'이라는 이름을 걸고 형식적인 과정을 거칠 수는 있지만 얼마를 줄 것인지 결정하는 것은 오로지 회사의 몫이다. 자신의 수입이 다른 사람의 손에 의해 결정되지만 그것을 받아들여야만 한다. 승진도 마음대로 할 수 없다. 일정 수준의 근무 경험이 쌓이고 성과가 입증되면 인사위원회에서 승진 여부를 정해준다. 자발적으로 회사를 그만두는 경우도 많지만 원치 않는 퇴사도 많다. 이처럼 직장인들의 삶은 자기 자신이 아니라 다른 사람에 의해 만들어지는 경우가 많다. 무엇 하나 자신이 결정할 수 있는 것이 없다. 심하게 얘기하자면 다른 사람이 만든 운명의 수레바퀴에 갇혀 마치 쳇바퀴 돌 듯 살아간다.

직장인들을 현대판 노예라고 자조 섞인 말로 부르기도 하지만, 실제로도 많은 고퍼들이 자신의 삶을 남을 위해 산다. 열심히 고생하며 일을 해도 자신의 손에 돌아오는 것은 정해진 틀을 벗어나지 못한다. 물론 아주 열심히 해서 회사 전체의 성과가 좋아지면 인센티브라는 명목으로 몇 푼씩 더 받기도 한다. 그렇다고 해서 그것이 자신을 위해 사는 삶이 될 수는 없다. 몸을 아끼지 않고 열심히 노력해서 얻은 성과는 고스란히 주주의 주머니로 들어간다. 자신의 삶임에도 불구하고 자신이 통제할 수 있는 요소가 별로 없다. 정해진 시간에 출근해야 하고, 정해진 시간에 퇴근해야 하고, 일정 시간 이상은 반드시 회사 일을 해야 하며, 쉬고 싶다고 해서 마음대로 쉴 수도 없다.

소규모 자영업자라고 해서 크게 다르지 않다. 물론 그들이 직장인들처럼 출퇴근 시간을 엄격하게 지켜야 하고 마음대로 휴가를 쓸 수 없는 것도 아니지만 속을 들여다보면 때로는 직장인보다 더 힘들게 살 때도 있다. 회사를 그만두고 음식점을 차린 친구 중 하나는 1년 365일 중 쉬는 날이 설날과 추석뿐이라며 오히려 직장인일 때가 좋았다고 한숨을 내쉰다. 그래도 직장인들은 무조건 '빨간 날'은 쉬지만 자영업자들은 그럴 수가 없어 몸이 너무 고달프단다.

어디 쉬는 것뿐인가? 자영업자가 되면 출퇴근 시간을 자유롭게 할 수 있을 것 같지만 찾아오는 손님들을 생각하면 그것조차 함부로 할 수 없다. 문 닫힌 집에 찾아온 손님이 한번 다른 곳으로 가면 다시 돌아오기 쉽지 않기 때문이다. 게다가 직장인들은 요즘처럼 코로나로 인해 힘겨운 상황에서도 월급만은 꼬박꼬박 받아 챙길 수 있지만 자영업자들은 경기가 안 좋기라도 하면 줄어든 수입 때문에 힘거운 마음고생을 해야 한다. 그렇다고 경기를 마음대로 할 수도 없으니 자영업자의 삶 역시 직장인들처럼 운명의 수레바퀴에 갇혀 있다고 해도 과언이 아닐 것이다.

삶의 통제권을 가져라

무엇보다 안타까운 것은 직장인이나 소규모 자영업자의 경우 일을 하는 시간이 곧 수입으로 환산되기 때문에 일을 멈추면 수입도 사라진다는 것이다. 강의를 하는 사람들은 2020년 한 해가 최악의 시간이었다. 코로나로 인해 대부분의 오프라인 강의들이 취소되자 거짓말처럼 수입도 멈춰버린 것이다. 나 같은 경우 책을 써서 받는 인세나 동영상 강의를 통해 벌어들이는 수입이 있어 어렵지 않게 견뎌낼 수 있었지만 이런 수입을 가지지 못한 일반 직장인이나 소규모 자영업자들은 말 그대로 가슴이 썩어들어갈 것이다. 그들은 분명 스스로 먹고, 자고, 일어나고, 움직이고, 사고하지만 자신의 삶을 산다고 자신 있게 말할 수 없다. 그러니 자기 삶에 대한 주체 의식도, 운명을 스스로 개척해 나가려는 의지도 크지 않다.

이들과는 달리 에이펙스는 오로지 자기 자신을 위해 살며 자신이 주인인 삶을 산다. 자신의 삶이라는 말은 뒤집어 얘기하면 자신이 통제할 수 있는 요소가 많다는 것이다. 이미 충분한 자산이 있고 그로 인해 아무것도 하지 않고 가만히 있어도 먹고살 걱정에서 벗어날 수 있기에 그들의 삶은 여유가 있다. 하고 싶지 않은 일은 하지 않아도 되고 하고 싶은 일만 골라서 해도 충분히 살 수 있다. 무엇인가에 투자할 것인가 말 것인가를 결정하는 것은 오로지 스스로의 몫이다. 누가 이래라저래라 간섭하는 사람은 없다. 그러다 보니 자신의 삶을 자신이 통제할 수 있는 요소가 많다. 자신이 노력하면 그 노력이 고스란히 자신의 수익으로 연결되므로 남을 위해 사는 것이 아니고 온전히 자기 자신만의 삶을 살 수 있다. 그러므로 자신의 삶에 대한 주인의식과 애착, 책임감이 강하며 자기 운명을 스스로 개척해 나가려는 의지가 강하다.

자포스의 창업자인 토니 셰이는 2020년 11월 화재 사고로 인해 안타깝게도 46세의 젊은 나이에 세상을 떠났다. 그가 처음 만든 인터넷 홍보회사인 '링크익스체인지(LinkExchange)'를 MS에 2억 6,000만 달러에 매각하고 난 후 MS에서는 4,000만 달러의 연봉을 제시하며 1년 동안 회사에 남아 줄 것을 요구했다. 만일 그 약속을 지키지 못할 경우 연봉의 20%밖에 받을 수 없었다. 하지만 토니 셰이는 "주체하지 못할 만큼 많은 돈을 가지고 있으면서도 돈에 욕심을 낸다면 극적으로 변화하는 세상에서 얻을 수 있는 모든 즐거움을 놓칠 것이다"라는 말을 남기고 MS를 떠났다. 그는《딜리버링 해피니스(Delivering Happiness)》라는 자서전을 통해 "현실에 안주하며 세계가 나를 버리고 떠나도록 내버려 두지 않을 것"이라 했다. 돈 대신 인생의 열정을 좇아 살기로 하면서 자신의 삶을 자신이 온전히 지배할 수 있는 주인이 된 것이다.

삶에 대한 주인의식은 삶의 태도를 결정짓기도 한다. 에이펙스의 대부분은 지칠 줄을 모르고 멈출 줄을 모른다. 평범한 사람들이 볼 때는 감히 쳐다보기도 힘들 만큼 성공을 하고 많은 재산을 가지고 있으면서도 그 자리에 만족하지 않는다. 더 높은 자리에 오르고 더 많은 재산을 가지기 위해 쉼 없이 정진한다. 그것이 욕심처럼 보일 때도 있지만 한편으로 보면 현재의 편안함에 안주하지 않고 더 나은 삶을 향해 나아가려는 몸부림으로 보이기도 한다. 토니 셰이의 경우 MS를 떠나 자포스를 창업하고 그것을 정상 궤도에 올린 후 사재 3억 5,000만 달러를 들여 라스베이거스 구도심을 혁신의 도시로 만들기 위한 '다운타운 프로젝트'를 시작했다. 그곳에서 단 7평짜리 트레일러에 살면서 다운타운의 창업가와 예술가들과 어울렸다고 한다.

고퍼들은 '적당히' 사는 것을 좋아한다. 노예들이 열심히 해봤자 노예의 신분을 벗어나기 어렵다고 생각하는 것이다. 그렇다면 굳이 노력할 필요가 없다. 눈에 보일 때는 요령껏 열심히 하는 척하지만 눈에 보이지 않으면 적당히 시간을 보낸다. 많은 직장인들이 근무시간에 잡담으로 시간을 보내거나, 쇼핑몰을 들락거리거나, 포털을 넘나들며 시간을 때우는 이유도 이 때문이다. 열심히 해도 크게 달라질 것이 없으니 '잘리지 않을 만큼만' 적당히 하는 것이다. 무언가를 할 때 '대과 없이' 다시 말해 큰 실수 없이 한다는 말이 바로 이러한 자세를 말해준다. 앞에 나서려 하지도 않고 그렇다고 맨 뒤에 처지지도 않으면서 중간에서 어정쩡하게 머물려고 한다.

하지만 이러한 삶의 태도는 스스로를 병들게 할 뿐이다. 직장인으로서 혹은 소규모 자영업자로서 주인의식 없이 적당히 자신의 삶에 만족하며 지내다 보면 주어진 삶에 익숙해져 버려 기회가 왔을 때도 그 기회를 활용하지 못하거나 주인의 지시 없이는 아무것도 할 수 없는 무기력한 신세가 되고 만다. 그렇게 해서는 결코 큰 부자의 길에 들어설 수 없다.

큰 부자들은 자신의 삶에 통제권을 가지고 스스로의 삶을 개척해 나간 사람들이다. 그들은 비록 운명이 자기편이 아니라고 해도 그것을 쉽사리 받아들이지 않는다. 운명은 한 번 정해지면 바꿀 수 없는 것이라 믿는 것이 아니라, 노력으로 얼마든지 바꿀 수 있다고 믿는다. 그래서 그들은 스스로의 삶을 내팽개친 채 운명론자처럼 주어진 삶에 순종하며 살지 않는다.

> **에이펙스 스피릿 17**
>
> **물통을 채우는 파이프를 여러 개 만든다**
>
> 부자가 되기 위해서는 스스로의 삶을 개척하고 통제할 수 있어야 한다. 수익으로 연결할 수 있는 자신의 재능을 개발하고 그것을 다양하게 응용함으로써 현재보다는 미래의 현금흐름이 만들어질 수 있게 해야 한다.

18

'타고난 재능'보다는 '재빠른 출발'이 중요하다

눈덩이 효과

내가 만나 본 부자들 중에는 대학을 나오지 않은 사람들이 많다. 그들 중 상당수는 고등학교를 마치고 바로 돈벌이에 뛰어든 사람들이다. 그중에는 중학교만 마친 사람도 있었다. 한국 재벌가의 창업 1세대들은 극히 일부를 제외하고는 대부분 그런 사람들이다. 이 사람들뿐 아니라 해외의 유명 CEO들 중에도 대학을 졸업하지 않은 사람들이 많다. 대표적인 사람들이 스티브 잡스와 빌 게이츠다. 스티브 잡스는 리드 대학을 중퇴했으며 빌 게이츠는 하버드 대학을 다니던 중 스스로 학업을 중단하고 사업에 뛰어들었다. '제2의 페이스북 신화'라는 평을 받으며 야후에 11억 달러에 매각된 텀블러의 창업자 데이비드 카프는 고등학교를 중퇴했고, 잼 만들기로 부자 대열에 합류한 '수퍼잼'의 창립자 프레이저 도허티 역시 스스로 고등학교를 자퇴했다. 이들은 자의적 혹은 타의적 이유로 인해 일찌감치 돈벌이에 뛰어들게 되었고 대학을 나온 사람들에 비해 상대적으로 일찍 사업과 돈에 눈을 뜰 수밖에 없었다.

부자가 된 사람들의 상당수는 출발점이 빠르다. 산 위에서 눈을 굴린다고 생각해보자. 주먹만 한 눈덩이를 굴리면 산을 타고 내려오면서 바닥의 눈이 달라붙어 점점 덩어리가 불어난다. 덩어리가 커지면 커질수록 가속도가 붙어 눈덩이는 더욱 빨리 산을 내려올 수 있다. '눈덩이 효과(snowball effect)'가 나타나는 것이다. 이때 산꼭대기에서 눈을 굴리는 것과 산 중턱에서 눈을 굴리는 것이 같을 수는 없다. 눈덩이가 크고 빠르게 구르기 위해서, 즉 눈덩이 효과가 더욱 커지기 위해서는 높은 곳에서 굴리면 굴릴수록 더욱 유리하다. 부자가 되는 것도 마찬가지다. 일찍 시작할수록 더 많은 돈을 모으고 더 큰 부자가 될 수 있다.

돈 버는 방법이나 부자가 되는 방법에 관한 책들을 읽으면 공통으로 나오는 단어가 있다. 바로 '복리'라고 하는 것인데 그 개념은 아주 간단하다. 금융기관에 돈을 맡겼을 때 원금뿐만 아니라 이자에도 이자가 붙는 것을 말한다. 시간이 지날수록 이자가 커지므로 기하급수적으로 금액이 증가하는 것이 복리의 매력이다. 이에 비해 단리는 원금에만 이자가 붙는다. 아무리 시간이 지나도 금액이 기하급수적으로 증가하지는 않고 선형으로 증가할 뿐이다. 그래서 사람들은 복리를 환상적인 투자 수단으로 생각하기도 한다.

복리가 위력을 발휘하기 위해서는 시간이라는 변수가 고려되지 않으면 안 된다. 만일 일정한 금액을 짧은 시간 동안 단리 예금과 복리 예금에 넣어두면 별 차이가 발생하지 않는다. 예를 들어, 만일 1,000만 원을 5년간 저축한다고 해보자. 계산의 편의상 금리는 10%로 가정해보면 시간에 따른 금액의 변화는 다음과 같다.

	1년 후	2년 후	3년 후	4년 후	5년 후
단리	1,100만 원	1,200만 원	1,300만 원	1,400만 원	1,500만 원
복리	1,100만 원	1,210만 원	1,331만 원	1,464만 원	1,610만 원

5년 후까지는 단리나 복리나 그리 큰 차이가 나타나지는 않는다. 겨우 100만 원 남짓 차이가 날 뿐이다. 하지만 10년이 지나면 얘기가 달라진다. 단리와 복리 사이에는 큰 차이가 발생한다.

	6년 후	7년 후	8년 후	9년 후	10년 후
단리	1,600만 원	1,700만 원	1,800만 원	1,900만 원	2,000만 원
복리	1,772만 원	1,949만 원	2,144만 원	2,358만 원	2,594만 원

5년 후에는 단리와 복리 차이가 불과 100만 원이던 것이 10년

후에는 약 600만 원까지 벌어진다. 눈여겨볼 것은 뒤로 갈수록 격차가 커진다는 것이다. 시간이 지날수록 가치 상승의 폭이 커지는 것이다. 이후 시간이 더 흘러 20년이 되면 단리는 3,000만 원이 되지만 복리는 6,727만 원이 된다. 두 배 이상 차이가 벌어지는 것이다. 만일 어떤 사람이 고등학교를 갓 졸업하고 돈을 모으기 시작했다면 20년이 지난 후에는 처음 원리금의 몇 배를 벌어들일 수 있게 되는 것이다. 에이펙스들은 이 원리를 감각적으로 파악하고 있다. 그들이 공부를 해서 복리의 원리를 알고 있다기보다는 경험적으로 돈이라는 것이 일찍 불리면 불릴수록 시간이 지나면서 더 몸집이 커진다는 것을 알고 있다. 마치 산꼭대기에서 굴린 눈덩이가 더욱 커지는 것처럼 말이다.

그래서 그들은 일찍부터 돈을 벌고 일찍부터 돈을 불리기 시작한다. 내가 만나 본 사업가 C 씨는 학업에 취미가 없어 고등학교를 중퇴한 후 바로 노점상을 시작했다. 과일, 채소, 허리띠, 각종 주방용품 등 헤아릴 수 없이 많은 아이템을 다루었고 다행히 손대는 아이템마다 판매가 잘 되는 바람에 꽤 많은 돈을 벌 수 있었다. 그는 일찌감치 주식에 눈을 뜨게 되었고 번 돈을 모두 삼성전자의 주식에 투자하였다. 뿐만 아니라 부동산 투자에도 밝아 돈이 생기는 대로 땅과 건물을 사들였고 지금은 주식과 부동산으로 이룬 재산만 수백억 원대에 이른다. 장사에도 뛰어난 수완이 있었지만 벌어들인 돈을 품 안에 껴안고 있던 것이 아니라 일찌감치 주식과 부동산에 투자함으로써 재산을 불려 나갈 수 있었다. 덕분에 그는 지금 인생을 마치 소풍처럼 즐겁게 살고 있다.

어쩌면 이런 얘기는 결과론일 수도 있다. 그들이 일찍 돈을 벌어야 한다고 알고 시작한 것이 아니라 여러 가지 여건상 일찍 돈벌이에 나서지 않으면 안 되었고, 대학을 나오거나 졸업 후에도 취업을 못 해 백수로 지낸 기간이 있는 사람들에 비해 일찍 돈을 벌기 시작했으며, 그렇게 번 돈을 투자한 시기가 다른 사람들보다 이르다 보니 더욱 돈이 불어나는 속도가 빨랐을 수도 있다. 어찌 되었거나 무엇이 먼저냐를 따지는 것은 의미가 없다. 중요한 것은 무엇이든 일찍 시작해야 한다는 것이다. 특히나 복리의 특성을 따지자면 돈을 모으고 불리는 것도 일찍 시작하면 시작할수록 좋다.

내 주위의 한 사람은 20년째 현금만 모으고 있다. 그의 꿈은 돈을 모아 건물을 사서 건물주가 되는 것이라고 한다. 그런데 단 한 번도 그가 건물을 사려고 시도하는 것을 본 적이 없다. 만날 때마다 아직은 돈이 모자라, 아직은 때가 아니야, 아직은 준비가 안 돼 있어 등의 핑계를 대곤 한다. 장담하건대 그가 건물주가 되는 일은 없을 듯하다. 지난 20년 동안 악착같이 모은 돈을 어딘가에 투자하고 복리로 불려 나갔다면 이미 원금의 몇 배에 달하는 이익을 얻었을 텐데 그걸 모른 채 여전히 투자를 미루고 있으니 말이다.

100미터 달리기에서 우사인 볼트를 이기는 법

돈을 벌려면 무엇이든 일찍 시작해야 한다. 무언가를 일찍 시작한다는 것은 결승선이 정해져 있는 달리기 경주를 할 때 트랙의 앞선 지점에서 출발하는 것과 다를 바 없다. 아무리 우사인 볼트라 해도 100미터 달리기에서 50미터 앞에 뛰는 사람을 따라잡을 수는 없다. 앞서가는 사람이 형편없이 느린 거북이가 아닌 이상은 말이다. 100미터를 14초 전후로 뛸 수 있는 체력을 가진 사람이라면 50미터를 앞서 뛰게 되면 당연히 100미터 뒤에서 뛰기 시작하는 우사인 볼트보다 먼저 결승선에 도착할 수 있다. 이 얘기를 뒤집어보면 우사인 볼트에게 이기기 위해서는 일찍 출발하는 수밖에는 없다는 말과 다를 바 없다.

에이펙스의 대부분은 제대로 된 금융 지식을 갖추지 못한 상태에서 사업을 시작하고 부를 축적하는 일에 나서지만 그들은 돈 자체도 그리고 돈을 축적할 수 있는 역량도 시간이 지날수록 눈덩이처럼 커진다는 것을 직관적으로 알고 있다. 그래서 그들은 돈 버는 분야에 있어 전문가가 되기 위해 누구보다 일찍 돈 버는 일을 시작하려고 한다. 홍콩의 갑부인 리자청은 2021년 현재 93세다. 그의 재산은 무려 30조가 넘는 것으로 알려져 있는데 15살 되던 해에 부친상을 당하며 가족의 생계를 책임지기 위해 시계점에서 일하기 시작했다. 그리고 22살이 되던 해에 플라스틱 공장을 차려 사업에 뛰어들었다. 이어 부동산투자 등으로 사업 영역을 확대하여 지금의 부를 일구었다.

'괴짜 CEO'로 유명한 영국 버진 그룹의 회장 리처드 브랜슨은 학생 시절부터 〈스튜던트〉라는 잡지를 창간하여 사업가의 길에 들어섰고 이후 버진레코드를 비롯하여 항공, 철도, 모바일 서비스, 레저, 스포츠, 미디어, 금융, 건강, 환경에 이르기까지 손대는 사업마다 성공궤도에 올려놓았다. 또 '창조 경영의 아이콘'이라고 불리며 액센추어로부터 '세계 50대 경영구루'로 선정되기도 했다. 페이스북 역시 마크 저커버그가 하버드대 재학 시절 학생들이 교류할 수 있는 사이트를 만들고 싶다는 바람에서 시작된 것이다.

자포스의 창업자 토니 셰이가 인터넷 홍보회사 링크익스체인지를 2억 6,000만 달러에 마이크로소프트에 매각했을 때의 나이는 불과 26세였다. 세계적인 SF 작가인 스티븐 킹은 창작물이 가장 많이 영화화된 인물로 기네스북에 올라 있다. 그는 《유혹하는 글쓰기》라는 책에서 자신은 아주 어린 시절부터 친구들에게 소설을 써서 보여주고 돈을 벌었다고 한다. 그리고 그 돈을 모아 더 큰돈으로 불려 나갔다고 한다. 그가 복리와 같은 금융 지식에 대한 이해가 있었을 리 없지만 일찌감치 책을 쓰고 그것을 이용하여 돈을 버는 일에 뛰어듦으로 해서 세계적인 부자의 반열에 올라설 수 있었던 것이다.

일찍 시작하면 할수록 더 많은 기회를 가질 수 있고 더 많은 실패와 성공을 경험할 수 있으며, 더 빨리 부자의 대열에 합류할 수 있다. 안타깝게도 고퍼들은 일찍 시작할 수 있음에도 불구하고 미룰 수 있을 때까지 미룬다. 브라이언 트레이시가 말하듯 '언젠가 섬(someday island)'에 갇혀 지낸다. "언젠가는 성공할 거야", "언젠가는 책을 써서 베스트셀러를 만들 거야", "언젠가는 내 사업을 시작할 거야" 하는 식으로 말이다.

직장을 다니던 시절, 상사 한 분이 기가 막히게 연설을 잘했다. 50분간 연설을 한다고 하면 한 치의 오차도 없이 딱 50분 만에 이야기를 마친다. 그렇다고 준비한 내용을 줄이거나 시간이 남는다고 해서 늘리는 것도 아니다. 준비한 콘텐츠를 정해진 시간에 맞추어 칼처럼 정확하게 전달하는 능력을 갖추고 있었다. 그분께 책을 써보면 어떻냐고 제안 드렸더니 '은퇴하고 나면'이라는 답이 돌아왔다. 물론 당시에는 그룹의 최고경영자를 맡고 있었으니 책을 쓸 필요를 느끼지 못했을지 모르지만 은퇴 후에 책을 쓰려고 하면 늦을 수도 있다. '현업에 종사하는 최고경영자가 쓴 책'이라는 프리미엄은 사라지고 사람들에게 저자로 이름을 알리기까지 꽤 오랜 시간이 걸릴 수 있기 때문이다.

이렇게 해야 할 일을 미루다 보면 그 '언젠가'는 영원히 오지 않을 수도 있다. 먹고살 만하면 어떻게든 되겠지 하며 안이하게 생각하다가 경제적 절벽 앞에 이르러서야 아차 하며 돈에 대한 관심을 가지기 시작한다. 혹은 조금 더 좋은 기회가 올 것이라고 믿으며, 혹은 조금 더 많은 돈을 모아야 가능하다며 투자를 미룬다. 고퍼들은 심지어 더 이상 미루어서는 안 되는 시기에도 미루는 경향이 있다. 하지만 늦게 시작하면 시작할수록 불리하다는 것을 분명히 알아야 한다. 뒤늦게 돈에 대한 관심을 가지고 돈을 벌기 위해 나서는 사람은 일찌감치 돈의 중요성을 깨닫고 돈을 버는 일에 뛰어든 사람에 비해 뒤처지기 마련이다. 운이 따라주어 돈이 잘 들어온다 해도 상대적으로 일찍 시작한 사람들에 비해 거둬들일 수 있는 수확은 적을 수밖에 없다.

무엇보다 돈을 소중히 여기고 관심을 갖는 것이 중요하다. 물질만능주의라고 비난할지도 모르겠지만 돈이 없어서 겪어야 하는 고통과 설움보다는 돈이 많음으로써 얻을 수 있는 혜택이 훨씬 많다. 가치 있게 쓰기만 한다면 말이다. 그러니 우선은 관심부터 가져야 한다. 인간은 '선택성 편향' 혹은 '선택적 주의'라는 특성을 가지고 있다. 주변의 다양한 요소 중 특정 부분에서 얻은 정보에만 집중하여 그것만 처리하고 나머지는 전부 차단해버리는 성향을 말하는데, 돈에 관심을 가지게 되면 두뇌의 모든 신경회로들이 그에 맞추어 정렬되고 관련된 정보 획득이나 관련된 아이디어 발상, 관련된 노하우 습득 등에 있어 우위를 점할 수 있다. 돈을 벌 수 있는 정보를 누구보다 빠르게 입수하고, 누구보다 빨리 돈 벌 수 있는 아이디어를 떠올리고, 누구보다 빠르게 돈 버는 경험과 노하우를 습득할 수 있다면 그건 분명 달리기 경주에서 남들보다 먼저 출발하는 것처럼 유리하게 작용할 수 있다.

역량도 복리의 원칙을 따른다

예전에 같은 회사에서 직장생활을 했던 동료 중 한 명은 테헤란로 일대에 꽤 많은 공유회의실을 운영하고 있고 이를 통해 벌어들이는 수입이 어마어마하다. 아무리 물어도 답을 하지 않으니 그가 가진 자산가치가 얼마나 되는지 알 도리가 없지만 적어도 100억 원은 훌쩍 넘을 듯하다. 나와 같은 직장에 다닐 때만 해도 그는 누구나 가지고 있는 차 하나 없이 나들이를 다닐 때면 어린아이들 손을 잡고 대중교통을 이용했었고 집도 없이 전세살이를 했었다. 그런 그를 보면서 자린고비처럼 사는 게 영 탐탁지 않았었다.

하지만 그는 그렇게 허리띠 졸라매고 모은 돈으로 일찌감치 테헤란로에 회의실을 사들이기 시작했다. 물론 대출이 끼어 있었음은 말할 나위도 없다. 그리고 직장을 다니면서 회의실을 임대해주는 사업을 시작했다. 그게 20년 전 일이니 그의 나이로 30대 중반쯤 되었을 것이다. 지금이야 회의실을 빌려 쓰는 일이 당연하게 여겨지지만 그가 그 사업을 시작할 때만 해도 '공유경제'라는 개념이 확립되지 않았을 때였다. 돌이켜보면 그에게는 남다른 사업 감각이 있었던 것 같기도 한데 어쨌거나 그는 충분한 돈이 모일 때까지 기다리지 않고 어느 정도 자금이 모이자마자 바로 사업에 투자를 했고 마침 사회적 변화의 바람을 타고 승승장구할 수 있었다. 그 사람은 누구보다 일찍 시작한 덕분에 그 분야에서 탄탄한 입지를 다지게 되었으며 미래에 대한 걱정 없이 안정적인 수입을 창출하고 있다.

그런데 여기에서 투자하는 금액을 돈이 아니라 자신이 가진 역량 혹은 재능이라고 생각해보자. 역량은 단리가 아니라 복리로 높아질 가능성이 높다. 선형으로 꾸준히 성장하는 것이 아니라 어느 순간까지는 잘 성장하지 않다가 임계점을 돌파하면 그야말로 급속하게 성장하기 때문이다. 물이 99도까지는 끓지 않지만 100도가 넘는 순간 갑자기 끓어오르는 것이나 다를 바 없다. 한국이 낳은 세계적인 영웅 중 하나인 김연아 선수가 이름을 알리기 시작했을 때만 해도 트리플 점프를 하면서 엉덩방아를 찧는 등 실수가 잦았다. 하지만 어느 순간부터인가 마치 신의 경지에 이른 듯 안정된 모습을 보이며 두 번의 올림픽에서 압도적인 기량을 선보였다. 그전까지만 해도 끓을 듯 끓지 않던 역량이 임계점을 돌파하면서 급속히 향상됐기 때문일 것이다. 물이 끓어오르려면 끓어오를 수 있는 온도까지 기다려야 한다. 물이 끓지 않는다고 해서 그것을 참지 못하고 중간에 불을 끄면 물은 결코 끓지 못한다. 역량도 이와 마찬가지여서 임계점을 돌파할 때까지 기다리지 않으면 폭발적인 성장을 기대하기 어렵다. 평범한 수준에 머물고 마는 것이다.

로버트 그린이라는 작가가 쓴 《마스터리의 법칙》에 그 개념이 자세히 소개되어 있다. 무언가 특정한 일에 전문가가 되면 의식적인 노력 없이도 자신이 가진 역량을 최대한 발휘할 수 있게 되는데 이 경지를 '마스터리(mastery)'라고 한다. 이 마스터리에 이르기까지는 꽤 오랜 시간이 걸린다. 꾸준히 참고 기다려야 하는 것이다. 어떤 분야에서 인정받는 전문가가 되기 위해서는 꽤 오랜 시간을 기다려야 하지만 그 시간이 견딜 수 없이 힘들고 고통스럽기 때문에 많은 사람들이 도중에 포기하고 만다. '1만 시간의 법칙'은 누구나 알고 있으리라 생각한다. 그 개념도 마스터리의 법칙과 유사하다. 무언가 1만 시간을 꾸준히 하게 되면 몸이 그것을 받아들여 의식적 노력 없이도 최고의 역량을 발휘할 수 있다는 것이다. 이 이론에 대해서도 최근에는 '맞는다 안 맞는다' 말이 많긴 하지만 타고난 재능이 있지 않는 한 적어도 1만 시간 정도를 투자하면 한 분야에서 전문가 수준에 오를 수 있는 건 분명한 듯싶다.

말이 1만 시간이지 그 시간이 얼마나 긴지 계산해 본 적은 없을 것이다. 하루 3시간씩 1년 365일을 하루도 쉬지 않고 거의 10년을 계속해야 채울 수 있는 시간이 1만 시간이다. 만일 무언가에 투자하는 시간이 하루 2시간으로 줄어들면 1만 시간을 채우기 위해서는 그 일을 15년간 계속해야 한다. 만일 투자하는 시간이 1시간으로 줄어들면 30년의 시간이 걸린다. 만약 무언가를 30세에 시작한다면 60세가 되어서야 1만 시간을 채울 수 있는 것이다. 어떤 날은 야근도 있고, 어떤 날은 가족 모임도 있고, 어떤 날은 친구도 만나야 하고, 어떤 날은 너무 피곤해서 아무것도 할 수 없는 날도 있으니, 하루 3시간씩 1년에 200일만 계속할 수 있다면 그것도 15년 정도의 시간이 걸리게 된다. 모든 조건을 최악으로 잡아보자. 일 년에 200일을 하루 한 시간씩 무언가에 투자할 수 있다고 하면 1만 시간을 채우기까지는 무려 50년이 걸려야 한다. 죽기 전에 전문가 수준에 오르는 건 불가능하다는 얘기나 마찬가지다. 한 분야의 전문가가 된다는 게 이처럼 쉬운 일은 아니다. 그 오랜 시간을 견뎌내야만 전문가 반열에 올라설 수 있다.

역량 혹은 재능을 통해서 돈을 벌고 부자가 되려면 적어도 전문가 수준에는 이르러야 한다. 그래야 자신이 제공하는 역량이나 재능에 대해 만족하는 사람들이 생겨나고 그 가치에 대해 기꺼이 돈을 지불하고 싶어 하기 때문이다. 평범한 음식이나 맛없는 음식을 먹고 나면 돈을 내는 게 당당하지만 어디 가서도 맛볼 수 없는 훌륭한 음식을 먹었다고 생각하면 돈 내는 게 미안하게 느껴질 때가 있는 것과 마찬가지다. 탁월한 역량이나 재능을 경험하면 아무리 비싼 제품이나 서비스라고 해도 돈이 아깝지 않다. 예를 들어 누구도 알려주지 않는 값진 정보를 쏙쏙 알짜배기로 가르쳐주는 주식투자 강의에는 100만 원도 아깝지 않은 것이다.

D 씨는 부동산경매 강의로 매년 수억 원씩의 큰돈을 벌어들인다. 강의 외에 실제 투자를 통해 벌어들이는 돈은 더 많다. 그가 부동산경매를 처음 시작한 건 30여 년 전이라고 한다. 지금이야 많은 사람들이 관심을 가지고 재테크 수단으로 이용하고 있지만 그가 처음 부동산경매를 시작할 때만 해도 대다수

의 사람들이 모르고 있던 분야였다. 누구보다 일찍 시작한 덕에 그는 경쟁이 그리 심하지 않은 분야에서 비교적 손쉽게 부를 축적할 수 있었는데 시간이 갈수록 역량이 쌓이면서 다른 사람들은 손대지 못하는 물건들을 찾아 독점적인 부를 누리고 있다. 그는 지금은 평범한 경매물건은 쳐다보지도 않는다. 대신 다른 사람들이 어렵다고 포기한 물건을 찾아 경쟁 없이 부를 창출하고 있다. 물론 그가 수익을 만들어내기까지의 과정이 수월한 건 아니지만 역량이 쌓이면서 그에게 그러한 일들은 더 이상 어려운 일이 아니다. 그런 노하우가 있기에 경매뿐만 아니라 강의를 통해서도 큰돈을 벌어들일 수 있는 것이다.

자신이 가진 재능이나 역량을 통해 모든 사람들이 만족할 수 있는 서비스를 제공하기 위해서는 적어도 자신이 가진 재능이나 역량을 활용하는 분야에 있어서는 전문가의 수준에 이르러야 하는데 앞서 살펴본 것처럼 전문가가 되려면 꽤 오랜 시간과 경험이 필요하다. 따라서 일찍 시작하면 할수록 유리하다. 다섯 살 때부터 피아노를 꾸준히 친 사람은 이미 스무 살이 되었을 때 피아노를 능숙하게 칠 수 있겠지만, 스무 살이 되어 피아노를 배우기 시작한 사람이 능숙하게 곡을 치기 위해서는 그보다 훨씬 오랜 시간이 필요하다. 게다가 그 기간 동안 다섯 살에 피아노를 배운 사람의 실력은 더욱 가파르게 성장할 것이다.

이 책을 읽는 독자의 대부분은 돈을 벌고 싶은 욕망이 있는 사람들일 것이다. 그 욕망은 실현될 수 있다. 그리고 일찍 시작하면 할수록 그 욕망의 실현 가치는 더욱 커질 수 있다. 돈을 벌 수 있는 정보도, 나에게 도움을 줄 수 있는 사람도, 사업기회를 찾아내고 문제를 해결해 나가는 역량도 일찍 시작할수록 올바른 궤도에 올라탈 가능성이 높다. 늦었다고 생각돼도 지금 바로 시작하면 더 늦게 시작하는 것보다는 낫다. 그러니 바로 시작하라. 책을 덮는 그 순간부터 말이다. 20년 후에는 분명 원하는 결과를 손에 넣을 수 있을 것이다.

에이펙스 스피릿 18

'타고난 재능'보다는 '재빠른 출발'이 중요하다

큰 부를 축적한 사람들의 대부분은 일찍 시작한 사람들이다. 시간이 지날수록 그들이 가진 돈도 그리고 돈을 만들어내는 역량도 급속히 성장했기에 그들이 큰 부자의 자리에 오를 수 있었다. 무엇이든 때가 있다고 하지만 돈 버는 일에 때가 있을 수 없다. 관심을 가지고 하루라도 일찍 시작해야 한다.

19

배우는 것에 시작은 있지만 끝은 없다

배움 앞에 겸손하라

사업으로 큰돈을 번 E 씨의 나이는 올해로 74세이다. 그는 가난한 집에서 태어나 온갖 막일을 전전하다 가구제작사업에 뛰어들어 호황기에 큰돈을 벌게 되었고 부의 피라미드 정상에 올라 있다. 나와는 사는 방식이 달랐고 하는 일도 전혀 달랐기에 그를 만날 일은 없었다. 공통분모가 전혀 없는 그를 우연히 만나게 되었는데 그건 돈 버는 방법을 알려주는 12주짜리 강의에서였다.

처음 그를 봤을 때만 해도 수수하게 차려입은 옷에 별로 눈에 띄는 외모도 아니었기에 그저 돈이 필요한 가난한 노인쯤으로 알았다. 하지만 시간이 지나면서 그와 이야기를 나눌 기회가 생겼고 그에 관해 이야기를 들을 수 있었는데, 그가 건물과 토지 등 부동산으로 수백억 원의 재산을 가지고 있다는 말을 했을 때만 해도 그의 말을 믿을 수가 없었다. 수백억 원의 자산가가 돈 버는 강의에 올 리가 없다고 생각했기 때문이었다. 하지만 그의 말은 틀림없는 사실이었다. 그는 배움에는 끝이 없다고 하며 작은 것 하나라도 돈을 버는 데 쓰일 수 있다고 했다. 그는 이미 자신의 사업을 자식들에게 물려주고 은퇴한 상태지만 놀기 싫어 강의를 듣는다고 했다.

에이펙스와 고퍼들은 무언가 새로운 것을 배우는 데 대한 자세가 완전히 다르다. 고퍼들은 이미 자신이 가지고 있는 것만 이용하여 돈을 벌려고 한다. 그들은 자신이 가지고 있는 것을 대단한 것으로 과대 포장하는 경향이 있으며, 자신이 가지고 있는 것이 충분하여 그것만으로도 돈을 벌 수 있다고 여긴다. 자신들이 돈을 벌지 못하는 것은 다만 종잣돈이 없고 운이 따르지 않기 때문이라 여긴다. 따라서 새로운 것을 배울 필요가 없다고 여기고 무언가를 배우는 데에 소홀하다. 그런 사고방식을 가지고 있다 보니 자신보다 나이 어린 사람에게 배우는 것은 생각하기조차 어렵다. '나이 어린 사람=자신보다 아는 것이 적은 사람'이라 생각하여 나이 어린 사람을 함부로 대하고 그들로부터 배울 것이 없다고 단정 짓는다.

에이펙스는 고퍼들과 정반대다. 그들은 이미 부자의 자리에 올라 있음에도 불구하고 여전히 자신들을 부족하다고 여긴다. 배움 앞에서는 한없이 겸손하기만 하다. 세상에는 배울 것이 너무 많다고 여긴다. 그래서 그들은 끊임없이 배우려고 한다. 앞서 소개한 E 씨의 경우 나이나 가진 재산을 고려하면 다소 지나친 것 같은 느낌이 들기도 하지만 평생 끊임없이 배워야 한다고 생각한다. 자신이 부자라고 해서 뻐기지 않는다. 때로는 강의를 하는 사람이 자신보다 가난한 사람일 수도 있지만 (E 씨의 경우 대부분의 강사가 자신보다 가난하다는 것을 안다) 그럼에도 불구하고 그들에게 배울 것이 있다고 믿는다. 자신이 알고 있는 것은 일부분일 뿐, 모르는 것이 더 많다고 여기기 때문이다. 그래서 그들은 모르는 것을 알아내려고 한다. 나이 어린 사람에게도 배울 것이 있다고 여기며 절대 함부로 대하지 않고 진심으로 존경의 마음을 담아 깍듯이 선생님으로 대한다. 주식이든, 부동산이든 투자 강의에 한번 가 보라. 돈 없는 젊은 사람들은 대체로 고개가 뒤로 꺾어져 있지만 돈 많은 나이 든 사람들은 고개가 앞으로 숙여져 있다.

이처럼 무언가를 배우는 자세 하나만 가지고도 이 사람이 나중에 에이펙스가 될 것인지 평생을 고퍼로 살 것인지 대략 가늠할 수 있다. 고퍼들은 대체로 배움에 대해 닫혀 있고 폐쇄적이다. 자신이 배운 것, 자신이 알고 있는 것, 자신이 경험한 것을 최상으로 여긴다. 자기 밖의 것에 대해서는 얕잡아보는 경향이 있고 자신이 아는 세상에 갇혀 지낸다. 기껏 무언가를 배우러 가도 별로 도움 되는 것이 없다며 배운 내용을 머릿속에

담아두지 않는다. 배우다가 중간에 그만두는 일도 부지기수다.

반면에 에이펙스는 배움에 대해 활짝 열려 있다. 그들은 죽을 때까지 평생 배움을 멈춰서는 안 된다고 생각한다. 세상에 돈을 벌 수 있는 방법은 무궁무진하기 때문에 자신이 배운 것, 자신이 알고 있는 것, 자신이 경험한 것이 최상일 수 없다고 여긴다. 자기가 알고 있는 것은 자신이 있지만 그 밖에 대해서는 모르는 것이 더 많다고 여기고 자기 밖의 것에 대해서 늘 호기심을 가지고 배우며 받아들이려 한다. 그래서 늘 새로운 교육 기회를 찾고 그것을 자기 것으로 만들려고 노력한다. 작고한 스티브 잡스가 스탠포드 대학의 축사에서 한 "Stay hungry, Stay foolish"라는 말속에는 배움에 대한 자세가 담겨 있다고 볼 수 있다.

고퍼와 에이펙스는 배운 것을 활용하는 데 있어서도 다르다. 고퍼들은 배움이 배움으로 끝나는 경우가 많다. 어렵사리 무언가를 배운다 해도 그것을 실전에 활용하지 않는다. 배운 것 따로, 실행하는 것 따로다. 의지가 있는 경우 겨우 일부만 배운 내용을 활용할 뿐이다. 자신과 맞지 않는다거나, 이미 다 아는 것이라거나, 별로 도움이 안 된다는 핑계를 댄다. 심지어는 배운 내용을 평가절하하며 깎아내리는 사람들도 있다. 하지만 에이펙스는 절대 그렇게 행동하지 않는다. 그들은 배운 것을 무조건 활용한다. 애초부터 그들은 자신에게 도움이 될 만한 것만 신중하게 선택하여 배우기 때문에 배움의 가치를, 돈을 만들어내는 데 실제로 활용하려고 한다. 그리고 대부분은 배운 것을 활용하여 또 다른 부를 만들어낸다. 비록 그것이 크든 작든 말이다.

에이펙스의 자세를 다른 말로 하면 배움에 대한 겸손이라고 할 수 있다. 에이펙스는 겸손하기 그지없다. 그들은 큰 부자임에도 불구하고 늘 자신이 부족하다고 얘기한다. 종종 너무 겸손해서 은근 거부감이 들기도 하지만 아무튼 그들은 스스로를 부족하다고 여기고 그것을 채우기 위해 끊임없이 배우려고 한다. 모르는 것에 초점을 맞추고, 그것을 배움을 통해 채우려고 한다. 고퍼는 자신의 부족함을 모르기 때문에 배우려는 생각조차 없다. 자신은 알 만큼 알고 있다고 생각해 배움이 별 도움이 안 된다 여긴다. 자신이 아는 것이 거의 없다는 사실을 알 수 있는 기회조차 없으니 그저 자신이 최고라 여긴다. 배우려는 사람과 배우려고 하지 않는 사람 중 누가 더 성장하고 발전할지는 보지 않아도 뻔하다. 세상이 급격하게 변화하면서 지식도 경험도 변하지 않는 것은 없다. 변화하는 세상에서 자기 것만 추구하며 배우려 하지 않는 사람들은 도태될 수밖에 없다.

채워 넣지 않으면 도태된다

'지식의 반감기'라는 것이 있다. 어떤 한 개인이 알고 있는 지식의 반이 쓸모없는 것으로 바뀌는 데까지 걸리는 시간이다.

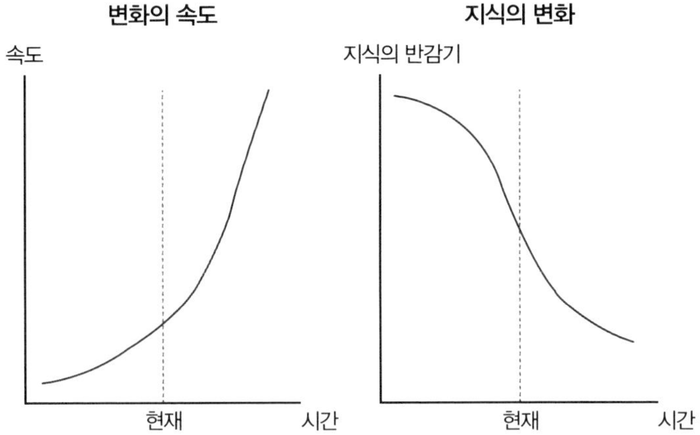

세상이 급변하면서 지식의 반감기도 점점 짧아지고 있다. 예전에는 물리학 하나를 배우면 은퇴할 때까지 30년이고 40년이고 평생 써먹을 수 있었다. 하지만 요즘에는 물리학을 배우고 단 7년만 지나면 알고 있는 것의 반을 쓰레기통에 버려야 한다고 한다. 금융이나 IT 분야에서의 변화는 훨씬 빠르다. 5년 전에 출시된 금융 상품 중 아직도 판매되고 있는 것은 많지 않다. 너무 복잡한 상품들이 많아 정작 금융업에 종사하는 사람들조차 그 내용을 잘 설명하지 못할 정도다. 5년 전에 개발된 IT 기술 중 지금도 유용하게 활용되는 것은 별로 없다. IT에서 5년은 일반 사람들의 50년처럼 긴 시간이다. 이런 세상에서 자신이 알고 있는 것만 가지고 부를 만들어내려고 한다는 것은 무모한 시도가 아닐 수 없다.

블로그 이웃 중에 열심히 리더십에 관한 내용을 올리는 사람이 있었다. 그런데 안타깝게도 대다수의 내용이 80년대 대학을 다닐 때나 배울 만한 내용이었다. 코로나로 인해 '언택트(untact)', '온택트(ontact)'라는 말이 유행하고 '뉴노멀(new normal)'이라는 신조어가 등장하고 있는 상황에서 통상적으로 사무실에서 얼굴 마주 보고 일을 할 때의 리더십과 언택트 시대의 리더십이 같을 수는 없다. 재택근무가 확대되면서 제일 어려움을 겪었던 계층이 리더의 직책에 있는 사람들이었다는 말을 들었다. 그전에는 한 번도 그러한 경험이 없다 보니 보이지 않는 곳에서 일하는 직원들을 어떻게 관리해야 할지 알 수 없어 곤란을 겪었던 것이다. 게다가 언제 어디서 무슨 일이 생길지 모르니 리스크 관리도 중요하다. 세상이 이렇게 변화되고 있는데 오프라인 시대의 리더십을 강의한다는 것은 크나큰 오판이 아닐 수 없다. 세상의 변화를 따라가지 못하는 것이고 결국 돈과는 이별할 수밖에 없다.

변화하는 세상에서 살아남기 위해서는 그 안에 사는 사람들도 진화해야 한다. 진화하지 못하면 도태될 수밖에 없다. 과거에 돈을 벌었던 사업과 미래에 돈을 벌 수 있는 사업은 확연히 다를 것이다. 인공지능(AI)이 발달하고 인터넷이나 빅데이터 등의 기술이 발달하는 등 디지털 트랜스포메이션(digital transformation)이 화두가 되는 세상에서 오프라인 중심의 사업으로는 돈 벌기가 그리 녹록지 않을 수 있다. 요즘 젊은 부자들이 많이 생기는 것도 바로 그 때문이다. 세상의 변화를 빠르게 따라잡을 수 있는, 시대에 맞는 역량을 갖춘 젊은이들은 힘들지 않게 부자의 반열에 올라서지만 세상의 변화를 따라가지 못하는 사람들은 시간이 갈수록 점점 피라미드의 아래로 미끄러져 내려온다. 그러니 어렵사리 올라선 자리를 지키기 위해서라도 열심히 공부하지 않으면 안 된다.

부자가 되고 싶다는 희망을 안고 열심히, 부지런히 사는 고퍼들 중에는 직장인들이 많다. 직장인들은 특별히 더 배움에 신경을 써야 한다. 직장에서 정해진 업무만 하며 평생을 보내다 보면 바깥세상의 변화에 둔감하게 되고 이러저러한 사정으로 독립할 때가 되면 완전히 다른 세상을 맛볼 수 있다. 이러한 환경에서 살아남을 수 있는 방법은 오직 배움뿐이다. 자신의 한계를 인정하고 겸손한 자세로 배워야만 한다. 에이펙스는 그걸 일찌감치 몸으로 경험한 사람들이다. 그래서 그들은 나이를 따지지 않고 배움에 몰입한다.

에이펙스는 어딘가에 투자를 할 때도 섣부르게 하지 않는다. 고퍼들이 이것저것 따지지 않고 귀찮다는 듯이 거래인을 통해 "알아서 해주세요" 하고 맡기는 것과는 달리 에이펙스는 궁금한 사항이 모두 해소될 때까지 묻고 따지며 따로 공부를 한다. 내가 아는 부자 중 한 명은 투자회사가 VIP로 떠받들다시피 대접을 받지만 모두들 자신을 대하는 걸 힘들어한다고 한다. 그만큼 묻고 또 물으며 모르는 것이 없을 때까지 파고들다 보니 상대방 입장에서는 상대하기 피곤하기 때문이다. 이렇듯 에이펙스는 중요하지 않거나 대수롭지 않은 투자는 과감하게 하지만 중요하다고 여겨지는 것에 대해서는 절대 허투루 투자를 하지 않는다.

사업이나 투자를 할 때 금융이나 회계, 재무 등에 있어 반드시 기본적인 지식은 갖추는 것이 좋다. 만약 전공 분야가 아니어서 관련 지식이 없다면 배움을 통해서라도 기본적인 지식을 갖추려고 해야 한다. 사업을 하지 않고 주식투자나 부동산투자를 하는 경우에도 재무나 회계, 금융에 대한 지식을 갖추는 것은 반드시 필요한 일이다. 재무제표를 볼 줄도 모르면서 주식투자를 한다는 것은 글을 쓸 줄 모르는 사람이 소설을 쓰겠다고 덤비는 것이나 다를 바 없다. 이것이 얼마나 어리석은 짓인지 깨달아야 한다.

기본적인 수준의 사업타당성 분석도 할 수 있어야 한다. 사업타당성 분석이란 간단히 말해서 미래의 수입과 지출을 따져 현재 시점에서 투자할 가치가 있는지 없는지 따져보는 것이다. 자신이 내용을 알고 분석할 능력이 없으면 다른 사람이 하는 말을 그대로 믿을 수밖에 없다. 세상에는 돈이 되는 유용한 정보도 많지만 돈을 빼앗아가는 해로운 정보도 넘쳐난다. 기술이 발달하면서 진짜 뉴스와 가짜 뉴스가 구분되기 어려운 시대에 남이 하는 말만 믿고 투자한다는 것은 어불성설이다.

책 속에서 부자의 성공방정식을 찾아라

부자가 된 사람들은 책 읽기도 게을리하지 않는다. 수백억 원의 자산을 가진 한 지인은 만나자는 연락을 할 때마다 오늘은 안 되겠다며 거절을 하곤 했다. 의외로 그의 삶은 단순했다. 사람들과의 약속도 그리 많지 않았고, 그가 하는 사업이 숨넘어가도록 급한 일이 많은 것도 아니었으며, 밤늦게까지 회사에서 일을 하는 것도 아니었다. 꼬박꼬박 정해진 시간에 퇴근하고, 사람들을 만나 바깥에서 보내는 시간도 많지 않았으며, 집에서 가족들과 보내는 시간이 많았다. 그럼에도 불구하고 그는 내게 시간을 내주기를 꺼렸다. 그러다 내가 책을 쓰고 싶다는 취지로 간곡하게 부탁을 하자 어렵사리 시간을 내주었다. 그에게 만나자마자 단도직입적으로 물었다. 왜 그렇게 시간 내기가 어렵냐고 말이다. 도대체 집에서 무얼 하길래 그렇게 만나기가 어렵냐고.

그가 한 말은 의외였다. 그는 퇴근하고 나면 일정 시간 동안 반드시 책을 읽는다고 했다. 주로 경제경영 분야의 전문 도서들과 미래사회의 변화에 관한 책들을 읽으며 간혹 건설적인 내용의 자기계발서를 읽는 경우도 있다고 했다. 사업하는 사람이 사람들은 안 만나고 책을 읽는다는 것이 이해되지 않았지만 사람을 만날 수 있는 기회는 일과 중에 얼마든지 있다고 한다. 하지만 책은 일부러 시간 내서 읽지 않으면 읽을 시간이 부족하다고 했다. 그는 적어도 한 주에 한 권의 책은 읽는다고 한다. 1년이면 50권이 넘는 셈이다.

이 이야기가 비단 그 사람에게만 해당되는 것은 아니다. 에이펙스는 절대 책 읽기를 게을리하지 않는다. 직장을 다니면서 눈여겨본 것 중 하나는 직급이 올라갈수록 책을 많이 읽는다는 것이었다. 부장이나 직급이 낮은 임원의 책상에는 실무적인 서류 외에는 책이 거의 없지만, 사장이나 부사장의 방에는 항상 책이 한가득 쌓여 있었으며 대부분은 최근 발간된 책들이었다. 대다수는 기업의 경영에 직간접적으로 도움이 되거나 시대의 변화를 파악하는 데 도움이 되는 책들이었다. 그들이 시간 날 때마다 틈틈이 책을 읽는 모습도 꽤 자주 보았다. 회사를 다닐 때만 해도 일은 안 하고 한가하게 책이나 읽고 있다며 그들을 곱지 않은 시선으로 보았지만 그게 나의 잘못된 생각이었다는 것을 뒤늦게 알게 되었다. 그들은 비록 직접 회사를 경영하는 것이 아니고 고용된 경영자에 불과했지만 책을 통해 회사 운영에 필요한 지식을 얻고 경영에 대한 감을 놓치지 않으려 한 것이다.

에이펙스는 주로 사람을 통해 정보를 얻지만, 사람들이 알려줄 수 없는 양질의 정보를 손쉽게 얻을 수 있는 수단이 책이라는 것을 잘 알고 있다. 그래서 그들은 책 읽기를 게을리하지 않는다. 한 통계에 의하면 성공한 사람들은 1년에 평균 60권 정도의 책을 읽는다고 한다. 워렌 버핏의 이야기는 너무나 많이 알려져 식상할 정도이지만 그는 불과 16세가 되던 해에 사업과 관련된 서적을 수백 권이나 읽었다고 한다. 그는 아침에 일어나 사무실에 나가면 자리에 앉아 책을 읽다가 업무가 시작되면 하루 8시간 동안 치열하게 사람들과 통화를 하고, 업무시간이 지나면 다시 책을 가지고 집으로 돌아와 또 읽었다고 한다. 그러기에 그는 부자가 되고 싶어 하는 사람들에게 "읽고, 읽고, 또 읽어라(read, read, read)"고 강조한다.

손정의 회장 역시 독서광으로 유명하다. 그가 중증 만성간염으로 3년 동안 병원에서 지내면서 읽은 책은 무려 4,000권에 이를 정도다. 그는 독서를 통해 세상을 바라보는 혜안과 통찰력을 갖게 되었고 그것을 바탕으로 소프트뱅크라는 거대기업을 일구어냈다. 토마스 콜리는 연소득이 1,700만 달러 이상, 순유동자산이 330만 달러 이상인 233명의 부자를 대상으로 조사한 결과를 《습관이 답이다》라는 책을 통해 밝히고 있다. 그에 따르면 부자들 중 88%는 매일 30분 이상 독서를 하며 63%는 출퇴근 길에도 오디오북이나 팟캐스트를 듣는다고 한다. 트럼프는 타고난 장사꾼처럼 보이지만 그는 무슨 약속이든 10시 전에 마무리하고 집에 들어와 잠자리에 들기 전까지 꼬박 3시간 정도는 책을 읽었다고 한다. 그가 대통령이기 이전에 어마어마한 부를 자랑하는 에이펙스임을 모르지는 않을 것이다.

반면에 고퍼들 중에는 책을 읽는 사람이 많지 않다. 한국 성인들의 평균 독서량은 한 달에 한 권도 안 된다. 가장 최근 통계에 따르면 연간 7.5권에 불과하다고 한다. 게다가 한국인 10명

중 4명은 1년에 한 권의 책도 읽지 않는다고 한다. 그들은 책이 자신의 부족한 지식이나 경험을 보완해주고 세상의 변화와 주요 이슈에 대해 유용한 가르침을 준다는 사실을 깨닫지 못한다. 그러기에 그들은 책 읽기 대신에 다른 일에 시간을 투자한다. 물론 그것들의 대부분은 영양가 없는 일들이다. 심지어 어떤 사람들은 책 읽기는 시간 낭비라 여기기도 한다. 자기계발서를 읽는 것은 저자에게 인세를 보태주는 것밖에 안 되기 때문에 자신은 자기계발서를 읽지 않는다고 자신 있게 말하는 사람도 있었는데 아마도 그 사람은 평생 고퍼로 살 수밖에 없을 것이다. 배우지 않는 사람에게 미래가 있을 수 없다. 지독하게 운이 좋은 사람이라면 모를까 그런 정신자세를 가진 사람이 부의 피라미드에 오를 리 만무하다.

부자가 되고 싶은 사람들은 반드시 책을 읽어야 한다. 부자가 되는 가장 좋은 방법은 성공한 부자를 따라 하는 것인데 책을 이용하면 직접 만나지 않고서도 많은 정보를 얻을 수 있다. 자수성가한 부자들의 58%는 다른 성공한 사람의 전기를 읽고 따라 했다고 한다. 세상에 부자들은 많고 그들이 성공의 노하우를 풀어 놓은 책들도 많다. 그들이 했던 방법이 여러 가지 여건으로 인해 똑같이 반복될 수는 없겠지만 그들의 경험을 통해 자신에게 적용 가능한 노하우를 추출하고 응용해보는 것이 중요하다. 그러자면 성공한 사람들의 이야기를 책을 통해서라도 만나봐야 한다. 책을 읽는 숫자와 재산이 비례한다는 사실을 알고 나면 어떻게 해서든 책을 읽으려고 노력해야 한다.

인간은 끊임없이 배워야 한다. 특히나 부의 피라미드 정상에 오르기 위해서는 배움에 각별한 노력을 기울이지 않으면 안 된다. 자신이 아는 것, 자신이 경험한 것만 가지고 돈을 벌 수 있는 시대는 이미 오래전에 지났다. 앞으로 다가올 세상은 평생학습의 개념이 더욱 중요해질 것이다. 그러한 세상에서 배우지 않는 것은 퇴행의 열차를 탄 것이나 다를 바 없다.

에이펙스 스피릿 19

배우는 것에 시작은 있지만 끝은 없다

지식을 쌓기 위해서는 공부를 해야 하듯 부를 축적하기 위해서도 돈 버는 방법을 배워야 한다. 세상이 바뀌면서 돈을 벌 수 있는 방법도 다양해지고 있다. 늘 겸손한 마음가짐으로 자신을 낮추고 자신보다 뛰어난 사람들로부터 배우려고 해야 한다.

20

하루 1%의 변화가 성장과 퇴보를 결정한다

복리로 발현되는 습관의 힘

① $0.99^{365}=0.03$

② $1.01^{365}=37.78$

위의 수식이 의미하는 바에 대해서 알고 있는가? 매일 1%(0.01)씩 퇴보할 경우(①의 경우) 1년이 지나면 자신이 가진 역량은 0.03(원래는 '0.025..'인 것을 반올림한 숫자다)만큼밖에 남아있지 않지만, 매일 1%(0.01)씩 성장할 경우(②의 경우) 1년이 지나면 무려 40배 가까운 성장을 이룰 수 있다는 것이다. 이는 습관의 힘을 압축적으로 표현한 것이다. 매일 1%씩 좋은 습관을 쌓아가면 시간이 지나면서 그 습관이 복리의 위력을 발휘하여 큰 성공과 부를 이룰 수 있지만, 매일 1%씩 나쁜 습관이 쌓이면 시간이 지나면 지날수록 그 습관으로 인해 인생을 망칠 수 있다는 것을 나타낸다.

《습관의 힘》이라는 책을 쓴 찰스 두히그는 무언가 신호를 받아 그것을 반복하고 그로부터 보상을 받게 되면 다시 그 신호가 강화되는 선순환을 이룸으로써 좋은 습관이 자리 잡을 수 있다고 주장한 바 있다.《아주 작은 습관의 힘》을 쓴 제임스 클리어도 신호, 열망, 반응, 보상이라는 네 단계를 거쳐 좋은 습관을 만들 수 있다고 말한다. 신호를 분명하게 하고, 그것이 매력적으로 보이도록 하며, 하기 쉽게 만듦으로써 만족스러운 결과를 얻도록 하면 좋은 습관이 자리 잡을 수 있다는 것이다. 그리고 좋은 습관이 쌓이면 앞에서 언급한 것처럼 자신의 변화를 이끌어내고 그를 바탕으로 큰 부와 성공을 이룰 수 있다고 한다.

습관만큼 성공에 큰 영향을 미치는 요소도 없을 것이다. 그래서 에이펙스가 된 사람들은 평소에 좋은 습관을 쌓기 위해 노력한다. 그들은 큰 부자의 자리에 오르기 위해서는 나쁜 습관을 버리고 좋은 습관을 쌓아야 한다는 것을 깨닫고 '신호 → 반복 → 보상'의 사이클을 활용하여 자신 안에 좋은 습관이 쌓이고 일상의 루틴이 되도록 노력한다. 반면에 고퍼들은 나쁜 습관이 있음에도 불구하고 그것을 그대로 방치하거나 잘 고치지 못한다. 잘못된 신호를 걸러내지 못하고, 그 신호에 대한 반응을 반복하며, 잘못된 반응을 이끌어냄으로써 자신의 삶을 갉아먹는 나쁜 습관의 굴레에서 벗어나지 못한다.

에이펙스들의 좋은 습관 가운데 눈에 띄는 것은 '아침형(새벽형) 인간'이라는 사실이다. 밤에 일찍 잠자리에 들어 아침에 일찍 눈을 뜬다. 스티브 잡스에 이어 애플의 CEO 자리에 오른 팀 쿡은 매일 새벽 3시 45분에 잠자리에서 일어나 700~800통에 이르는 메일을 확인한 후 6시 30분이면 사무실에 출근한다고 한다. 워렌 버핏이나 빌 게이츠도 새벽 5시 30분이면 잠자리에서 일어난다고 한다. 중국 완다 그룹의 총수인 왕젠린(王健林) 회장은 새벽 4시에 일어나 하루를 시작한다고 한다. 중국 출신으로 홍콩의 슈퍼맨, 홍콩의 워렌 버핏 등으로 불리는 아시아 최고의 부자 리자청(리카싱, 李嘉誠) 역시 90이 넘은 나이에도 불구하고 6시 전에 잠자리에서 일어나 8시 전에 사무실에 도착하여 업무를 시작한다고 한다. 작고한 정주영 씨를 비롯하여 한국의 많은 재벌과 최고경영자들도 새벽 일찍 일어나 하루를 시작한 것으로 유명하다. 그들은 젊은 시절부터 일찍 일어나고 규칙적으로 생활하는 습관을 몸에 익혀 왔다.

현대사회는 철저하게 아침형 인간에게 맞춰진 사회인데 에이펙스는 그 시스템에 딱 적합하도록 진화한 사람인지도 모른다. 에이펙스치고 밤늦게까지 깨어 있고 늦은 아침까지 잔다는 사람은 보질 못했다. 그들은 출근 시간이 아홉 시라면 적어도 서너 시간 전에는 일어난다. 그렇게 일어나 명상을 하거나 신문을 보거나 책을 읽거나 글을 쓰는 등 건설적인 일에 투자를 한 후 차분하고 여유 있는 마음으로 하루 일과를 시작할 준비를 한다. 빌 게이츠나 스티브 잡스가 아침에 일어나 거울에 비친 자신을 보며 긍정적 암시를 불어넣거나 명상을 하며 자신의 사명을 되새겼다는 얘기는 너무나 유명하다.

아침에 일찍 일어나기 위해 그들은 밤에도 일찍 잠자리에 드는 편인데 밤늦게까지 사람을 만나거나 술을 마시는 등의 일을 가급적 하지 않는다. 사업과 관련하여 중요한 약속이 있을 경우라도 정해진 시간을 넘겨서까지 만나지 않으려고 한다. 집으로 돌아와서도 TV 같은 것은 보지 않으며 책을 읽거나 하루 일과를 정리하는 시간을 갖는다.

외국에서 반가공된 가죽 원단을 수입해 완제품을 만들어 파는 사업으로 큰돈을 번 F 씨는 무슨 일이 있어도 잠자리에 들기 전에 반드시 1시간 이상 책을 읽는다고 한다. 어쩔 수 없이 술을 마신 날도 예외가 없다고 한다. 그리고 F 씨를 비롯한 에이펙스들은 '반드시'라고 해도 좋을 정도로 정해진 시간에 잠자리에 들려고 노력한다. 팀 쿡은 누구보다 사무실에 오래 남아 있기로 유명하지만 8시 45분 정도에는 잠자리에 들어 최소 7시간은 숙면을 취한다고 한다. 마크 저커버그도 하루 8시간 정도는 잠을 잔다고 한다. 내가 만난 부자들이 잠자리에 드는 평균 시간은 밤 10시 이전이었으며 일어나는 시간은 6시 전이었다. 어떤 사업가는 9시면 잠자리에 들어 4시면 일어난다고 했다. 예외적인 상황이 일어날 법도 하건만 그들은 기계처럼 규칙적으로 이 시간을 지킨다. 그럼으로써 신체 리듬이 무너지지 않고 항상 최상의 상태를 유지하도록 만드는 것이다.

반면 고퍼들은 생활 자체가 무척 불규칙하다. 고퍼들 중에도 부지런하고 규칙적으로 생활하는 사람도 있지만 대체로 늦게 잠자리에 들고 늦게 잠자리에서 일어난다. 더 이상 미룰 수 없을 때까지 잠자리에서 일어나지 못해 미적거리는 일이 많으며 출근 시간에 임박해서 허둥지둥 일터에 도착하곤 한다. 에이펙스가 하는 건설적인 일에 쏟을 시간이 이들에게는 없다.

고퍼들이 늦게 자는 이유는 TV 시청이나 오락, 유튜브나 영화 시청 등 오락성 일에 시간을 쓰기 때문이다. 하지 않아도 될 일에 시간을 쓰므로 아침이면 잠이 모자라 피곤을 이기지 못하고 침대 위에서 시간을 보내는 것이다. 또한 이들은 대체로 잠자는 시간이 정해져 있지 않으며 시간에 대한 규칙 같은 것도 없어서 밤늦게까지 사람들과 어울리는 것을 아무렇지도 않게 생각한다. 그러다 보니 신체 리듬이 일정하지 않고, 어떤 날은 좋았다가 어떤 날은 아주 나빴다가 하며 시소를 타고, 그것이 일의 결과에도 영향을 미친다. 좋은 습관이 형성되기 위해 필요한 '신호 → 반복 → 보상'의 체계가 일상생활 속에 스며들지 않는 것이다.

이런 말을 하면 자신은 유전적으로 타고난 저녁형 인간이기 때문에 일찍 자고 일찍 일어나는 것이 힘들다고 말할 사람도 있을 것이다. 실제로 수면 전문가들의 연구에 의하면 사람들의 약 30%는 타고난 저녁형 인간이라고 한다. 40%는 타고난 아침형 인간이며 나머지 30%는 상황에 따라 아침형 인간이 될 수도 있고 저녁형 인간이 될 수도 있다는 것이다. 그러니 유전자 코드가 저녁형 인간으로 각인된 사람들은 일찍 자고 일찍 일어나는 것이 선천적으로 힘들 수 있다.

하지만 저녁형 인간이라고 해서 삶이 불규칙해야 할 이유는 전혀 없다. 이들은 유전적 특징에 의해 잠자는 시간과 일어나는 시간이 아침형 인간에 비해 몇 시간 정도 뒤로 늦춰진 것뿐이지 다른 것들은 전혀 다르지 않다. 저녁형 인간이라고 해서 밤늦게까지 책을 보는 대신 TV를 봐도 되는 것도 아니고 밤늦게까지 술자리를 가져도 되는 것도 아니며 매일 불규칙한 시간에 잠자리에 들어도 좋은 것은 아니다. 타고난 기질 탓에 일찍 자고 일찍 일어나기 어렵다면 깨어 있는 동안이라도 규칙적으로 생활하려고 해야 하지만 그런 노력을 하지 않는다는 것이 문제다.

아침형 인간도 아니고 저녁형 인간도 아닌 30%의 사람들도 마찬가지다. 이들은 편리에 의해 스스로를 저녁형 인간으로 세팅해 놓고서도 유전자 탓을 하는 경우가 많다. 이유 없이 포털을 들락거리고, 유튜브에 올라온 먹방이나 흥미 위주의 동영상을 보다가 잠 때를 놓치고서도 아침에 일어나기 힘들어하는 것을 자신이 저녁형 인간이어서 그렇다고 둘러댄다. 당연히 삶은 규칙적이지 못하다. 피곤한 날은 일찍 잠자리에 들었다가도 어떤 날은 새벽 2~3시까지 깨어 쓸데없는 일을 하며 시간을 보낸다.

밤늦게 잠자리에 들고 싶은 마음을 모르는 바는 아니다. 하루 종일 회사 일에 시달리다 밤이 늦어서야 귀가를 하고 나면 자신만의 시간이 없으니 잠을 줄여서라도 하고 싶은 일을 하고 싶은 마음일 것이다. 하지만 현대사회는 아침형 인간을 기준으로 돌아간다. 억울하고 분해도 그것을 따르는 것이 바람직하다. 정 싫다면 생활 자체만이라도 규칙적으로 하려는 습관을 들여야 한다. 그래야 항상 일관된 신체 리듬을 유지할 수 있고 신체 리듬이 안정되면 정서적으로도 안정된 모습을 보일 수 있다. 정서적으로 안정되면 좋은 신호를 받아들여 반복적으로 실천할 수 있는 힘이 쌓이게 되고 보상도 따라온다.

철저한 자기관리

에이펙스가 규칙적인 생활을 할 수 있는 이유 중 하나는 자기관리에 뛰어나기 때문이다. 그들은 철저한 자기관리를 통해 자신의 삶을 스스로 통제하려고 한다. 흡연과 같은 좋지 않은 습관을 가진 사람은 거의 없으며 고래처럼 술을 마시지도 않는다. 그들은 술이 뇌에 미치는 영향을 잘 알고 있으며 항상 총명한 두뇌 상태를 유지하기 위해 술을 많이 마시지 않는다. 한

번 주위를 둘러보라. 당신 주변의 성공한 사람들은 술과 담배를 즐기지 않을 것이다. 술을 마셔도 기분 좋을 정도로만 마실 뿐 취해서 기억이 나지 않을 정도로 폭음을 하거나 취한 상태로 대로변에서 비틀거리며 걷는 사람은 찾아볼 수 없다.

에이펙스가 자기관리의 방편으로 가장 심혈을 기울이는 것은 운동이다. 그들은 꾸준히 운동함으로써 몸을 건강하게 관리한다. 팀 쿡은 새벽 5시면 어김없이 운동을 시작하며 시간이 날 때마다 자전거 타기와 하이킹을 즐긴다고 한다. 왕젠린이나 리자청도 아침 시간을 달리기나 골프와 같은 운동에 투자한다고 한다. 마크 저커버그도 아침에 일어나면 반려견과 달리기를 즐기는 등 바로 운동을 한다고 한다. 미국의 경제분석가인 토마스 콜리가 성공한 부자 233명을 대상으로 조사한 결과 76%의 부자들이 매일 30분 이상을 운동에 투자했다. 이는 연봉 4,000만 원 이하인 사람들 중 87%가 운동을 하지 않는다는 것과 상반된 결과다.

땅값 비싼 판교에 사옥을 가지고 있는 한 사업가는 부친상을 당했을 때도 운동을 거르지 않을 정도로 자기관리에 철저한 모습을 보였다. 그는 20년 넘게 수영을 해 온 사람이었는데 상가를 지키는 동안에도 새벽 일찍 근처 수영장을 찾아 운동을 했다고 한다. 방송인 중에도 그런 사람이 있다. 〈무한도전〉이라는 프로그램에서 태국으로 포상 휴가를 떠나는 내용이 방송된 적이 있다. 그때 몇 시간의 자유시간이 주어지자 다른 멤버들은 모두 침대에 누워 빈둥거리며 핸드폰을 만지작거리고 있었지만 유재석 씨만은 휘트니스 클럽을 찾아 체력단련을 하는 모습을 보여주었다. 그의 재산이 얼마나 되는지는 알 수 없으나 대한민국 예능계에서만큼은 에이펙스라는 사실을 부인할 사람은 없을 것이다.

이처럼 대다수의 에이펙스는 운동을 게을리하지 않는데 그 이유는 '건강한 정신은 건강한 육체에서 나온다'는 것을 믿기 때문이다. 몸의 건강은 두뇌의 건강을 지배한다. 몸이 건강하지 않고서는 무엇을 해도 짜증스럽고 의사결정의 질도 낮아질 수밖에 없다. 사람들과의 관계도 원활하지 않을 수 있다. 그러기에 그들은 항상 두뇌 상태를 최적으로 유지하기 위한 수단으로 운동을 택한 것이다. 마크 저커버그는 "모든 일을 하는 데는 에너지가 필요한데 몸 상태가 좋아질수록 더 많은 에너지를 얻을 수 있다"고 했다. 고급 호텔일수록 이른 아침부터 휘트니스 센터나 수영장에 많은 사람들이 붐비는 이유도 이 때문이라 할 수 있다.

에이펙스는 또한 스트레스가 몸 안에 쌓여 있지 않도록 나름대로의 스트레스 해소 방법을 가지고 있는 경우가 많다. 텀블러의 CEO인 데이비드 카프는 드론을 날리며 스트레스를 해소하고, 일론 머스크는 007의 광팬으로 관련된 제품에서 스포츠카, 빈티지 무기까지 모으는 것을 좋아한다고 한다. 영국 버진 그룹의 회장인 리처드 브랜슨은 체스를 즐기며, 빌게이츠는 카드 게임의 일종인 브릿지와 테니스를 즐기고 워렌 버핏은 우쿨렐레와 브릿지 게임을 즐긴다고 한다.

반면에 고퍼들은 자기관리에 소홀하다. 담배가 해로운 것을 알면서도 끊지 못해 담뱃값으로 막대한 돈을 날리며 건강마저 축낸다. "사는 게 힘든데 술이라도 마셔야 낙이 있지"라며 술을 끼고 산다. 몸과 정신의 상관관계에 대해서는 의식하지 못하며 술이 떡이 되도록 취한 다음 날 정신이 멍한 상태로 일을 하는 경우도 많다. 늘 스트레스에 빠져 지내는 만성 스트레스 상태임에도 불구하고 그것을 해소할 수 있는 방법을 알지 못하거나 실행하지 못한다. 쉬는 날이면 하루 종일 방바닥과 일체가 되어 빈둥거리며 시간을 보낸다. 운동을 즐겨 하는 사람도 있지만 운동에 대한 중요성을 모른 채 사는 사람들도 많다. 자제력이 부족해 쉽게 주위의 유혹에 흔들리며 무계획적으로 사는 사람이 많다. 규칙적인 생활을 구속이라고 여기기 때문에 늘 생활이 불규칙하다. 모든 일에 대해 중립적인 입장에서 자신에게 유리한지 불리한지 따져보는 것이 아니라 자신에게 유리한 해석을 하는 경향이 있다. 이들은 늘 팔이 안으로 굽는다.

기록을 습관화하라

그라폰 파버카스텔이라는 발음하기 어려운 필기구가 있다. 만년필은 몇천만 원씩 하는 것도 있고 연필 한 자루가 1만 원~2만 원을 오간다. 그보다 더 비싼 것도 있다고 한다. 여러분들이라면 이런 필기구를 쓰겠는가? 겨우 글 쓰는 도구일 뿐인데 말이다. 이런 명품 필기구들을 사는 사람들은 당연히 부자들이다. 에이펙스들은 사소한 것에는 돈 쓰기를 극도로 꺼리면서도 이런 필기구를 사는 데는 돈을 아까워하지 않는다. 그들이 비싼 필기구를 좋아하는 이유는 관찰하고 기록하는 것을 즐기기 때문이다.

부의 피라미드 꼭대기에 오른 사람들 중 상당수는 메모지와 펜을 항상 가까운 곳에 두고 좋은 아이디어가 떠올랐거나 유용한 정보를 얻었을 때 그것을 지체없이 기록해 둔다. 그들은 기록의 힘을 믿는다. 《미라클 모닝 밀리어네어》라는 책을 쓴 할 엘로드에 따르면 큰 부자들이 빠짐없이 하는 아침 습관 중 하나가 기록이라고 한다. 워렌 버핏은 메모 중독자라고 불릴 정도다. 빌 게이츠 또한 메모광으로 알려져 있다. 그는 회의할 때마다 구조화된 메모를 남기는데 컴퓨터를 이용하는 것이 아니라 노트와 펜을 이용한다고 한다. 메모를 할 때도 종이를 4면으로 나누어 각각의 면에 서로 다른 생각을 적은 후 일주일 동안 이 메모에 대해 사색한다. 책을 읽을 때도 책 귀퉁이에 항상 소감을 적어 놓았다가 주위 사람들과 공유한다고 한다. 그는 또한 역사 속의 메모광 중 하나였던 레오나르도 다빈치가 남긴 3만여 장의 메모를 엮은 〈코덱스 해머〉라는 노트를 3,100만 달러에 사들이기도 했다.

내 주위에도 그런 사람들이 많은데, 무역으로 큰돈을 번 G 씨 역시 지독한 메모광이다. 그는 늘 수첩과 만년필을 들고 다니며 무엇인가를 적곤 하는데 그 안에는 그가 사람들을 관찰한 내용과 그 관찰을 통해 알게 된 사실, 그리고 그로부터 떠올린 사업 아이템 등이 빼곡히 적혀 있다. 사람들을 자세히 들여다보면 그들에게 필요한 것이 보이고 그런 것들을 수입하면 대박이 난다는 것이다. 그의 사무실에는 전면이 유리로 된 갈색 책장이 늘어서 있는데 그중 하나는 온전히 그가 적어 놓은 메모를 보관하는 데 쓰이고 있다. 그는 하루 종일 일을 하면서도, 차를 타고 가면서나 사람을 만나면서도, 무엇이든 생각이 떠오르면 즉시즉시 메모를 남기곤 하는데 퇴근하여 집으로 돌아가면 자기 전에 반드시 하루의 메모 내용을 다시 들여다보고 잔다고 한다. 특이한 건 그렇게 하면 어쩌다 한 번씩은 그 내용이 꿈속에서 떠오르고 좋은 아이디어가 생각날 때가 있다는 것이다. 최근에는 조금 더 쉽게 메모를 활용하기 위해 컴퓨터에 옮겨 넣는 작업을 진행 중이다. 워렌 버핏이나 빌 게이츠 만큼 알려지지 않았을 뿐이지 그가 30년이 넘게 메모를 해 왔다니 메모에 대한 열정만큼은 그들 못지않아 보였다.

사람은 누구나 문득문득 좋은 생각들이 떠오를 때가 있다. 두뇌의 가동 방식이 그렇게 만들어져 있기 때문이다. 부자들은 늘 머릿속에서 기회를 떠올리기 때문에 보통 사람들에 비해 더욱 좋은 아이디어를 떠올릴 수 있는 시간이 많다. 그런데 좋은 생각이 떠올랐을 때 그것을 기록으로 남겨두지 않으면 그 생각은 시간이 지나면서 바람 속으로 흩어지는 연기처럼 보이지 않는 곳으로 사라지고 만다. 아무리 기억을 떠올려보려고 해도 한번 머릿속에서 잊힌 생각은 되살릴 수가 없다. 정보 역시 마찬가지다.

기록하지 않은 생각이나 정보는 한 번 잊히면 끝이지만 기록으로 남긴 생각이나 정보는 언제든 다시 들여다볼 수 있다. 시간이 지났을 때 보면 기록할 때의 느낌과 다른 느낌으로 볼 수도 있고 그로부터 더욱 좋은 아이디어를 발전시킬 수도 있다. 세계적인 디자인 대상을 모두 휩쓴 카이스트의 배상민 교수는 창의적인 제품 아이디어를 떠올리는 것으로 유명한데 그중에는 물이 부족하면 화분이 기울어짐으로써 물 줄 시기를 알려주는 똑똑한 화분도 있다. '롤리-폴리-팟(Roly-poly-pot)'이라는 이 화분은, 고독하고 의지할 데 없는 유학생 시절 자신이 키우던 화분이 말라 죽었을 때의 느낌을 적어 둔 일기를 보고 만들어낸 제품이라고 한다. 오래전에 써 두었던 일기를 읽다가 문득 그것에서 힌트를 얻어 만든 제품들이 디자인 대회에서 좋은 결과를 가져왔다는 것이다. 발명왕 에디슨 역시 3,200권이 넘는 메모장을 남겼는데 그 분량은 무려 500만 장에 이른다고 한다.

기록은 순간적으로 잊고 지나갈 수 있는 생각들을 시간이 지난 후에도 잊지 않고 가치 있게 활용할 수 있도록 붙잡아 두는 수단이 된다. 그래서 에이펙스는 기록이 갖는 가치를 높이 평가한다. 그리고 늘 필기도구를 가까이 두고 기록하는 습관을 들인다. 그들이 옷이나 가방은 명품을 가지지 않으면서도 유독 필기도구만은 명품을 고집하는 이유도 이 때문이다.

에이펙스 스피릿 20

하루 1%의 변화가 성장과 퇴보를 결정한다

부자들의 대부분은 철저하게 자기 자신을 관리함으로써 좋은 습관이 자신의 삶에 스며들도록 한다. 이러한 좋은 습관은 복리의 힘을 발휘하여 시간이 지날수록 그 사람을 더욱 뛰어난 성과로 이끈다. 그러니 나쁜 습관보다는 좋은 습관이 몸에 배도록 하는 것이 필요하다.

에필로그

우리 모두는 자유로운 삶을 꿈꾼다. 삶의 자유도란 여러 가지로 해석될 수 있다. 갑자기 찾아올 수 있는 해고나 명예퇴직 등 미래에 대한 불안으로부터 해방되는 것일 수도 있고, 경제적 어려움을 느끼지 않고 금전적으로 자유로워지는 것일 수도 있다. 흔히 말하는 갑을 관계에 얽매이지 않는 것일 수도 있다. 노예처럼 굽실거리지 않고 당당하게 자기가 하고 싶은 대로 행동하거나, 끊임없이 주위 사람들과 경쟁하지 않아도 되는 것도 삶의 자유일 수 있다.

고용문제, 금전문제, 타인에 대한 눈치 보기, 경쟁, 하기 싫은 일로부터의 해방, 이러한 것들이 줄어들수록 삶의 자유도는 높아진다. 삶의 자유도가 높아지면 높아질수록 삶에서의 만족도도 높아지고, 그렇게 되면 행복도 역시 자연스럽게 높아질 수 있다. 물론 여전히 가족관계나 인간관계 등 다른 일들로 인해 행복을 느낄 수 없을지도 모르지만 그러한 것들은 다른 차원의 문제이다. 무엇보다 돈이 있으면 자유도도 높아질 수 있고 행복감도 높아질 수 있다는 건 피할 수 없는 진실이다. 그러니 자유롭게 살기 위해서라도 돈을 귀하게 여기고 돈을 벌려고 노력해야 한다.

지금까지 부의 피라미드 정상에 선 사람들과 늘 죽을 고생을 하면서도 그곳에 이르지 못하고 고달프게 사는 사람들의 이야기를 다루었다. 큰 부자가 되기 위해서 이 책에서 말하는 모든 내용을 지켜야 하는 것은 아니겠지만 자신의 삶이 이 책에서 다루고 있는 내용과 가까워지면 가까워질수록 삶은 점점 금전적으로 풍요로워질 수 있을 것이라 생각한다. 실제 큰 부를 이루고 인생을 풍족하게 사는 사람들의 조언을 정리한 것이니 말이다.

10년의 세월 동안 부자들을 인터뷰하면서 경제사회를 살아가는 인간은 누구나 노력만 하면 부자가 될 수 있다는 것을 깨달았다. 다만 스스로 부자가 될 수 있을 것이라는 믿음이 부족하고 부자가 되는 방법, 그 길에 오르기 위한 마음가짐에 대해 잘 깨닫지 못하고 있을 뿐. 부자들을 인터뷰하는 긴 시간 동안, 그리고 그 결과를 책으로 정리하는 동안 나는 나 자신을 비롯하여 누구나 살아가면서 한 번쯤은 부자가 될 수 있다는 믿음이 더욱 강해졌다. 이 책을 통해 나는 스스로 부자가 되길 포기했거나 부자가 되고 싶어도 부자가 되지 못한 사람들에게 무엇이 부족하고 무엇을 더욱 노력해야 하는지 길을 제시하고 싶었다. 모든 독자들이 그 길을 찾길 바란다.

슈퍼리치에게 배우는 부의 골든룰

에이펙스 스피릿

초판 1쇄 인쇄 2021년 04월 19일
초판 1쇄 발행 2021년 04월 26일

지은이 양은우
펴낸이 이부연
책임편집 박서영
마케팅 백운호
디자인 유어텍스트, 김숙희

펴낸곳 (주)스몰빅미디어
출판등록 제300-2015-157호(2015년 10월 19일)
주소 서울시 종로구 내수동 새문안로3길 30, 세종로대우빌딩 916호
전화번호 02-722-2260
인쇄·제본 갑우문화사
용지 신광지류유통

ISBN 979-11-87165-93-4 03320

- (주)스몰빅미디어는 여러분의 원고 투고를 기다리고 있습니다. 출판하고 싶은 원고가 있는 분은 sbmedia15@gmail.com으로 기획 의도와 간단한 개요를 연락처와 함께 보내주시기 바랍니다.
- 스몰빅인사이트는 (주)스몰빅미디어의 인문/정치사회/경제경영 브랜드입니다.